인문고전 깊이읽기

Reality says more than theories do

by Rhi Shun Ye

Published by Hangilsa Publishing. Co., Ltd., Korea, 2015

인문고전 깊이읽기 17

아도르노

현실이 이론보다 더 엄정하다

이순예 지음

한길사

인문고전 깊이읽기 17

아도르노
현실이 이론보다 더 엄정하다

지은이 이순예
펴낸이 김언호
펴낸곳 (주)도서출판 한길사

등록 1976년 12월 24일 제74호
주소 413-756 경기도 파주시 광인사길 37
　　　www.hangilsa.co.kr
　　　E-mail: hangilsa@hangilsa.co.kr
전화 031-955-2000~3 **팩스** 031-955-2005

부사장 박관순 **총괄이사** 김서영 **관리이사** 곽명호
영업이사 이경호 **경영담당이사** 김관영 **기획위원** 유재화
책임편집 김광연 이상희 **편집** 백은숙 안민재 김지희 김지연 이지은 이주영
마케팅 윤민영 **관리** 이중환 문주상 김선희 원선아

디자인 프리스타일
CTP 출력 및 인쇄 한영문화사 **제본** 한영제책사

제1판 제1쇄 2015년 2월 28일

값 17,000원
ISBN 978-89-356-6847-2 04100
ISBN 978-89-356-6163-3 (세트)

• 잘못 만들어진 책은 구입하신 서점에서 바꿔드립니다.

이 도서의 국립중앙도서관 출판시도서목록(CIP)은
e-CIP홈페이지(http://www.nl.go.kr/ecip)에서 이용하실 수 있습니다.
(CIP제어번호 : CIP2015003496)

비판이론가 아도르노의 젊은 시절

아도르노는 고전독일철학을 20세기 자본주의 세계질서에 대질시키면서
계승하였다. 그의 사상은 독일 교양시민다운 예술적 감수성과 결합해 독특하고도
보편적인 면모를 보인다. 나치의 박해를 피해 망명했던 미국에서 사회학을
접하고 사변적인 독일 인문학에 접목한 결과, 그는 보편사상가로 우뚝 서게 된다.

마터호른 산
"자연의 품위는 자신을 표현함으로써 인간화를 이루려는 의도를
단호하게 물리치는, 아직 존재하지 않는 것이 지니는 품위이다. 이 품위는
예술의 비의적 성격으로 이전되었다. ……자연에서 드러나는 아름다움은 지배의
원칙을 거스르는 타자이다. 화해된 상태가 이 아름다움에 부응한다."

아도르노가 작곡한 악보

1923년 5월 2일 「프랑크푸르터 차이퉁」은 랑에 4중주단이 연주한
비젠그룬트-아도르노의 현악 4중주에 대해 도입부는 참신했지만 시간이 지나면서
실망스러워졌다는 평을 실었다. 아도르노는 망명 직전까지 빈과 베를린을
오가며 음악평론가로 일자리를 얻어 볼 생각을 했다.

회의를 위해 모인 프랑크푸르트학파 연구자들
프랑크푸르트학파의 산실이자 활동의 거점은 사회조사연구소였다.
제2차 세계대전 와중에도 연구소를 잘 지킨 소장 호르크하이머는 종전과
더불어 독일에서 중요한 직책에 오른다. 그리고 1951년 사회조사연구소 건물이
새로 세워진다. 여기에서 전후 사회학 연구가 처음으로 시작되었다.

"화해의 가상을 단호히 거부함으로써 새로운 예술은 이 시대의 제대로 된 의식을 견지하며 화해를 거머쥔다. 제대로 된 의식이란 유토피아의 진정한 가능성, 즉 생산력만 보자면 지구는 지금 당장 낙원이 될 수 있지만 그만큼 총체적 파국의 가능성과도 결합하고 있음을 자각하는 것이다."

■ 아도르노

아도르노

현실이 이론보다 더 엄정하다

차례

* 본서에서 아도르노 저술의 인용 출처 표기는 다음과 같다.

ÄT: *Ästhetische Theorie*, 1970(『미학이론』)

ND: *Negative Dialektik*, 1966(『부정변증법』)

DA: *Dialektik der Aufklärung*, 1947(『계몽의 변증법』)

GS 8.: Sologische Schriften 1., 1979, *Gesammelte Schriften*, Band 8(『사회학 논문집 1』, 『아도르노 저작 선집』 제8권)

『부정변증법 강의』: *Vorlesung über Negative Dialektkik*, 1965/66, 2003

『미학강의 1』: *Ästhetik*, 1958/59, 2009

* 연관 저술의 인용문 출처 표기는 다음과 같다.

Doohm: *Adorno, Eine Biographie*, 2003(슈테판 뮐러-돔(Stefan Müller-Doohm) 이 쓴 『아도르노 전기』)

Bild: *Adorno, Bildmonograhie*, 2003(아도르노 문서실(Theodor W. Adorno Archiv) 과 크리스토프 괴데(Christoph Gödde)가 펴낸 『아도르노 화보전기』)

AiF: *Adorno in Frankfurt*, 2003(볼프람 쉬테(Wolfram Schütte)가 펴낸 아도르노 관련 글 모음집 『프랑크푸르트의 아도르노』)

KdU: *Kritik der Urteilskraft*, 1793(임마누엘 칸트의 『판단력비판』)

당통: *Dantons Tod*, 1835(게오르크 뷔히너(Georg Büchner)의 『당통의 죽음』)

* 인용 쪽은 독일어 원전에서 직접 인용할 경우는 'p.', 번역본인 경우는 '쪽'이라고 표기했다.

왜 우리는 오늘 아도르노를 읽는가

✤ 들어가는 말

산업화 패러다임에서 벗어나기 위해

아도르노는 20세기 중반 미국과 독일에서 활동하면서 철학, 사회학, 미학, 음악학 등 여러 분야에 걸쳐 탁월한 저술들을 많이 남긴 사상가다. 전통과 현대를 아우르는 그의 사상은 음악은 물론 문학과 미술 등 예술작품에 정통한 독일 교양시민다운 감수성과 결합해 독특하고도 보편적인 면모를 보인다. 이처럼 독일 인문학 전통에 정통한 그는 나치의 박해를 피해 망명했던 미국에서 사회학과도 접하고, 사회과학을 사변적인 독일 인문학에 접목한 결과 보편사상가로 우뚝서게 된다.

그런데 이 고전독일철학의 대가가 21세기에 들어와 더욱 주목을 받고 있다. 20세기에 인류가 겪은 파국인 파시즘을 연구하면서 문명화 과정의 근본문제를 천착하였기 때문이다. 21세기로 접어든 인류는 지금 새로운 지적 도전에 직면해 있다. 문명 자체의 지속 여부를 묻지 않을 수 없고, 문명을 관리하면서 일상을 꾸려야 하게 된 까닭이다. 주저 『계몽의 변증법』은 관리된 사회 속에서 관리된 삶을 살아야하는 현대인에게 문제의 근원을 들여다보게 함으로써 무엇보다 먼저개인이 자기의식을 회복할 단초를 제공한다. 개인은 존재를 회복함과더불어 사회적 해방의 필요성을 절감하고 전망모색에도 동참할 것이다. 이처럼 서구계몽의 개인주의와 보편해방의 원리를 결합하는 것이아도르노 사상의 요체다. 그리고 개인에게서 출발해야만 관리되는 문명의 문제를 제대로 풀 보편적 전망이 유효할 수 있다는 생각이 아도르노가 오늘날 우리에게 제기하는 도덕적 요청이다.

현재 한국사회는 산업화의 부작용, 민주화의 미흡함에서 비롯되는온갖 불일치의 정글에 갇혀 구성원 모두가 고통받고 있다. 독일과 한국은 개발독재 속에서 근대화 과정을 치렀다는 공통점을 안고 있다.물론 시차가 2세기 난다. 독일이 18세기 프로이센의 계몽군주 프리드리히 2세(Friedrich II)가 추진한 개발독재를 거치면서 비로소 근대적인 국가의 기틀을 잡고 유럽사회의 일원이 되었다면 한국은 그 과정을 20세기에 겪었다. 두 과정의 유사점은 전제군주 프리드리히 2세와박정희에 대한 역사적 평가에서 단번에 드러난다. 독일도 프리드리히2세를 대왕으로 떠받드는 사람들이 있는 한편, 다른 한편에서는 독재자라고 공격한다. 그동안 개발독재 이후 어떤 방식으로 사회구성을해나갈지에 대해 여러 의견이 분분했지만 여전히 혼란 속에 있다.

독일은 교양시민을 중심축으로 이념정당들이 분화되어 의회민주주의를 실질적으로 정착시킨 나라다. 이 과정을 사회적으로 뒷받침한 것이 철학과 예술을 비롯한 인문적 소양이었다. 인류사회에 파시즘이라는 대재앙을 초래한 역사적 굴곡을 겪은 공동체지만, 제2차 세계대전 이후 교양시민의 정치교육 프로그램을 통해 21세기에는 민주 시민사회로 진입하는 데 성공했다는 평가를 받는다. 우리에게 타산지석이될 만한 사례. 민주사회로 가는 독일적 특수경로(프랑스처럼 혁명을 통하지 않은 경우)에 좀 더 많은 연구역량이 집중될 필요가 있다.

아도르노는 어떤 사상가인가
현실이 전쟁 속에 있을 때 이론의 전투를 벌인 사상가

온 세계가 전쟁의 소용돌이에 빠져들 때, 아도르노는 지적 인큐베이터에 들어가 유럽 인문학 전통과 이론적 전쟁을 벌였다. 이 내부전역시 진정한 전쟁이었다. 전쟁이 끝나고 파시즘 정권이 물러간 독일에 아도르노는 인큐베이터에서 발효시킨 이론적 성과를 가지고 돌아왔다. 그의 생애는 독자에게 사회와 역사의 발전에 관한 이론적 전망이 지식과 정보의 축적이 아니라, '연구자의 의식'이 개입된 존재판단에 근거한다는 '비판이론'의 형성과정을 추체험하도록 해준다.

나는 앞으로 아도르노를 소개하면서 이론이 어느 지점에서 진정한실천력을 확보하는지 진지하게 생각해보는 계기를 제공하려고 노력할 것이다. 그의 전투는 그가 죽었음에도 종료되지 않는, '끝없는 전투'가 되었다. 아도르노 자신의 사상적 모토인 '끝없는 부정'이 인격으로 환생한 경우라 하겠다.

첫 번째 전투	미국에서 제2차 세계대전 중 파시즘과 자본주의에 저항	『계몽의 변증법』
두 번째 전투	독일에서 68학생운동 세력과 벌인 전투	『부정변증법』
세 번째 전투	'언어적 전회'를 단행하여 유럽중심주의로 후퇴한 제자 하버마스와 무덤에서 벌인 전투	『미학이론』
유산	우리가 치러야 하는 전투 - 신자유주의와 과학주의(핵기술)	

　　1969년 아도르노의 갑작스러운 사망으로 그가 새롭게 제시한 보편이론의 가능성은 확고한 체계로 완성되지 못하였다. 68학생운동 진영과 갈등 중이었던 까닭에 아도르노의 사망은 그 자체로서 '이론적 사건'으로 기록될 만하다. 무엇보다도 아도르노가 '현실적인' 갈등을 자신의 '철학적 방법론'으로 돌파하려 했다는 점에서 이론과 현실의 '변증법적' 만남을 구현하고 있기 때문이다. 아도르노의 사망은 그의 이론적 무기력을 증명하지 않는다. 그의 죽음은 생물학적 한계에 기인한 것이었을 뿐이다. 그가 죽음으로써 자기 사상을 체계화하지 못했다는 것이 오히려 그가 제시한 철학방법론과 테제들을 현실관계의 구속성에 대입해 사유하도록 이끄는 자극제가 된다.

　　망명과 귀환의 경험은 아도르노로 하여금 자본주의 세계체제의 내부구조를 통찰하도록 하였고, 그 통찰의 핵심은 현대 자본주의가 파괴를 통한 축적의 메커니즘 위에 구축되어 있다는 사실이었다. 68학생운동 진영은 이 사실은 소홀히 하면서, 자본주의적 생산이 가져다주는 풍요를 누리려는 마음이 더 앞섰다. 68학생운동은 무엇보다도 유럽사회에 자유와 평등의 이념을 대중적으로 실현하는 계기를 제공하였다는 점에서 세계사적 의의를 부여할 수 있다. 하지만 그런 대중운동을 거쳐 본격적인 소비사회가 등장했다는 사실은 오늘날 우리가 이 '사건'을 고찰할 때 주목해야 할 결절이다.

아울러 68학생운동은 독일이 분단체제로 진입하는 기폭제가 되었다. 처음부터 폭력성을 내장한 거리투쟁은 당국과 마찰을 일으키면서 급속하게 급진화되었다. 서독의 정권담당자들은 전투적인 운동세력을 폭압적으로 진압하고 격리하는 한편으로 학생운동 이념이 공론화한 민주적 요구들과 평등권을 일부 수용하는 방식으로 사회를 통합해나갔다. 동독 역시 베를린 장벽을 막는 등의 조치로 그들 나름의 사회통합을 추진하는 발전방향으로 나아가면서 패전국 처리 차원에서 연합군에 의해 나뉘었던 지역이 분단체제로 발전해나갔다.

분단체제가 성립되면서 독일 계몽의 전통은 이데올로기에 깊이 침윤당한 채 진영논리에 갇히게 되었다. 자본주의와 사회주의는 서로를 타자로 삼아 자신의 존재기반을 확대하는 논리를 발전시켜 시간이 지날수록 포스트모더니즘 등 세련된 이론을 내놓았지만 보편성을 확보한 이론은 창출하지 못하였다. 이데올로기 차원에 머물고 물적 토대를 직시하지 않은 까닭이다. 이제 분단체제가 종식됨으로써 이론은 물적 토대를 다시 진지하게 고려할 수 있게 되었다. 아도르노는 여전히 현재적이다.

아도르노는 타고난 능력을 잘 간수하고 발전시켜 사회적으로 실현할 줄 아는 사람이었다. 물론 복받은 인생이기도 했다. 성악가인 어머니에게서 예술적 자질을 물려받았고, 성공한 유대인 상인인 아버지에게서 적대적인 사회 속에서 자신을 보존하고, 자긍심을 획득하는 것이 무엇인가를 어려서부터 배웠다. 그의 죽음과 더불어 교양을 통해 보편인으로 자신을 구성한다는 독일 시민사회의 고전적인 이념도 종말을 고했다. 소비사회의 대중들은 **자기형성(Ich-bilden) 이념인 교양(Bildung)**을 거추장스러워했다. 포스트모더니즘은 교양을 소비재로 만드는 놀라운 솜씨를 발휘했다. 완전히 계몽된 지구에서는 소비만이 승리를 구가하고 있다.

고향에 돌아온 망명객, '죽음에 이르는 이론'을 입안하다
❀ 생애와 시대

전투준비
마인 강변의 자유시 프랑크푸르트

아도르노(Theodor Wiesengrund Adorno)는 1903년 독일을 상징하는 라인 강의 지류인 마인 강변에 자리한 프랑크푸르트에서 부유한 유대계 가정의 외아들로 태어났다. 그가 태어난 프랑크푸르트 암 마인은 중세 신성로마제국 시절 선제후들이 모여 왕을 뽑던 곳으로, 1866년 오스트리아와의 전쟁에서 승리한 프로이센에 합병되기까지 자유시의 전통을 유지하였다. 이러한 자유시 전통은 1848년 3월혁명으로 분출된 시민적 자유정신을 결속시키는 의회도시로 계승되었다. 1848년 5월에서 1849년 5월까지 국민의회가 소집되었던 파울루스교회에서 1977년부터 3년마다 철학, 음악,

연극, 영화에서 뛰어난 업적을 남긴 사람에게 프랑크푸르트 시는 아도르노상을 수여한다.

아도르노가 태어나던 당시, 세기전환기의 프랑크푸르트는 자유로운 분위기에서 상공업이 발달하던 활기찬 도시였다. 인구도 급증하여 1910년경에는 프로이센에서 네 번째 큰 도시로 꼽히게 된다. 이 도시의 자유정신은 1806년 이미 유대인들에게 종교상의 동등권을 부여하였고, 유대인들은 유럽의 계몽전통을 받아들여 교양시민이 됨으로써 독일사회에 통합되어나갔다. 아도르노의 부계 비젠그룬트(Wiesengrund)[1] 가(家)는 남프랑켄 지방의 데텔바흐에서 가축과 건물 및 토지중개업에 종사하던 상인이었다.

1822년 포도주를 비롯한 주류부문으로 사업을 확장해나가던 중 증조부 베른하르트(Bernhardt Wiesengrund, 1801~71)가 포도주 도매업에 전념하면서 이 라인 강변의 도시에 매력을 느꼈다. 1864년 영업의 거점을 옮긴 후 3년 만에 광범위한 유통망을 갖춘 자영업자로 성공하여 프랑크푸르트 유대인 상류사회의 당당한 일원이 된다. 당시 프랑크푸르트에서 포도주 유통업은 사람들이 매우 우러러보는 업종에 속했다.

아도르노의 아버지 오스카 알렉산더(Oskar Alexander Wiesengrund, 1870~1946)는 영국에서 상업에 필요한 교육을 받은 후 1896년 가업을 이어받았다. 그는 정치적으로는 좌파 성향이 강했고 일종의 불가지론적 성향을 지녔던 것으로 전해진다. 하지만 교양시민답게 예술에 조예가 깊었다. 이탈리아 혈통을 물려받은 5년 연

Bernh. Wiesengrund

Weingroßhandlung — gegr. 1822
Inhaber Oscar A. Wiesengrund-Adorno

Schöne Aussicht 7, Frankfurt a. M.

ladet zum Besuche der Kellereien
freundlichst ein.

아도르노 부모님의 결혼식 사진

아도르노의 아버지 오스카와 어머니 바바라는 1898년 결혼했다.
그들이 운영하던 전통 포도주 상점의 문장에 '프랑크푸르트'(Frankfurt
a. M.)가 보인다. 당시 프랑크푸르트에서 포도주 유통업은
사람들이 매우 우러러보는 업종이었다.

아도르노의 어머니 마리아가 출현한 뮤지컬의 팸플릿

아도르노 사상의 심층기반을 이루는 예술적 재능은 모계에서
물려받았다. 1879년 8월 28일 공연의 팜플릿에는
외할머니 엘리자베스 카벨리 아도르노가 맏딸 마리아(13세), 둘째 딸
아가테(9세), 아들 루이스(12세)와 함께 피아니스트
뢰트(Anton Röth)의 반주로 뮤지컬 공연을 펼친다고 적혀있다.

상의 성악가와 1898년 결혼하면서 피아니스트로 활동하던 그녀의 여동생도 식구로 받아들여 평생 함께 살았으며, 외아들 테디(Teddie: 아도르노의 애칭)가 타고난 예술적 재능을 충분히 계발할 수 있도록 뒷받침을 아끼지 않았다.

아도르노 사상의 심층기반을 이루는 음악은 모계에게서 물려받은 재능과 프랑크푸르트 시의 예술적 자산 덕택이라고 할 수 있다. 어머니 마리아 바바라 카벨리-아도르노(Maria Barbara Cavelli-Adorno della Piana, 1865~1952)는 이탈리아 혈통의 프랑스 장교와 독일인 성악가 사이에서 태어났다. 코르시카 출신인 외할아버지는 전역한 후 독일에서 금융계의 상류층 자제들에게 펜싱을 가르쳤다. 아도르노의 외할머니 역시 프랑스어를 유창하게 구사했으며 음악계에서도 명성이 높았지만 경제적 기반은 없었다. 외가는 한마디로 예술적 보헤미안이었다.

자식들에게 프랑스어와 문학 이외에는 달리 남겨줄 것이 없었던 남편이 1879년 사망하자 아도르노의 외할머니는 세 자녀를 훈련해서 함께 무대에 섰다. 10대에 이미 아도르노라는 이름을 내걸고 독자적으로 무대에 서고 20대에 오페라계에서 상당한 명성을 얻은 첫딸 바바라가 가족의 생계를 도맡았던 것으로 보인다. 그러다가 그녀는 결혼할 즈음 활동을 접는다. 상류사회의 일상으로 바빴을 어머니 바바라보다는 아도르노가 늘 '두 번째 어머니'라고 했다는 이모 아가테(Agate, 1868~1935)가 그의 예술적 발전에 더 큰 영향을 미쳤다. 음악은 말할 것도 없고, 보들레르(Charles-

Pierre Baudelaire, 1821~67)의 작품을 모두 이모한테서 배웠다고 말할 정도였던 아가테 이모는 아도르노가 영국에 망명하던 시기에 사망했다.

아도르노의 유년은 행복감으로 충만하였다. 제1차 세계대전으로 온 나라가 뒤흔들렸지만 프랑크푸르트는 전쟁의 참화를 그리 심하게 겪은 편이 아니었다. 하지만 그래도 바이마르공화국 기간의 이념적 갈등과 분화과정을 피해갈 수는 없었다. 오히려 자유시 전통을 타고 시민문화의 몰락에 대한 예감이 도시의 공기에 그대로 노출되었다. 상업도시의 좌파 자유주의 전통을 거스르는 사건들이 여기저기서 튀어나왔다. 이런 시대적 혼란 속에서 유년의 행복감을 실존의 핵으로 만들어 내면 깊숙한 곳에 자리 잡게 한 것은 '두 어머니'한테서 흘러나온 음악이었다. 사유할 때면 그 심층의 단단한 곳으로부터 울림이 나왔다.

아도르노가 늘 정신적인 것과 감성적인 것을 동시에 표상하면서 씨줄과 날줄을 엮듯 사유를 전개하고 글을 쓸 수 있었던 것은 유년기의 원체험 덕택이라고 할 수 있다. 라인 강변의 도시는 이 원체험의 핵이 아도르노의 인격에 뿌리내리도록 그에게 시간이 정지된 유년기를 선사하였다. 도시의 공기가 자유로운 가운데 물류의 중심지로서 번영을 구가하던 프랑크푸르트는 일찍부터 오페라극장을 비롯한 공연장들이 들어서며 현대음악이 가장 일찍 수용된 도시였다. 마인 강의 바람을 타고 고전과 현대의 멜로디가 동시에 흘렀다. 아도르노의 예술적 직감은 공존하는 것의 차이를 구

유년시절의 아도르노에게 큰 영향을 미친 두 여인
왼쪽부터 아도르노의 어머니 바바라, 아도르노의 이모 아가테, 유년시절의 아도르노.
아도르노가 늘 '두 번째 어머니'라고 했다는 아가테는 그의 예술적 발전에 매우 큰 영향을
미쳤다. 아가테는 아도르노가 영국에 망명하던 시기에 사망했다.

혼자서 무대에?
한껏 의상을 차려입고 연극놀이를 하는 아도르노. 훗날 그는 망명과
박해를 견뎌낸 힘이 프랑크푸르트에서 경험한 유년의 행복감이었다고
회상한다. 종전과 더불어 행복한 유년기를 재건할 희망을 본 아도르노
는 다시 프랑크푸르트로 돌아온다.

분하면서 새로운 조합의 미래가 나아갈 방향으로 이미 향했다.

프랑크푸르트의 공기는 자유시의 전통을 아직 기억하던 시기에 태어난 아도르노에게는 행운이었다. 히틀러가 집권하면서 자유와 더불어 행복도 앗아갔지만 내면 심층부에 자리 잡은 원체험만으로도 그는 어디서든 버텨낼 수 있었다. 아도르노 스스로 훗날 망명과 박해를 견뎌낸 힘이 유년의 행복감이었다고 회상한다. 종전과 더불어 그 행복한 유년기를 재건할 희망을 본 아도르노는 주저하지 않고 다시 프랑크푸르트로 돌아온다. 강의권을 박탈하고 집안의 재산도 압류한 국가사회주의자들의 나라로 돌아온 것이다. 1962년 핍박받은 나라로 돌아온 이유가 무엇이냐는 질문에 이렇게 답한다.

"나는 그냥 내가 어린 시절을 보낸 곳으로 돌아오고 싶은 마음뿐이었습니다. 결국 인생이란 유년기를 변용시키면서 되찾아 살아내는 것이라는 느낌이 들었던 것이지요."(AiF, p.154)

전투 준비
칸트와 베토벤

학교에서 동급생들에게 '응석받이'로 보이던 소년 아도르노는 비교적 일찍 철학적 훈련을 통해 시대정신과 접하는 기회를 갖는다. 크라카우어(Siegfried Kracauer, 1889~1966)를 만난 것이다. 부모님과 알고 지내던 사이면서 크라카우어의 삼촌과도 친분이 있던 스턴(Rosie Stern)이 두 사람을 함께 식사에 초대하여 친분을 터주었는데, 처음 만났을 때 아도르노는 아직 김나지움 학생이었다. 아도르노보다 14세 연상인 크라카우어는 원래 건축을 전공했지만 당시에는 지방의 유력한 신문 『프랑크푸르터 차이퉁』(*Frankfurter Zeitung*)에서 기자로 일하고 있었다.

처음 만난 시점을 제1차 세계대전이 끝나가던 어느 시기라고 회상하는 아도르노는 1964년 「유별난 리얼리스트」라는 글로 옛 친구를 기렸다. 철학과 사회학을 기반으로 다양한 문필활동을 하면서 소설도 쓴 그는 망명지 미국에서 영화이론가로 명망을 얻었고, 1960년대 들어와서는 독일에 그의 저서들이 소개되고 있었다. 평생 지속된 크라카우어와의 친분은 여러 가지로 복잡하게 얽혀 있었다. 하지만 첫 출발은 철학이었고, 아도르노의 지적 발전에 그가 결정적인 역할을 했음은 분명하다. 이 지식인은 고등학생을 데리고 칸트(Immanuel Kant, 1724~1804)를 읽었던 것이다.

아도르노의 지적 발전에 결정적 역할을 한 크라카우어
소년 아도르노가 철학적 훈련을 통해 시대정신을 접할 수 있도록
해준 크라카우어. 평생 지속된 크라카우어와의 친분은 여러 가지로
복잡하게 얽지만 첫 출발은 철학이었다.

"몇 해에 걸쳐 그는 나와 함께 토요일 오후에 정기적으로『순수이성비판』을 읽었다. 나는 조금도 보태지 않고 이 독서에서 학교 선생님들에게서보다 더 많이 배웠다고 말할 수 있다. 그는 교육자적 자질이 대단한 사람으로서 칸트를 읽고 내 입이 떨어지게 만들었다. ……그는 이성비판이 나에게 단순한 초월적 관념론의 체계로 다가오지 않도록 해주었다. 그보다는 객관적·존재론적인 계기와 주관적·이상주의적 계기가 어떻게 서로 부딪치는지를 보여주었다. 그 저작의 가장 수다스러운 부분이야말로 이런 투쟁이 학설에 남긴 상처들이라는 것이었다."(AiF, p.54)

한마디로 '철학책 읽는 법'을 배운 것이다. 당시 1920년대에 크라카우어가 대변했던 관점은 존재론이라는 기치를 내걸고 '주관주의에 저항하는' 흐름으로 나가는 것이었다. 그런데 이런 존재론은 아도르노가 특히 하이데거(Martin Heidegger, 1889~1976)의 철학과 관련하여 극복대상으로 여긴 철학이다.

"정작 칸트에게서 볼 수 있는 존재론적인 것과 순진한 리얼리즘의 흔적들이 제대로 구별되지 않았다."(AiF, p.55)

크라카우어와의 관계가 복잡해지는 첫 번째 요인이다. 한마디로 제자가 지적으로 스승을 능가했던 것이다. 이런 정리된 표현은

1964년에 나왔지만, 같이 철학책을 읽고 토론하던 1920년대에 이미 그 누구보다도 먼저 크라카우어 자신이 간파할 수밖에 없었던 요인이다.

> 1924년 4월 12일, 트리베르크
> 레오에게!
> ……테디가 콘서트에 간다고 법석을 떨더니 또 무얼 쓴다면서 나는 거들떠보지 않았거든. 그런데 목요일에 한 시간을 내더니 (겨우 한 시간이었다고) 그 시간도 무소륵스키(Mussorgsky)에 대한 비평을 읽어주는 데 쓰는 거야. 내 개념들이 다 나오더군. 그런데 손때를 묻히지도 않고 능란하게, 독특한 경우로 기발하게 적용했더란 말이야.(AiF, p.50)

이런 좀 묘한 편지를 받는 뢰벤탈(Leo Löwenthal, 1900~93)은 크라카우어가 아도르노보다 한층 긴밀한 관계를 유지하면서 깊은 속사정도 이야기할 수 있던 평생의 친구였다. 크라카우어는 뢰벤탈에게 모든 것을 털어놓는다. 아도르노를 '평상심'으로 대할 수 없었던 크라카우어의 복잡한 속내가 있었는데, 이것이 둘 사이의 친분이 평탄할 수 없었던 두 번째 요인이었다.

> 1924년 7월 28/29, 프랑크푸르트 암 마인
> 레오에게!

……테디가 어제 박사를 땄어. 최고점(Summa)을 받았지. 다시 한 단계 더 오른 거야. 그대한테 이실직고할 일은 그가 연애(성적 모험)에서도 성공을 거두는 중이라는 거야. 나로서는 말이네, 그런 그를 보면서 내가 진정 얼마나 그를 사랑하는지 깨달았다네. 그에게도 말했네. 그래서 이제는 정말 어쩔 수 없이 헤어질 수밖에 없게 되었네. 그를 사랑하는 열정이 정말이지 모든 것을 다 망가뜨릴 정도여서…….(AiF, p.53)

자신이 아도르노에게 '자연에 반하는 열정'을 지닌 것 같다는 고백은 이미 앞의 편지에서 레오에게 털어놓은 터였다. 아도르노에게서는 이런 '성애적' 사안에 관해 특별한 언급은 찾을 수 없다. 크라카우어의 열정을 받아들이지 않았다는 사실만 알 수 있을 뿐이다. 요컨대 철학 선생님은 제자에게 지적 세계로 나가는 통로 역할을 했을 뿐이고, 특별한 감정을 품었던 선생님은 자신의 제한된 역할에 실망해서 때론 제자를 비난도 했던 것이다. 하지만 제자는 스승이 넘겨주는 시대정신을 충실하게 흡수했을 뿐이다. 벤야민(Walter Benjamin, 1892~1940)을 만나도록 주선한 스승은 루카치(Georg Lukacs, 1885~1971)의『소설의 이론』을 읽은 제자가 블로흐(Ernst Bloch, 1885~1977)의『유토피아의 정신』을 읽고는 루카치가 블로흐보다 더 위대한 것 같다고 말하자 기뻐한다(뢰벤탈에게 보낸 1921년 10월 2일자 편지). 스승은 지성으로 성애적 긴장을 견뎌내었다.

아도르노가 '특별한' 감정을 품은 철학 선생님에게서 '어쩔 수 없는' 불만을 사게 된 까닭에는 음악을 위해 많은 시간을 보냈다는 사정도 있었다. 철학은 선생님과 함께했지만 음악을 할 때 선생님은 함께하지 않았다. 청소년기에 아도르노는 거의 매일 음악을 하면서 지냈다. 두 명이 함께 치는 피아노 연탄곡을 특히 즐긴 그는 하이든(Franz Joseph Haydn), 브람스(Johannes Brahms), 슈베르트(Franz Peter Schubert)는 물론 말러(Gustav Mahler)의 곡까지도 함께 연주할 파트너를 언제든 찾아낼 수 있었다. 그만큼 음악 분야에도 광범위한 친분을 쌓고 있었던 것이다.

멘델스존(Jakob Ludwig Felix Mendelssohn-Bartholdy)이 주도했던 라이프치히 음악원을 선망하여 프랑크푸르트 시가 세운 음악원의 교수였던 제클레스(Bernhard Sekles)에게서 작곡을 배우고 융(Eduard Jung)한테는 피아노를 배웠다. 1923년 5월 2일 『프랑크푸르터 차이퉁』은 랑에 4중주단(Lange-Quartett)이 연주한 비젠그룬트-아도르노의 현악 4중주에 대해 도입부는 참신했는데 시간이 지나면서 실망스러워졌다는 비평을 실었다. 아도르노 자신이 쓴 비평이 음악전문 잡지에 실리기도 하였다. 친구와 함께 연탄곡을 칠 때에도 음악은 아도르노에게 교양을 위한 것이 아니었다. 늘 진지한 것이었다. 그러다가 급기야 빈의 베르크(Alban Berg, 1885~1935)에게 편지를 쓴다.

1925년 2월 5일

프랑크푸르트 암 마인-오버라트 제하이머 가 19번지.

존경하는 베르크 씨.

어쩌면 저를 기억하실지도 모르겠습니다. 1924년 프랑크푸르트 음악축제에서 셰르헨의 소개를 받아 인사드리면서 빈에 가서 선생님 문하에서 일하고 싶다는 포부를 말씀드린 적이 있습니다. 계획이 무르익어 이제 선생님께서 저를 받아주실 수 있는지 이 자리를 빌려 여쭙고 싶습니다. ……저에 관해서 궁금한 사항이 있으시면 제클레스나 『프랑크푸르터 차이퉁』의 카를 홀 (Karl Holl) 박사에게 문의하시면 됩니다. 원하신다면 제가 쓴 악보를 보내드릴 수 있습니다. ……삼가 경의를 표하면서 이만 줄이겠습니다.

아도르노 박사 올림.(AiF, p.90)

빈의 베르크에게 머문 기간은 1년이 채 못 되었다. 하지만 다시 프랑크푸르트로 돌아와 교수자격을 취득하기 위한 하빌리타치온 (Habilitation) 논문에 몰두하면서도 빈의 음악세계와 끈을 놓지 않았다. 음악잡지 『여명』에 음악평론을 쓰면서 편집에도 관여했고, 자신의 곡을 연주무대에 올리기 위해 빈과 베를린을 방문하였다.

1921년 프랑크푸르트대학교에 입학했을 때 아도르노는 아직 18세가 채 안 된 나이였다. 철학, 심리학, 사회학, 음악학 분야의 강의들을 수강하였고, 1924년 21세의 나이에 철학전공으로 박사학위

오스트리아의 작곡가 베르크

음악을 향한 열정이 넘쳤던 아도르노는 어느 날 그에게 편지를 쓴다.

"선생님께서 저를 받아주실 수 있는지 이 자리를 빌려 여쭙고 싶습니다.

원하신다면 제가 쓴 악보를 보내드릴 수 있습니다."

를 받는다. 학위논문 주제는 후설(Edmund Husserl, 1859~1938)의 현상학이었다. 이때부터 대학에서의 직업을 얻기 위한 하빌리타치온 논문이 프랑크푸르트대학교에서 통과된 시기인 1931년까지 아도르노는 본격적으로 음악에 몰두한다. 음악 역시 아도르노의 직업적 전망에 포함되어 있었다. 강의권을 박탈당한 1933년에도 베를린과 빈을 오가면서 음악평론가로 직장을 잡아볼 생각을 놓지 않는다.

철학적 미학을 주제로 작성한 하빌리타치온 논문이 1933년 1월 30일(히틀러가 집권한 바로 그날) 튀빙엔의 지벡(J. C. B. Mohr-Siebeck) 출판사에서 『키르케고르, 미적인 것의 구성』이라는 제목으로 출판되었지만 음악평론가 일자리는 얻지 못하였으므로 아도르노의 전투 준비는 철학을 중심으로 마무리된다. 실제로 망명지 미국에서 치르게 될 전투의 실탄은 고전독일철학에서 직접 공급받는다. 함께 내장해둔 고전독일음악 정신은 예술과 철학의 '진지한 결합'을 고수하도록 하는 힘의 원천이 된다. 이러한 결합만이 아방가르드 예술의 존재근거가 된다는 생각을 아도르노는 1940년대 할리우드 근처에 살면서 더욱 굳힌다.

진지한 자율예술은 이후의 전투에서 '대중'이라는 착시현상의 이면에 있는 객관현실을 자본주의 경제구조로부터 올곧게 파헤칠 수 있도록 이끌어주었다. 아도르노가 전통에 완강하게 매달려 지켜낸 '예술과 철학의 결합'은 자본주의 세계체제의 혹독한 시련을 견뎌내고 21세기 벽두에 프랑스 철학자 랑시에르(Jacques

Rancière, 1940~)가 '미학적 예술체제' 개념을 정립하는 원재료로 쓰인다.

첫 번째 전투
발터 벤야민의 죽음

1940년 10월 뉴욕에서 벤야민을 기다리던 아도르노 부부는 구를란트(Henny Gurland: 나중에 프롬(Erich Pinchas Fromm)과 결혼한다)가 전해주는 벤야민의 유서을 전해 듣는다. 부부는 땅이 꺼질 것 같은 충격을 받는다. 같이 이동하던 다른 사람들은 살아서 미국 땅을 밟았는데, 벤야민만 실패한 것이다. 다른 이들도 피레네 산맥을 넘으려다 붙잡혔지만 곧바로 석방되어 미국행 배를 탔다. 벤야민도 "12시간만 더 버텼으면" 탈출했을 것이다.

스페인 국경 포르 부에서 세관원에 붙들렸다고 모르핀을 잔뜩 먹고 스스로 목숨을 끊은 벤야민은 힘든 시절을 살면서 유대계 지식인들과 맺은 이런저런 친분관계 중에서 가장 애달픈 경우였다. 9월 26일 죽기 전날 남겼다는 몇 자만 전달되었다. 애지중지하던 원고들도 분명 있었을 터인데, 전달되지 않았다. 나중에 아렌트(Hannah Anrent, 1906~75)를 통해 『역사철학 테제』를 건네받은 것은 불행 중 다행이었다.

1937년 9월 8일 결혼한 테디와 그레텔(Gretel Karplus, 1902~93)은 벤야민과 각기 특별한 관계를 맺고 있었다. 벤야민과 테디

'토성의 영향아래 태어나 우울한 성격을 갖게 된' 벤야민

정말이지 균형이 아주 잘 잡힌 얼굴이다. 동시에 약간은 동물 같은
면이 있었다. 두 뺨에다 먹을 것을 저장해두는 동물 말이다.
수집가 같은 면모가, 탁월한 사유를 하는 면모가 그의 외모에도
각인되어 있다.

의 지적 교류는 유럽 지식인들이 지난 세기에 맺었던 친분의 전형이요 모범적인 사례로 꼽는다. 둘은 방대한 양의 편지를 남겼는데, 쓰고 있는 글에 대한 생각, 머리에 떠오르는 이런저런 구상들에서부터 개인사적 이야기까지 아우르고 있다. 때론 관점 차이로 갈등에 빠져 괴로워하기도 하고, 또 테디가 대학에서 경력을 쌓은 반면 발터는 프랑스에서 지식 프롤레타리아로 전락해 서로 어긋나는 순간이 있었지만 둘 다 상대방이 주는 지적 자극을 사랑했다.

결혼을 하고 미국 이주를 앞둔 아도르노 부부가 12월 말에 벤야민의 전 부인 도라(Dora)가 운영하는 이탈리아 산 레모의 펜션 '빌라 베르데'에 쉬러 와서 1938년 1월 초까지 몇 주 머물렀는데, 이때 벤야민도 합류해 유럽에서의 마지막 시간을 보냈다. 부부는 2월 16일 뉴욕행 배를 타기로 되어 있었다. 만남의 중심은 당연히 지적 토론이었다. 벤야민은 보들레르에 관한 초고를 들고 왔고 테디는 바그너에 관한 구상을 가지고 왔다. 테디의 의중을 벤야민은 가장 정확하게 간파했고, 벤야민 역시 테디의 비판적 독해를 존중했다. 이 토론을 통해 각기 탁월한 두 텍스트가 성립된다.

토론에는 항상 그레텔도 함께했다. 1925년 화학박사 학위 취득 후 망명 직전까지 가업이던 가죽장갑 공장을 직접 경영한 그레텔은 당시로서는 보기 드문 독립적인 여성이었다. 1923년 사업차 프랑크푸르트의 비젠그룬트 포도주 상점을 방문했다가 테디를 알게 된 이래 그레텔은 테디 주변의 지식인들 그룹에 깊이 편입되어 지냈다. 벤야민과는 1932년부터 내밀한 편지를 교환하는 사이가 되었다. '테디가 우리 관계를 알면 안 된다'고 쓴 그레텔의 편지도 있다(1933년 4월 14일자). 늘 상황판단에 미숙하고 결단력이 부족했던 벤야민을 등 떠밀어 1933년 3월에 프랑스로 망명시킨 사람도 그레텔이었다. 그리고 이 파리의 망명객에게 꾸준히 돈을 보내준다. 1933년 7월 15일이면 42번째 생일이 되는 벤야민에게 당시 송금허용 한도액인 10제국마르크를 바꾼 붉은 전표를 보냈다. 편지에서 벤야민은 데틀레프(Detlef)이고 그레텔은 펠리시타스(Felicitas)다.

1933년 7월 6일

데틀레프에게.

지난번 편지에서 나한테 너의 새 주소를 알려주지 않았어. 이 붉은 전표를 옛날 주소로 보내는데, 잘 도착할지 모르겠네. 늦어서 미안하고 앞으로 내가 어디로 보내야 하는지 가능한 한 빨리 알려주기 바라. ……사업상으로는 큰 사건이 없는 한 달이었어. 옛날 회사는 정리하고 새 회사에서는 휴가차 공석인 자리를 채우면서 시작했지. 겨울시즌을 위한 새 모델 두 가지를 내놓는데 나도 참여해서 그야말로 전력을 다해 완성시켰어. 그것들을 너한테 자랑하면서 보여주고 싶어, 정말로. 너도 옛날에 유행 따라 꽤나 옷 잘 입는 축에 들었었잖아. 그래서 한 가지 물어보고 싶은데, 사람들이 새로 계절이 바뀌면 전에 입던 옷이랑 모자를 그냥 입을 수 없다고 생각하는 것은 왜 그러는 거니? 더 뚱뚱해

1940년경의 아도르노 부부

아도르노와 그레텔은 1937년 결혼했다. 그레텔은 1925년 화학박사 학위 취득 후
망명 직전까지 가업이던 가죽장갑 공장을 직접 경영한 당시로서는 보기 드문
독립적인 여성이었다.

1937년 아도르노와 결혼한 그레텔

그녀는 벤야민과도 특별한 관계를 맺고 있었다. 아도르노와
벤야민이 토론을 할 때면 그레텔도 항상 함께했다. 벤야민을 등
떠밀어 1933년 프랑스로 망명시킨 사람도 그레텔이었다.

지지도 않았고 살이 아주 많이 빠진 것도 아니면서. 머리 모양이 바뀌지 않았어도 그래. 옷차림이 정말로 우리를 바꿔놓아서 우리가 자신에 대해서 다른 인상을 갖는 것인가? ……참으로 소중한 친구야, 난 너한테 해야 할 말 중에서 아주 일부분만 했단다. 너의 그 뛰어난 독해능력으로 행간에서 많이 발견하기 바라. 녹색나무 지팡이를 눌러 잡고 너한테 훌쩍 넘어가면서.

펠리시타스 씀.(Bild, p.118~119)

벤야민이 가지고 다니던 나무 지팡이가 녹색이었던가 보다. 독일어 용법에서 경어체(Sie)와 평상체(Du)는 사회적 위계질서를 구분하지 않는다. 개인적 친밀도에 따른 어법이다.

1938년 11월 9일 밤에 자행된 유대인 학살 사건, 일명 수정의 밤 이래로 유럽대륙에서의 상황은 긴박하게 돌아갔다. 벤야민 스스로도 1939년 스탈린-히틀러 조약 이후 프랑스에 머무는 독일 망명객의 상황이 악화됨을 느끼고 있었다. 1939년 9월 1일 아침 독일 군대가 폴란드를 침공하자 프랑스 당국은 파리에 머물던 독일어권의 망명자들을 모조리 축구경기장에 몰아넣었다가 집단 수용소로 보냈다. 영국과 연합하여 독일제국을 향해 선전포고를 하면서 취한 조치였다. 이런 사정을 벤야민이 그레텔에게 편지로 알렸고, 아도르노 부부는 호르크하이머(Max Horkheimer, 1895~1973)를 닦달해서 마침내 긴급비자를 발급받도록 해주었다. 그러고는 벤야민이 오면 살게 할 집을 보러다니던 참이었다.

"그 사건이 우리에게 어떤 의미를 갖는지 말로 당신께 설명드릴 수 없습니다. 우리의 정신적 그리고 경험적 실존을 아주 깊이 뒤흔들어놓아 그레텔과 나는 정말이지 아무것도 느낄 수 없는 상태가 되었습니다. 우리가 직접 죽을 지경이나 되면 이 무감각 상태에서 깨어날는지요."(Doohm, p.402)

아도르노의 상실감은 이처럼 실존적인 차원에만 머물지 않았다. 철학적 상실감에 어쩔 줄을 몰라 하였다. 벤야민이 죽음으로써 "철학에서 최고의 것이, ……철학이 바랄 수 있는 최고의 것이 상실되었다고" 회상하는 아도르노는 1940년 10월 18일 망명신문 「아우프바우」(Aufbau)에 그를 추모하는 글을 싣는다. 아도르노는 영원히 간 친구에게서 바로 자기 자신을 바라보고 있었다.

"그는 타고난 기질에 끌려다녔는데, 어디 비교할 데가 없는 기질이었다. 현존하는 것, 철학적 학파나 공인된 사유관행들에서 은신처를 찾지 않았다."(Doohm, p.403)

격변의 시대를 살면서 내부의 나침반에 따라 사유의 새로운 단초들을 일궈냈다는 점에서 벤야민과 아도르노는 진정한 동료였다. 하지만 그들이 사용한 나침반은 각기 독창적으로 달랐다. 공히 아웃사이더 의식에서 자양분을 끌어올린 개성적인 것이었지만, 딴판인 실행 프로그램이 나온 것이다. 벤야민을 비롯한 유대인의 고난을 바라보는 아도르노의 관점은 박해받는 자들과의 '동일시'였다. 내부 나침반의 지시였다. 자신은 죽음의 땅에서 벗어나는 행운을 누렸지만, 그렇다고 그런 운을 긍정하는 마음은 전혀 아니었다. '어렵게 살아남아 얼마나 다행인가. 그러니 현실에 최선을 다하자'고 생각하면서 산다면, 세상을 그렇게 만든 사람들을 용인하는 작태라고 내면에서 나침반이 소리 질렀다. 이러한 태도가 후일 그의 철학의 근간을 이루는 '부정사유'의 토대가 된다.

유대계 지식인으로 유대인들이 왜 쫓겨서 미국에 와야 했는지를 따져봐야 한다. 그렇다면 우연히 살아남은 사람과 절망 속에서 죽어간 사람의 차이는 있을 수 없다. 벤야민은 곧 아도르노였다. 그래서 박해와 절망은 개인적인 차원을 넘어선다. 미국 망명기의 이론적 연구는 박해당한 이의 실존적 관점을 유럽정신사의 중심으로 끌고 들어가는 고난의 행군이었다. 1941년 로스앤젤레스에 도착한 아도르노가 이삿짐에서 방금 완성한『신음악의 철학』원고를 꺼내 건넸을 때 호르크하이머는 앞으로 진행될 둘 사이의 공동 연구가 벤야민의 정신 속에서 이루어질 것을 확신한다.

"살면서 황홀감을 느껴본 적이 있다면 바로 이 원고들을 읽으면서였습니다. 그 전체가 나에게는 당신이 감정적으로만 벤야민이 죽은 뒤 표명했던 책임감에 결부되어 있는 것이 아니라 그 책임감에 적합하게 작업할 수 있게 되었음을 증명하는 것으로 보입니다. ……이 원고는 우리가 함께 기울일 노력에서 가장 근

본적인 토대를 이루게 될 것입니다."(Doohm, p.419~420)

행복했던 유년기와 총명했던 청년기를 보내고 30대 중반에 망명객으로 미국 땅을 밟은 아도르노는 벤야민의 죽음을 중심으로 자신의 지적 자산을 재편한다. 이상주의 철학과 고전음악을 꽃피운 유럽 계몽 전통을 시험대에 올리지 않을 수 없었던 것이다. 유럽에 있을 때 벤야민과 혼을 나누던 전통이었다. 히틀러 집권과 제2차 세계대전 기간에 유럽에서 이 전통은 중단되었다. 유대계 지식인 아도르노가 망명지에서 이어간 것은 역설이었다.

하지만 아도르노는 이 전통에 고문을 가했다. 유대인 박해라는 회전축을 통과하도록 담금질하였다. 『계몽의 변증법』으로 담금질이 일단락되었을 때 전쟁이 끝났다. 그 '오욕의 전통'을 유럽에 다시 들여올 수 있었다. 이 전통은 1960년대에 '프랑크푸르트학파의 비판이론'으로 거듭난다. 호르크하이머와 함께 로스앤젤레스에서 언제 끝날지 모르는 전쟁을 견뎌내면서 현재의 야만상태를 초래한 지적 전통과 벌인 전투의 성과였다.

첫 번째 전투
천국에서 망명생활을 하게 만든 자본주의의 만행

아도르노 역시 벤야민처럼 망명을 그리 달가워하지 않았다. 그리고 불가피하더라도 유럽 언저리에 있고 싶어했다. 터키의 앙카

라로 가서 빈에 자주 들렀으면 좋겠다는 상상도 했다. 하지만 영국으로 가야 했다. 옥스퍼드의 머튼칼리지 박사과정에 등록하는 길이 열렸기 때문이다. 일찍 영국으로 건너와 사업가로 성공하고 1907년 영국국적을 획득한 삼촌 베른하르트(Bernhard Robert Wiesengrund, 1871~1935)가 애쓴 결과였다. 후설을 주제로 다시 박사학위 논문을 쓰기로 되어 있었다. 장학금을 받았다. 1934년부터 머물면서 1937년 그레텔과 결혼도 하였다. 결혼식에 참석한 호르크하이머와 장차 미국에서 공동작업을 하자는 이야기를 주고받았지만 우선은 영국에서 두 번째 박사학위를 마친 후의 일이라고 여겼다. 그러던 중 갑작스럽게 호르크하이머에게서 건너오라는 전보를 받는다.

"1937년 가을에(10월 20일) 나는 친구 막스 호르크하이머가 ……런던으로 보낸 전보를 받았다. 서둘러 미국으로 건너올 일이 생겼다는 내용이었다. 내가 라디오 프로젝트에 참여할 의사가 있다면 말이다. 잠시 고민을 하다가 나는 가겠다는 전보를 쳤다. 나는 정말이지 라디오 프로젝트가 뭔지 제대로 알지 못했다. 미국에서 사용하던 '프로젝트'라는 말은 오늘날 독일에서는 '연구제안서'라고 번역될 만한 것인데, 나한테는 생소했다." (Doohm, p.147)

라자스펠드(Paul Felix Lazarsfeld, 1901~76)가 주도하던 '프린

스턴 라디오 리서치 프로젝트'에 한 자리가 났던 것이다. 칸트와 베토벤 그리고 마르크스주의 전통에 머물던 아도르노의 지적 세계를 미국의 사회학 그중에서도 경험연구와 만나게 이끈 운명의 전보였다. 오스트리아 출신 사회학자 라자스펠드는 1930년 빈에서 록펠러재단의 연구지원을 받아 실업자들의 상황을 연구하였으며 1933년 재단의 후속지원으로 미국에 왔다가 개인적으로 관여하고 있던 오스트리아 사회주의 정당이 1934년 금지되자 망명하였다. 그는 호르크하이머가 이끌던 사회조사연구소와도 인연을 맺고 설문지들을 통계학적으로 처리하는 일을 도왔다. '학문은 측정이다'라는 신조를 따르는 사회학자와 사변적 이론가의 공동연구는 삐거덕거릴 수밖에 없었다. 1938년 라자스펠드에게 보낸 아도르노의 편지는 차이점을 정확하게 짚고 있다.

"결과들을 '양화', 즉 숫자로 제시하려다보면 어쩔 수 없이 범주들을 단순화하게 됩니다. 얼마나 많은 사람이 고전주의 이전 시기의 오페라를 좋아하고, 고전주의 오페라를 좋아하는 사람들은 얼마인지, 또 몇은 낭만주의 그리고 극사실주의 오페라를 좋아하는지 백분율로 제시하는 일이야 못할 것 없지요. 하지만 개개인이 선호하는 근거들을 함께 포함시키려 한다면, 수량화는 아마 불가능해질 것입니다. 근거들이 아주 제각각이어서 한 칸에 두 명도 제대로 넣지 못해 통계학적 범주의 생성은 아예 생각해볼 수 없게 될 것입니다."(Doohm, p.377)

1단계 연구기간이 끝나고 1939년 두 번째 연구제안서를 재단에 내면서 라자스펠드는 아도르노가 담당하던 음악 부분을 제외시켰다. 당시 두 사람 모두 의견 차이로 힘들어했지만 서로에게 도움이 되는 공동작업이기는 했다. 사회학자는 갓 독일에서 온 사변가의 아이디어를 높게 평가하는 편이었다. 아도르노 역시 이 시기에 익힌 경험적 사회연구방법을 소홀히 하지 않았다. 로스앤젤레스 시절 전 미주 유대인협회(American Jewish Committee)로부터 반유태주의에 관한 연구를 의뢰받아 1943~44년 버클리 여론연구소 그룹과 같이 이른바 경험연구에 속하는 '권위주의 인성'을 진행하면서 계속 발전시킬 기회도 가졌다. 전쟁이 끝난 후 독일에 돌아온 아도르노는 프랑크푸르트대학교 사회학과 교수가 되며, 1963년 11월 독일 사회학회 회장으로 선출되어 1968년까지 재임한다. 후임은 다렌도르프(Ralf Dahrendorf, 1929~2009)였다.

이제 아도르노의 운명은 온전히 호르크하이머의 결단에 달리게 되었다. 호르크하이머는 1920년대 대학에서 만난 친구 바일(Felix Weil)이 곡물중개업으로 큰돈을 번 부친을 설득하여 종자돈을 대도록 한 프랑크푸르트대학교 부설 사회조사연구소(Institut für Sozialforschung)의 소장이었다. 1924년에 설립된 연구소에 1930년 소장으로 취임하면서 독일에서의 정치적 발전이 심상치 않음을 직감한 호르크하이머는 곧바로 1932년 스위스 제네바에 지부를 열고 1933년에는 프랑스에도 지부를 두는 등 연구소를 분산하는 방법으로 독일에서 완전히 철수하기 시작한다.

히틀러가 집권한 다음에는 뉴욕으로 이전하여 컬럼비아대학교에서 세미나를 열면서 여러 재단의 후원을 받기 위해 노력하였으나 차츰 경제적인 여건이 악화되자 연구소 규모를 줄이고 자신은 1941년 로스앤젤레스로 이주한다. 정치적·경제적 상황에 적응하는 한편, 오래전부터 구상해온 변증법 프로젝트에 몰두하기 위해서였다. 연구소를 발전시키기 위해서는 이론적 혁신이 필요하다는 판단이었다.

마르쿠제(Herbert Marcuse, 1898~1979), 뢰벤탈 등 뉴욕에 남은 연구소 소속 연구원들은 태평양과 대서양 연안 어디로 자신의 미래가 결정될지 모두들 좌불안석이었다. 호르크하이머의 의중은 오래전부터 아도르노에게 가 있었다. 하지만 아도르노 역시 불안한 시간을 보내야만 했다. 호르크하이머가 이주를 앞두고 자주 뉴욕을 비운 기간에 아도르노는 라디오 좌담 프로그램에 출연해 음악에 관해 이야기하거나 키르케고르의 사랑 개념에 관해 강연하는 일로 시간을 보냈다. 그러다가 마침내 11월 중순 로스앤젤레스로 간다. 연초에 미리 와서 자리를 잡은 소장은 앞으로 함께 일할 연구원에게 가능한 모든 호의를 다 베풀었다. 둘은 곧바로 작업을 시작하여 1949년 독일로 다시 돌아올 때까지 방대한 지적 산물들을 생산하였다. 이 시기의 작업은 1950년대 초 독일에서 재개되는 연구소 활동의 이론적 토대가 된다.

아도르노와 호르크하이머는 여러 면에서 유사한 점이 많았다. 둘 다 부유한 유대인 집안 출신이었고 대학에서도 성공적인 경력을 쌓았지만, 아울러 블로흐나 루카치(György Lukács) 같은 반부르주아적이고 비판적으로 사유하는 작가들의 서적에 심취하는 성향이었다. 둘 다 신칸트주의자 코르넬리우스(Hans Cornelius)에게서 학위를 했다는 공통점도 있었다.

둘 사이에 차이가 있다면 기질적인 면과 제1차 세계대전 경험이었다. 전쟁 발발 당시 19세였던 호르크하이머는 전쟁의 참상을 직접 목격한 반면 아도르노는 10대 초반으로 아직 어렸다. 호르크하이머가 대기업가 집안의 억압적 분위기에 반발하면서 어린 시절부터 사회적 정의감과 연대의식이 강했다면, 전쟁을 비롯한 사회적 격변의 현장에서 비켜 있던 아도르노는 세기의 위기를 부르주아 전통의 일반적 몰락으로 인지하는 편이었다. 몰락에 대한 감수성은 일차적으로 예술을 통해서 얻었다. 아도르노는 아방가르드 예술과 철학을 접하면서 그 몰락에 격렬하게 반응하는 시절을 보냈다.

제1차 세계대전이 8세 차이가 나는 두 사람의 성향을 갈라놓았다면, 제2차 세계대전은 공동의 지적 관심에 집중하도록 두 사람을 묶었다. 1920~30년대 독일에서의 정치적 발전이 파시즘으로 귀결된 원인을 규명하는 일이 모든 긴장의 수렴점이었다. 캘리포니아의 '천국 같은' 자연환경도, 호르크하이머의 수완으로 확보된 경제적 여유도, 망명 지식인들과의 지적 교류도 모두 파시즘 발생 원인과의 이론적 전투에 투하될 지적 긴장을 엄호하는 후방의 병참에 불과했다. '왜 인류는 새로운 종류의 야만에 빠졌는가?'라는,

21세기로 들어선 오늘날에도 여전히 절박하게 다가오는 물음을 해명해보기 위해 유구하고도 찬란한 서구계몽의 전통과 실존적 무게를 실은 전투를 벌인 것이다.

처음에 둘은 '유물론적 논리학'에 관한 책을 쓰려고 생각했다. 그런데 처음의 구상과는 많이 다른 책이 나왔다. 그래도 역시 세기의 대작이 될 책이었다. 처음의 얼개가 잡힌 것은 1942년이었고 탈고는 1944년에 했다. 『계몽의 변증법』이 제출하는 테제, 즉 서구계몽은 왜 '반계몽적 결과를 불러일으키는가' 하는 문제는 제4장에서 서술한다.

'계몽의 변증법' 테제는 독일 교양의 전통이 20세기 자본주의 세계체제를 통과하면서 보편교양으로 확장될 가능성을 마련하는 것이었다. 그런데 귀국 후 68학생운동 세력과 두 번째 전투를 수행하는 도중 아도르노가 사망하여 그만 단절되고 말았다. 아도르노의 제자 하버마스(Jürgen Habermas, 1929~)는 스승의 유업을 잇지 않고 '언어적 전회'를 단행함으로써 아도르노가 어렵게 일군 가능성의 싹을 잘라버렸다. 아도르노는 죽은 후 이 총명했던 제자와 세 번째 전투를 벌여야 하는 고단한 운명을 걸머졌다. 그의 이론적 삶은 휴식을 모르게 되었다.

전쟁과 파시즘을 서구계몽의 파국적 결과로 파악하는 이 '계몽의 변증법' 테제가 지닌 보편적 호소력은 테제를 입안한 두 사상가가 개인적 삶에 대한 성찰을 이론구성에 직결했다는 데서 비롯된다. 이론적 작업을 하기 위해 머문 태평양 연안의 도시 로스앤젤레스는 진정 천국으로 가는 길목이었다. 천혜의 자연환경에서 미국 자본주의가 제공하는 풍요로움을 누리던 두 사상가는 바다 건너 동아시아 지역과 유럽에서 벌어지는 참혹한 전쟁이 자신들의 생존을 지탱하는 물질적 기반임을 직시하였다. 이 고통스러운 인식이 이론구상의 출발점이었다.

파괴가 풍요의 물적 토대라는 인식은 제2차 세계대전 기간 그곳에 머문 사람들 사이에서 일반적이기는 했다. 하지만 이 '전복의 메커니즘'을 이론구성의 핵으로 삼은 사상가는 없었다. 바다 건너에서 전쟁을 하는 바람에 태평양 서안이 '천국'이 되는 '글로벌 사회'에서 천국에 있을 수 있는 행운을 긍정한다면, 이는 전쟁을 긍정하는 일이 아닐 수 없다. 벤야민의 죽음으로 체화된 부정사유는 이처럼 전쟁과 천국 모두를 부정하는 지평을 열어주었다. 파시즘 전쟁을 부정한다면, 천국에서의 행운도 부정해야 한다. 따라서 눈앞에 구체적으로 존재하는 것은 모두 부정의 대상이 된다.

부정변증법의 방법론은 이처럼 '전복의 메커니즘'을 실존적인 차원에서 경험한 결과로 나왔다. 『미니마 모랄리아』(*Minima Moralia*)의 유명한 문구 "잘못된 가운데서 제대로 된 삶은 없다"는 실존적 경험의 압축일 뿐이었다. 20세기 후반의 체험은 "자기 집에 있으면서도 집처럼 편안하게 느끼지 않는" 도덕을 요청하게 되었다.

하지만 천국은 부정하는 가운데도 역시 천국적인 면모로 아도르노에게 다가왔다. 지근거리에 문학, 음악, 영화, 연극 등 예술계

젊은 시절과 1948년의 호르크하이머
천혜의 자연환경에서 미국 자본주의가 제공하는 풍요로움을 누리던 두 사상가는
바다 건너 동아시아 지역과 유럽에서 벌어지는 참혹한 전쟁이
자신들의 생존을 지탱하는 물질적 기반임을 직시하였다.

의 유명인사들이 모두 모여 있었다. 그야말로 망명지에 독일문화계의 핵심인사들을 몽땅 옮겨다 놓은 격이었다. 작곡가 쇤베르크(Arnold Schönberg, 1874~1951), 극작가 브레히트(Bertolt Brecht, 1898~1956), 영화「메트로 폴리스」의 감독 랑(Fritz Lang, 1890~1976) 등과 교류하면서 지냈다. 하지만 이 시기 가장 좋았던 일은 토마스 만(Thomas Mann, 1875~1955)이『파우스트 박사』를 쓸 때 옆에 있었다는 사실이었다. 아도르노는 자신의 장기인 음악으로 이 소설의 형성과정에 크게 기여하였다.

「1944년 1월 17일 부모님께 보내는 편지」

우리는 사람들을 잘 만나지 않습니다. 누굴 초대할 수 없기 때문입니다. ……토마스 만의 집에 초대를 받아 간 것은 예외였지요. 호르크하이머 부부하고만 갔었습니다. 토마스 만은 자기 작품을 한참 동안 읽어주었습니다. 재미있는 이야기가 있는데, 다른 사람들에게는 절대 말하지 마십시오. 토마스 만이 내가 그에게 해준 이런저런 설명을 활용했을 뿐 아니라 내가 10년 전에 출판한 베토벤 말년의 작품들에 관한 논문들을 자구 그대로 혹은 거의 비슷하게 집어넣었다는 것입니다. 그에 대한 고마움의 표시는, 뭐 굳이 그럴 필요까지는 없을 터인데, ……Wiesengrund 라는 단어를 세 번이나 아주 교묘한 방식으로 문장 중간에 삽입해놨답니다. ……그 밖에도 토마스 만은 내가 그에게 준 자료들을 전부 세세하게 자구 하나하나까지 연구합니다. 그리고 대부

분의 핵심을 발췌해냅니다. 내가 그를 아주 높게 평가하는 면이
지요. 그는 지금 당신과 같은 70대입니다.(Bild, p.187~188)

가족사도 행복하였다. 물론 부모님은 미국으로 망명하는 과정
에서 고초를 당하고 재산도 상당량 빼앗겼다. 하지만 미국에서의
삶이 곤란한 정도는 아니었다. 1938년에 이민신청을 하니 비자발
급까지 1년을 기다려야 한다고 했다. 그러던 중 10월, 아버지는 체
포되고 어머니는 11월 수정의 밤에 집 안으로 돌팔매가 쏟아지는
수모를 겪는다. 마리아는 유대인이 아니었다. 그래도 하루 동안 경
찰서에 구금되었다.

아버지는 어렵게 풀려난 후 바로 독일을 떠났다. 비자가 없어 미
국으로는 못 가고 일단 쿠바로 향했다. 그 후 플로리다를 거쳐 뉴욕
에 와서 한동안 테디와 지근거리에서 살았다. 바빠 찾아갈 시간이
없으면 편지를 썼다. 테디가 서부로 이주한 후 부부는 계속 뉴욕에
남았다. 아버지는 1946년, 어머니는 1952년 사망할 때까지 비교적
평탄하게 지냈다. 천국에서의 일상은 방해받을 일이 없었다.

소설『파우스트 박사』를 쓴 토마스 만

아도르노는 미국 망명기에 가장 좋았던 일로 토마스 만과
교류했던 것을 꼽았다. 아도르노는 자신의 장기인 음악으로
『파우스트 박사』의 형성과정에 크게 기여하였다.

두 번째 전투
다시, 프랑크푸르트

1949년 9월 아도르노는 프랑크푸르트대학교로 돌아와달라는 공식 서한을 받는다. 그는 곧바로 답한다. 이 시기의 서신교환은 패전 후의 정상화 과정이 독일에서 어떻게 진행되었는지 엿볼 수 있게 해준다. 감정의 절제가 양측 모두에게서 감지된다.

> 1949년 8월 8일
>
> 철학부 호르크하이머 박사 귀하
>
> 존경하옵는 박사님!
>
> 제가 여기 동봉하는 편지를 테오도르 비젠그룬트 박사님께 쓰고 주소를 알아보니 찾을 수가 없었습니다. 제가 알기로는 박사님께서 그가 어디 있는지 아는 유일한 분이시라고 …… 편지를 수신인에게 전달되도록 해주시기를 부탁드리는 바입니다.
>
> 포슬러(Vossler) 배상
>
> 첨부:
>
> 존경하는 선생님,
>
> 우리 학부에서 선생님께 저희에게로 돌아오셔서 선생님께서 1933년에 내놓으셔야 했던 지위에 다시 오르기를 간청하는 일이 진작 시행되지 못한 것은 선생님이 어디 계신지 우리가 알 수

없었기 때문입니다. 호르크하이머 교수님에게서 선생님 주소를 받은 지금, 저는 우리 학부를 대표해서 선생님께 부탁드리는 의무를 다할 수 있어 기쁩니다. 선생님께서 어떤 결정을 내리시든, 1933년에 부끄럽게도 드리지 못한 말씀, 프랑크푸르트에서 우리 대학에 재직하시는 동안 큰 기여를 해주셨음에 대한 감사의 말씀을 정식으로 드리고자 합니다.

삼가 아뢰며 오늘은 이만 물러가겠습니다.

T. W. 아도르노

803 예일가

산타 모니카, 캘리포니아

오토 포슬러 교수님 귀하

프랑크푸르트 요한 괴테 대학

철학부 학장

1949년 9월 26일

경애하는 포슬러 교수님,

편지 감사히 받았습니다. 요한 볼프강 괴테 대학으로 돌아와 달라는 초대와 과거에 대한 진심어린 말씀을 접하고 매우 기뻤습니다. ……우리 사회조사연구소가 다시 설립되는 중이라 제가 곧 그리로 가게 될 것입니다. 만나서 상세하게 이야기할 수 있게 되기를 진심으로 기대하는 바입니다.

아도르노 배상(AiF, p.144~146)

1949년 10월 11일 로스앤젤레스를 떠난 아도르노는 뉴욕에서 어머니와 크라카우어, 뢰벤탈 등 연구소 친구들과 지인들을 만난 후 10월 21일 배를 타고 유럽대륙으로 향한다. 파리를 거쳐 1949년 11월 3일 마침내 기차로 프랑크푸르트 역에 도착한다. 그리고 1년을 보낸 후 1950년 10월 7일 크라카우어에게 그동안 하게 된 이런저런 생각을 적어 보낸다.

"미국에서 살다가 다시 돌아오니 독일은 치유하는 면과 교훈적인 측면이 다 있어. 망명의 트라우마와 관계해서는 치유적이고, 교훈적이라고 하면 예전에는 자명했던 것이 이제 낯설게 되었다는 것 그리고 예상치 못했던 측면을 드러내기 때문일 터이지. 파괴된 도시의 잔해들 속에서나 극단적인 알레고리를 발견하게 된다고 할까. 여기에도 역시 삶이 있다는 생각을 실감할 수가 없다는……."(AiF, p.214)

무너진 건물의 잔해들 속에 알레고리로 남아 있는 '예전의 자명한 것'을 다시 현실로 이끌어내는 일은 이제 과거를 알지만 그 과거를 파괴하는 시간에는 그곳을 떠나 있던 망명객의 몫이 되었다. 아도르노는 기꺼이 이 과제를 담당하기로 마음먹는다. 또 그 자신이 살기 위한 길이기도 했다. 내부의 나침반은 제일 먼저 유년의 기억을 지시했다.

제2차 세계대전 당시 파괴된 프랑크푸르트
무너진 건물의 잔해들 속에 알레고리로 남아 있는
'예전의 자명한 것'을 다시 현실로 이끌어내는 일은
이제 과거를 알지만 그 과거를 파괴하는 시간에는
그곳을 떠나 있던 망명객 아도르노의 몫이 되었다.

"세상은 무너졌다. 하지만 나는 어린 시절처럼 시내전차 1번과 4번을 구별할 수 있었다. 1번은 초록색 전등이 둘 있었고 4번은 초록색과 흰색이 하나씩 있었다. 그것은 그대로였다."(Bild, p.213)

내면 깊숙한 곳에 내장되어 있는 독일 계몽의 전통은 폐허를 알레고리로 읽을 수 있게 하는 힘으로 부족함이 없었다. 하지만 그 알레고리를 현실에서 구체적 관계들로 실현하기 위해서는 폭격으로 무너진 잔해들을 치우고 새 건물들을 지을 '물질'이 필요했다. 그런데 물질은 자본주의 세계질서의 수중에 있었다.

자본주의가 실행하는 '교환원칙'은 사회적 생산과 분배과정에서 인간의 자기소외와 착취를 구조적으로 심화함으로써 결국 자율적이고 자유로운 존재로서의 인간을 선언한 서구계몽의 기획을 좌절시킨다. 독일철학의 정수인 변증법은 여기에서 계몽하는 정신에 대한 안티테제로서 자본주의라는 구도를 도출해낸다. 그래서 아도르노의 철학적 방법론인 '부정변증법'이 자본주의를 비판하는 변증법으로 귀결되는 것이다. 사유의 변증법적 역동성에 따라 자본주의라는 안티테제가 다시 부정될 수밖에 없는 대상으로 되기 때문이다.

무엇을 부정해야 하는지가 사유를 시작하면서 이미 선험적으로 주어져 있다는 의미에서 '규정된 부정'(Bestimmte Negation)이라는 용어가 사용되었다. '비판'으로서의 '규정된 부정'은 인간 현존의 부정성이 사유하는 사람이 발 딛고 있는 역사적 조건에 결부되어 있음을 지적하고 있다.

현존의 규정성이 부정사유의 발판이다. 아도르노의 경우, 전후 재건시기가 첫 발판이었다. 그가 돌아온 시점은 1948년 7월의 통화개혁으로 시작된 활황기가 이미 감지되던 때였다. 그리고 대학에 적을 두게 되었으므로 학생들을 만난다. '라인 강의 기적'으로 물질적 풍요를 누린 세대는 아도르노를 만나면서 20세기 후반 독일사회의 발전과정에 결정적인 역할을 하는 위치에 서게 된다. 아도르노와 학생진영은 변증법적 구도에서 그야말로 '역동적인' 시간을 보낼 운명을 맞는다. 계몽의 한계와 가능성을 검증하는 독일 '비판정신'은 두 진영에 제각기 확실한 몫을 배당하였다. 이는 제6장에서 자세히 설명하겠다.

> "오늘에서야 다시 일기를 쓴다. 학생들을 본 첫인상은 아주 대단했다. 이루 말할 수 없이 진지하고, 부지런하며, 열의에 차 있다. 물론 지성과 교양 사이에 엄청난 단절……."(Bild, p.211)

학생들은 정말로 배우고 싶어했고, 알려고 했다. 왜 자신들이 '파시즘의 독일'을 조국으로 가져야 하는지에 대해서, 그리고 분단을 비롯한 정치적 발전에 대해서도. 또 앞으로 삶을 어떻게 꾸려가야 할지 방향정립의 필요성도 절감하였다.

"오랜 망명기를 보낸 후 다시 독일을 보는 지식인은 무엇보다도 정신적 공기에 놀라게 된다. 밖에서는 야만적인 히틀러 통치 기간이 야만을 남겼을 것이라는 생각을 한다. ……그런데 그렇지가 않다. ……전통적인 의미에서의 문화가 죽었다는 말을 할 수 없다. ……정신은 이 순간, 더 이상 자기 자신에게서 굳어 있지 않고 세계의 불의에 저항하려는 이 순간에 살아나게 된다."
(AiF, p.161~167)

계몽의 전통을 이어가기로 마음먹은 아도르노에게 당시의 사회 문화적 배경 역시 이처럼 우호적이었다. 아도르노는 또다시 프랑크푸르트에서 행복한 삶을 시작할 수 있었다. 아도르노 교수의 복귀를 알리는 신문기사가 『프랑크푸르터 알게마이네 차이퉁』을 비롯해 여러 곳에 나고 1951년 『미니마 모랄리아』를 필두로 출판사 주어캄프(Suhrkamp)에서 나온 그의 책들은 모두 성공적이었다. 강의실은 매번 학생들로 넘쳐났다. 1969년의 마지막 강의에는 거의 1,000여 명이 왔다. 그리고 가까운 제자들을 비롯해 학생들과도 특유의 천진난만한 심성으로 곧잘 어울렸다.

일반인들은 라디오 방송에서 흘러나오는 그의 목소리를 들으며 얼굴을 익히기 전에 그를 알았다. 청취극(Hörspiel)의 전통이 있는 나라답게 인문지식과 예술적 소양을 라디오 방송으로 전파하고 있었다. 하지만 행복은 정점에 올랐다가 한순간 끝을 보았다. 아도르노의 부정사유 역시 실존의 규정성에서 자유로울 수 없었음을

사육제에서 학생들과 함께

아도르노는 프랑크푸르트에서 행복한 삶을 시작할 수 있었다.

『미니마 모랄리아』를 필두로 주어캄프에서 나온 그의 책들은 모두 성공적이었다.

강의실은 매번 학생들로 넘쳐났고 그도 특유의 천진난만함으로 학생들과 잘 어울렸다.

강의하는 아도르노
꽉 들어찬 학생들의 모습이 인상적이다. 1969년의 마지막 강의에는
거의 1,000여 명이 왔다. 일반인들도 라디오 방송에서 흘러나오는 그의 목소리를 들으며
아도르노를 알았다.

웅변이라도 하듯 그가 갑자기 죽은 것이다. 모순이 축적되자 변증법적 전복의 순간이 찾아와 이론가 아도르노의 심장을 정지시켰다고나 할까. 아도르노의 경우, 변증법은 생물학적 죽음을 통해 자신의 고유한 역학을 증명하고 만다. 이는 다른 말로 하면 아도르노가 뿌린 이론의 씨앗이 싹이 트는 경우, 엄청난 실천력을 지니게 된다는 이야기이기도 하다. 그가 내세운 테제, '이론이 실천이다'가 역설적으로 증명되는 죽음이었다.

그렇다고 그의 죽음의 원인을 이론의 내용과 성격에서 곧장 파악할 수 있다는 뜻은 아니다. 당시의 정치적·사회적 상황과 이론의 직접적 수용자층인 학생집단의 사회적 위상 그리고 아도르노의 개성 등 다양한 요인의 짜임관계(Konstellation)에서만 해명될 수 있는 사건이다. 이 짜임관계에 관해서는 제9장에서 자세하게 설명하겠다.

두 번째 전투
죽음에 이르는 이론

아도르노의 '죽음에 이르는 이론'은 오늘날 우리가 '프랑크푸르트학파'라고 분류하는 독일 지적 전통을 일궈내는 데 결정적으로 기여한다. 앞에서 말했듯이 그의 죽음으로 오히려 더욱 현실감을 얻게 된 이론의 학파다. 1960년대 들어와 아도르노의 사상과 사회조사연구소의 연구활동이 독일 내에서 영향력을 확대하면서 하나의 '학파'로 두각을 나타내기 시작할 때, 연구소 내에서는 '프랑크푸르트학파'라는 명칭에 대해 매우 만족스러워하였다. '마르크스주의'처럼 사람 이름을 내걸지 않고 지명에 따르는 것이 더 매력적으로 보였던 까닭이다.

이 학파의 산실이자 활동의 거점은 사회조사연구소였다. 그리고 호르크하이머가 산파로서 결정적인 역할을 했다. 파시즘의 박해와 제2차 세계대전의 와중에도 사회조사연구소를 잘 간수한 호르크하이머는 종전과 더불어 바로 독일에서 중요한 직책에 오른다. 옛날의 교수직을 회복하고, 1951년에는 대학 총장이 된다. 대학과 시에서 사회적 명성을 얻고, 철학부 학장으로 선출된다. 그리고 1951년 사회조사연구소 건물이 새로 세워진다. 미국의 매클로이재단(McCloy-Fund)과 프랑크푸르트 시 그리고 연구소 자체 자금으로 거대한 건물이 짧은 시간에 완공된 것이다. 이 플로렌스 궁전 스타일의 신즉물주의 성곽 같은 건물은 전후 사회학 연구가 처음으로 가능했던 연구 건물이다.

프랑크푸르트 시와 헤센 주는 1946년 당시 대학총장이던 할슈타인(Walter Hallstein)을 통해 바일과 폴록(Friedrich Pollock)에게 연구소 귀환을 소망한다고 밝힌 바 있다. 호르크하이머는 1960년 아도르노가 소장에 취임하기까지 계속 연구소의 소장으로 재직하면서 연구소가 자리를 잡는 데 결정적 역할을 한다. 1960년 아도르노가 소장에 취임하면서 본격적으로 이론의 변증법적 자기전개가 시작되었다.

제2차 세계대전 전의 사회조사연구소 건물(위)과 전쟁 이후 재건된 건물(아래)
1960년 아도르노가 소장에 취임하기까지 호르크하이머가 연구소를 지켰다.
아도르노가 소장에 취임하면서 본격적으로 이론의 변증법적 자기전개가 시작되었다.

『프랑크푸르트 알게마이네 차이퉁』, 1969년 7월 19일

"지난 1월 마지막 주 '뜨거웠던 주'에 일어났던 사건들이 공판의 중심이었다. 1월 31일 스포츠 후원을 위한 카라얀 콘서트에 반대하는 데모가 있었던 다음 날 좌파 학생들이 조금 전 약간 변경된 방식으로 점거했던, '스파르타쿠스 세미나'라고 이름을 바꾼 밀리우스 가의 주요 거점인 사회학과 세미나실이 잠겨 있는 것을 발견했다. 그래서 학생들은 젠켄베르크안라게의 사회조사연구소로 옮겼는데, 말하자면 토론하기 위해서였다. '폐쇄' 이후의 상황에 대해서. 연구소 책임자인 아도르노, 프리데부르크(Ludwig von Friedeburg) 그리고 군체르트(Gunzert) 교수가 창문에서 이들을 내다보았다. 아도르노에게는 불길한 예감이 들었다. 그는 학생들이 몰려들어와서 검거하려 한다고 생각했다. 크랄(Krahl)과 변호사 리만(Riemann)이 물었다. 어떻게 연구소를 점령하는 줄 알았냐고. 그 뒤로 짧지 않은 '점거의 현상학(Phänomenoligie der Okkupation)'에 대한 논구가 이어졌다. ……교수님들은 연구소 건물이 학생들의 학문이론적 공부모임에는 열려 있지만 정치적 행위에는 아니라고 확인하였다. 크랄은 아도르노한테 학문이론적 토론에 정치적 토론도 포함되는 것 아니냐고 물었다. 일반적으로는 그렇지만 지금처럼 데모를 배태하고 있는 위태로운 상황에서는 아니라고 아도르노는 대답하였다."(AiF, p.341~342)

이 시점까지, 그러니까 1월에 일어난 사건에 대한 공판이 있었던 7월까지 '행동주의' 학생들과 '이론가' 스승의 관계는 이른바 '점거의 현상학'을 논하면서 학문과 정치의 관계를 두고 구체적인 사건에서 갑론을박할 만한 여유가 있었다. 『쥐트도이체 차이퉁』(Süddeutsche Zeitung)은 기사에서, 휴가기간이기 때문에 다음 공판에는 나올 수 없다는 말을 남기고 재판정을 떠나는 아도르노가 제자 크랄을 향해 약간 곤혹스러운 미소를 지었다는 이야기도 했다. 판결은 3개월 투옥에 집행유예 그리고 벌금 300마르크. 법정은 크랄의 '이상주의적 신조'를 인정했다.

행위예술가 임호프(Hans Imhoff)의 행동주의적 퍼포먼스도 지성이 당대의 상황을 새롭게 감지하는 하나의 양태였다. 임호프는 당시 아도르노를 지도교수로 해서 '헤겔의 체험개념'으로 박사학위논문 제안서를 작성한 상태였다. 1969년 6월 12일 임호프가 비트만(Arno Widmann)과 함께 강의를 방해했을 때도 사건 종료 후 리페(Rudolf zur Lippe)의 중재로 아도르노와 『계몽의 변증법』세미나를 하기로 약속했다고, 그리고 아도르노가 매우 기뻐했다고 전했다. 사실 그들은 모두 아도르노의 열렬한 팬이었다.

당시 학생들은 학사진행 결정권을 학생들에게도 달라는 요구를 하고 있었다. 대학당국, 교수진, 학생회 삼자가 동등한 권한으로 참여해야 한다는 개혁안이 나오고 있었다. 비트만이 나중에 말한 바에 따르면 당시 자신들은 규정(Disziplinierungsmassnahme)에 대한 토론을 찬성하고 앞으로의 강의 일정을 합의할 작정이었다고 한다. 보

단상을 점령한 행위예술가 임호프
당시는 학생들과 지식인들 사이에서 보편이론과 '실천'의 문제를 두고 세기적인
갑론을박이 벌어지던 때였다. 논쟁은 치열했고 논쟁과 더불어 정치, 사회적인 상황이
더욱 가팔라지는 악순환이 계속되었다.

편해방을 추구하는 보편이론은 어느 지점에서 그리고 어떤 방식으로 '실천'이라는 현실적 작용력을 얻게 될지를 두고 보편이론을 구상한 사람과 그 이론에 매료된 학생들 그리고 이론구성에 직간접으로 동참한 학파 주변의 지식인 사이에서 말 그대로 '세기적인' 갑론을박을 벌이고 있었던 것이다. 논쟁하는 도중 정치, 사회적인 상황은 더욱 갈등으로 치달았다. 그럴수록 논쟁은 치열하였다. 논쟁과 더불어 상황이 더욱 가팔라지는 악순환이 계속되었다.

그러다가 결국 행동주의와 지적 긴장 사이의 균형이 금방 무너지는 파국의 순간을 맞는다. 4월 22일 강의를 방해한 '꽃소녀'들은 『계몽의 변증법』과 『미니마 모랄리아』가 제시했던 여성해방의 희망을 조롱하는 변증법적 전복의 계기였다. '기관으로서의 아도르노는 죽었다'고 쓰인 플래카드와 함께 등장한 꽃소녀들의 자연테러는 얼마 안 가 아도르노의 생물학적 죽음으로 요구사항을 충족한다.

세 번째 전투

아도르노가 이론에 천착하던 끝에 맞게 된 '죽음'의 '현상학'을 들여다보면 계몽이 궤도를 이탈하는 지점이 어디인지 예시적으로 확인하게 된다. 한동안 사람들은 그의 죽음의 한 계기가 된 '꽃소녀'의 등장이 급진적인 페미니즘 그룹의 기획으로 알고 있었다. 68 학생운동 당시 여성주의 역시 활발하게 논의되던 주제이고, 꽃소녀들의 '급진적인' 행동은 당연히 여성주의에 귀속된다고 여겼던 것이다.

하지만 나중에 밝혀진 바에 따르면 세 여성은 페미니즘은 물론 운동권과 아무런 관련이 없었으며, 단지 과격파 남학생이 주도한 기획에 행동대원으로 동참했을 뿐이다. 일명 '가죽점퍼 지부'(Lederjake-Liste)로 불리던 그룹의 남학생이 공동주택(Wohngemeinschaft) 옆방에 살던 여학생을 끌어들인 뒤 그날 아침에 대학 주변의 카페를 돌아다니며 행동에 참여할 여자들을 모집하였다.

세 여자는 모두 서로 초면이었고 그 이후로도 접촉이 없었다. 그리고 그 '자연테러' 이후 무슨 일이 벌어졌는지도 몰랐다. 옆방에 살던 여학생은 얼마 후 베를린으로 갔고 그곳에서 공부하였다. 그 여학생이 '자연테러' 순간을 찍은 사진에서 얼굴을 볼 수 있는 중앙의 여학생이다. 나중에 '죽은 뒤 아도르노를 만나면 미안하다고 말하겠다'고 했다고 한다. 또 다른 한 명은 이름을 추적해 어렵사리 연락이 되었지만 신원을 밝히기를 꺼려하였으며 당시 유치원 교사였다는 점만 밝혔다. 나머지 한 명은 누군지 전혀 알 수가 없다.

슈피겔과의 대담(1969년)

슈피겔: 교수님, 2주 전만 하더라도 세상은 정상이었건만⋯⋯.

아도르노: 나한테는 세상이 정상인 적이 없었습니다.

슈피겔: 학생들이 슈프링어 신문의 배포를 저지하기 위해 앉

아 방해하는 데모를 하면 경계를 넘어선 것입니까?

아도르노: 그 데모를 나는 정당하다고 생각합니다.

슈피겔: 학생들이 교수님의 강의를 소란과 성적 배팅으로 방해하면 경계를 넘어선 것입니까?

아도르노: 바로 나한데 그럴 수가, 항상 모든 유형의 성애적 억압에 반대하고 성적 터부에 반대해온 나한테 그러다니! …… 그것은 역겨운 일입니다. 그렇게 해서 웃자는 것인데, 그런 명랑성은 근본적으로 속물의 반응이지요. 속물이 어떤 소녀의 벗은 가슴을 보고 키득거리는 것에 불과합니다. 물론 그런 바보 같은 짓이 계산된 것이었지만.

슈피겔: 이런 기상천외한 행동이 교수님의 이론을 엉망진창으로 만들지는 않을까요?

아도르노: 이런 행동과 내 강의의 내용은 아무런 관계가 없습니다. 중요한 것은 극단주의자들에게 공개성이 필요하다는 것이지요. 극단주의자들은 잊힐까 두려워합니다. 그렇게 그들은 자기 자신의 공개성의 노예가 된 것입니다. 약 1,000명 정도가 모이는 내 강의는 당연히 프로파간다의 아주 뛰어난 공간이 되는 것이지요.(AiF, p.343~346)

'자연'이 특정한 의도를 가진 인간의 의도에 따라 '도구화'되는 경우, 계몽의 궤도를 이탈하고 변증법적 전복을 불러오는 결과를 낳는다. 아도르노한테는 '자연테러'를 당하기 이전이나 이후나 세

아도르노의 생애 마지막 사진

행동주의와 지적 긴장 사이의 균형은 금방 무너졌고 곧 '꽃소녀'들의
테러와 아도르노의 죽음이라는 파국의 순간을 맞는다.
"극단주의자들은 잊힐까 두려워합니다.
그렇게 그들은 자기 자신의 공개성의 노예가 된 것입니다."

상은 마찬가지이고 이론적 관심도 변하지 않았다. 전복의 가능성은 언제나 있었다. 그 가능성이 구체적으로 실현되는 계기는 현실의 역사적 진행에서 나타난다. 아도르노가 전복의 가능성을 '악의적인 형태'로 경험해야 했다는 것이 그에게 불행이기는 했다. 하지만 인간의 알량한 분석능력으로 자연을 도구화하는 일은 문명이 시작된 이래로 계속 가속화되는 현상이다.

자연을 담론화하는 언어적 전회 역시 인간의 필요에 따라 자연을 도구화하는 경향일지도 모른다. 그렇다면 아도르노는 죽어 무덤에 묻혀서도 계속 '자연테러'를 당하고 있는 셈이다.

비판이론이란 무엇인가

변증법의 힘으로 마르크스주의에서 산업주의를 털어내다

"비판이론은 과학이 여타의 사회적
생산력 중 하나이며 생산관계에 얽혀
들어가 있다고 본다. 과학 자체가 비판
이론이 대립각을 세우는 물화에 매몰
되어 있는 것이다. 과학이 비판이론의
척도일 수 없으며, 비판이론은 과학일
수 없다. 마르크스와 엥겔스는 과학이
기를 요청한 바 있다."

독일의 지적 전통, 비판철학

앞에서 살펴본 아도르노의 생애에서 잘 드러나듯이 그의 사상은 제2차 세계대전을 겪으며 가시화된 자본주의 세계체제의 위기 그리고 종전과 더불어 가속화된 세계체제 재편과 깊이 관련되어 있다. 아도르노는 소장 호르크하이머가 뉴욕에 망명사무실을 열고 활동을 속개한 사회조사연구소의 연구프로그램에 핵심인력으로 참여하면서 사상을 발전시켰다.

소속 연구원들 대부분이 종전 후 연구소가 프랑크푸르트에 건물을 다시 짓자 활동을 재개하기 위해 돌아옴으로써 '프랑크푸르트학파'라는 이름을 얻게 된 이 연구단체의 이념적 지향은 독일의 지적 전통인 '비판철학' 정신을 자본주의 세계체제라는 현대적인 조건에서 소생시키는 것이었다. 마르크스주의는 이 학파가 출발하는 이론적 거점이기도 했다. 따라서 마르크스주의와 고전 독일철학의 내재적 결합을 성공적으로 수행한 제1세대 학파 구성원 아도르노와 호르크하이머의 사상을 일반적으로 비판이론이라고 한다. 제2세대에 속하는 하버마스 역시 프랑크푸르트학파의 유업을 계승 발전시켰지만, 스승들이 추구했던 이념적 지향으로부터 많이 벗어난 결과들을 생산하였다. 그러면 우선 아도르노 사상의 기저를 이루는 '비판이론'에 대하여 살펴보기로 한다.

자본주의는 자연이 아니다

오늘날 우리가 살고 있는 세상은 서구에서 "1780년대 무렵에 일어났던 급작스럽고 질적이며 근본적인 변혁"[1]의 결과로 지구상에 모습을 드러낸 특정한 관계들로 뒷받침되고 있다. 그런 관계들에 뿌리를 둔 제도들로 골격이 짜인 사회에서 우리는 그 구성원으로 살아가고 있다.

혁명이라고 부르는 이 시기의 변혁은 참으로 '근본적'이었다. 여기에서 근본적이란 말은 인간이 자기 삶의 물질적 기반이자 바로 자기 자신의 일부이기도 한 자연과 맺는 관계에서 주도권을 확보하게 되었다는 의미다. 그전까지 인간은 자연력 앞에서 무력한 존재였다. 18세기 말엽에 이르러 인간은 드디어 자신의 의지대로 자연으로부터 재화를 취득하는 과정을 설계할 수 있게 되었으며(산업혁명) 신분제 사회를 민주주의 시민사회로 재구성하라는 이성의 요구를 직접 실천에 옮기기도 하였다(프랑스혁명).

18세기로 접어들면서 한층 가속화된 유럽 계몽주의 문화운동을 통해 자신에게 세상을 뒤바꿀 수 있는 합리적 능력이 심겨 있음을 확인한 서구 문명인들은 세기말에 이르러 그 능력의 현실성을 입증하는 일들이 사회적 차원에서 가시화되는 순간을 경탄스럽게 맞이했다. 그리고 앞으로는 더 많이 바꿀 수 있으며, 그래서 자연의 구속으로부터 완전히 해방되는 날이 올 것이라고 믿어 의심치 않았다.

물론 유사 이래로 인간은 자연을 상대하면서 우연적인 요인을 줄여 생산성을 증대하는 한편 앞으로의 생산성도 예측하려고 부단히 노력해온 것이 사실이다. 그런데 그 노력이 마침내 인간이 지닌 기획능력의 승리로 귀결되어 "생산력을 속박하던 굴레를 벗겨" 앞으로 "끊임없이, 신속하게 그리고 무한하게 증식할 수 있다"[2]고 확신하는 순간이 찾아오다니! 그런 까닭에 계몽주의시기를 마감하면서 칸트는 자신에게 주어져 있는 "오성을 사용할 용기를 가져라"[3]라고 호소할 수 있었다.

'더 좋은' 세상을 만들기 위해서는 우선 자신에게 오성(Verstand)의 분석능력이 있음을 자각할 필요가 있다는 생각에 흔들림이 없었다. 더 나은 삶을 추구하면서 자신의 능력에 전적으로 의지한다는 의미에서 21세기의 우리 역시 계몽의 후손들이라고 해야 한다. 1784년 칸트가 호소한 '계몽의 요청'을 우리는 어느덧 내면의 명령으로 장착해두고는 매일 귀 기울이지 않는가. 그사이 200년도 넘는 시간이 흘렀다.

18세기 말에 윤곽이 드러난 '계몽의 기획'은 두 세기가 지나는 동안 여러 차례 결정적인 패러다임의 변화를 겪었다. 유럽에서 20세기 후반에 등장했고 지난 20여 년 동안 한국사회에 막강한 영향력을 행사한 탈근대담론(포스트모더니즘)은 그동안 겪은 변화들 중에서도 매우 급진적인 것이었다. 탈근대담론은 계몽의 기획이 지구상에 도입한 근대적 기구들과 사유체계를 재검토 대상으로 삼았다. 그런데 탈근대론자들을 이런 재검토 과정으로 이끈 동기가 무엇인지 살펴보면 18세기 이래로 추진되어온 문명화 기획의 실효성에 대한 의혹이었음이 금방 드러난다. 그리고 계몽이 약속했던 유토피아가 도래하지 않았다는 실망감이 크게 작용하였다. 이런 견지에서 탈근대는 그동안 여러 차례 반복된 계몽에 대한 재계몽 과정의 일환으로 자리매김되어야 마땅하다. 탈근대는 결코 근대로부터의 이탈을 의도하지 않았다. 근대가 약속했던 바가 제대로 실현되지 않았음을 탄핵하였을 뿐이다.

바라마지않던 결과를 불러오지 못한 근대 계몽의 기획을 탄핵하는 탈근대담론의 출발점은 언제나 근대담론이었으며 (리오타르의 칸트, 들뢰즈의 니체 등), 탈근대론자들은 근대담론이 근대적 현실과 맞지 않는 부분을 이론적 혁신의 출발점으로 삼았다. 그런데 사유와 현실 사이의 괴리로 말할 것 같으면 '기획'이 본령인 계몽적 사유체계에서는 늘 발생하기 마련인 프로그램 작동상의 문제에 해당한다. 불완전함이든 오류든, 결과가 생각대로 나오지 않은 상태에서 발생하는 이의제기와 다름없는 것이다.

그런 한에서 기획이 현실에서 좌절된다는 사실을 서구계몽인들은 간과한 적이 없으며 칸트 역시 '계몽의 용기'를 호소한 논문 「계몽이란 무엇인가라는 물음에 대한 답변」 후반부를 개인이 계몽의 용기를 얼마만큼 발휘할 수 있는지, 발휘한 결과 등장하는 사회 상황은 어떻게 될지, 어떤 상황이 계몽의 이상에 부합하는지를 두고 반성하는 데 할애한다. 그러고는 앞의 호소와 정면충돌하는 결론을 내놓는다. "하고 싶은 만큼 그리고 원하는 대로 따져보라. 그런데 복종은 하라!"[4] 마음껏 따지는 것은 좋은데 현재는 프리드리히 2세라는 계몽절대군주가 통치하는 시기이니 그 사정을 고려하라는 뜻이다.

이 후반부 내용을 20세기의 사상가 푸코(Michel Paul Foucault, 1926~1984)는 '비판의 태도'[5]로 요약하였다. 기획하는 개인이 어디까지가 자신의 관할권인지 아울러 살펴보기도 해야 한다는 또 다른 요청으로 '복종하라'는 문구를 해석한 것이다. 푸코는 계몽의 기획과 객관현실 사이의 불일치가 근대 사유체계에서 보편적인 요인으로서 계몽사상가들에 의해 항상적으로 사유되었음을 간파하였고, 그런 통찰에 따라 '비판(Kritik)'을 계몽 지식인들이 수행하는 반성 일반으로 규범화할 수 있었다.

실제로 계몽의 전통에서 새로운 기획을 수립하면서 19세기의 사상가들은 어떤 식으로든 계몽적 반성 과정에 돌입하지 않을 수 없었다. 당대 사유체계의 전복을 기획한 니체(Friedrich Wilhelm Nietzsche)와 같은 사상가도 있지 않은가. 반성을 동반한 기획으로 계몽은 근대적 사유체계를 부단히 새롭게 갱신하면서 인간의 정신세계를 확장해나갔다.

따라서 우리는 근대 사유체계가 항상 객관현실과 일정한 관련 속에서 수립되고 현실과 더불어 변화해왔다는 사실에 주목할 필요가 있다. 현실을 더 나은 상태로 만든다는 계몽적 사유의 속성에서 비롯되는 특징일 것이다. 한국사회에서 '현실과 동떨어진'이라는 의미로 사용되는 '관념적'이라는 단어를 지구상에 내보낸 헤겔의 관념론 역시 독일사회의 문명화 과정과 직결되어 있는 사유체계다. 이처럼 현실적 작용력을 태생적 조건으로 지닌 까닭에 계몽적 사유는 항상 실현 가능성을 염두에 둘 수밖에 없으며, 당연히 더 많은 결실을 가져오기 위해 고군분투하기 마련이다.

그러다가 계몽의 경계를 넘어서는 영역으로까지 활동영역을 넓히려는 의지를 앞세운 담론을 생산하기도 하였다. 바로 혁명담론이다. 마르크스주의는 19세기에 등장한 대표적인 '경계넘기'의 기획이다. 사유상의 계몽으로 현실에 작용을 미치겠다는 기획의도가 그 작용을 담당할 현실적 세력을 조직하겠다는 실천의지로까지 확장되었고, 이 실천론이 담론을 통한 의식화 작업에 통합됨으로써 총체적인 면모마저 갖추었다. 마르크스주의는 담당세력을 활용해 담론의 진리내용을 현실에 실현하겠다는 의지를 전면에 내세운, 가장 고전적인 근대 사유체계에 해당한다.

'경계넘기' 담론의 고전적 경우를 다시 들여다보는 21세기의 우리에게 가장 관심을 끄는 대목은 계몽의 경계를 넘어서 인간집단을 담론실현의 담당자로 견인해내야 한다고 여긴 그 절박감의 실체다. 어떤 절박감이었기에 이론의 입안자는 그 모든 고통을 감내하였으며 또 어마어마한 추종자들, 죽음도 두려워하지 않은 혁명전사들이 인류역사를 그토록 뒤흔들어놓았단 말인가! 앞으로 우리가 살펴볼 프랑크푸르트학파의 '비판이론'은 마르크스주의가 감당해낸 이 절박감의 이론적·실천적 귀결들에 대한 반성을 수행하면서 '다른 방식'으로 계몽의 '경계넘기'를 시도한 경우다. 그렇다면 우리는 비판이론이 마르크스주의를 둘러싼 굳은 껍질을 폭파하고 그 기획이 원래 실현하고자 했던 더 나은 삶을 위한 원칙을 다시 살려내었다는 평가를 받는 요인들을 집중적으로 탐구할 필요가 있다.

비판이론은 마르크스주의가 자본주의를 분석하면서 도출해낸 개념들은 대체로 수용하지만(억압, 착취, 물신화 등), 실천의 현실적 귀결들은 전면적으로 부정한다. 이론이 이끄는 실천(Praxis)의 귀결들이 그 이론에 덧씌운 무능력의 낙인을 제거하면서 비판이론의 입안자들은 마르크스주의 자체의 본질적인 부분들에도 손을 많이 대었다. 가장 결정적인 개입은 계몽의 기획을 현실에서 실현할 주체를 집단에서 개인으로 되돌려놓는 작업이었다.

프롤레타리아 계급의 죽음을 선언한 비판이론은 서구계몽의 전통에 다시 접선하여 자본주의 문명사회를 계몽하는 기획을 추진하였다. 그동안 이 문명이 자연의 위상을 획득하였다는 사정, '자본주의'라는 체계가 인간이 기획능력을 발휘하여 만들어놓은 사회구성체가 아니라 마치 원래부터 그런 상태로 우리에게 주어진 것, 즉 자연인 듯 다루어지고 있다는 사정이 계몽되어야 할 첫 번째 대상이다. 계몽의 결과를 현실에 적용하려는 '경계넘기'의 방식에서 19세기의 마르크스주의와 프로그램을 달리하는 비판이론은 아도르노의 경우 무엇보다도 진지한 자율예술에 주목한다.

이론과 실천

비판이론의 창시자 아도르노와 프롤레타리아 혁명이론의 창시자 마르크스(Karl Marx, 1818~83)는 모두 라인 강 연안 지역 출신이다. 프랑크푸르트에는 지류인 마인 강이 흐르고 마르크스가 태어난 트리어에는 모젤 강이 흐른다. 마찬가지로 라인 강의 지류다. 알프스산맥에서 발원해 북해로 흘러드는 이 거대한 강은 주변 지역에 자유주의 사상과 경제적 번영을 가져다주었다. 쾰른과 프랑크푸르트에 독일에서는 그리 흔하지 않은 자유주의 부르주아들을 만들어내면서 라인 강은 묵묵히 흘렀다. 그리고 흐르면서 축적해둔 시간의 무게로 두 사람을 시대의 격랑에 전 존재를 내던져야 하는 운명으로 내몰았다.

아도르노와 마르크스는 둘 다 자유주의 부르주아 집안에서 태어났다. 프로테스탄트로 개종한 집안 출신답게 마르크스는 유대인으로서의 정체성에 그다지 충실하지 않았고, 아도르노 역시 예술을 통한 보편교양을 추구하는 개화된 유대인 집안에서 성장하였다. 개인적인 역량 면에서도 두 사람은 탁월하였다. 모두 자신의 출신기반을 뛰어넘는 통찰을 해낼 만큼 출중했다. 고도의 지적 능력으로 그들이 관리한 것은 지식인으로서의 정체성뿐이었다.

그 정체성에 충실하여 독일에서 자유주의 시민사회 구성 전망이 상실되는 굴곡의 역사로부터 비켜서는 길을 가지 않았다. 마르크스도 그렇지만 아도르노 역시 좌절과 파탄을 정면돌파하면서 새로운 전망을 열어젖혔다. 오늘날의 관점에서 보았을 때 독일에서 자유주의가 시민사회 구성을 견인할 가능성은 거의 없었지만, 두 사람 모두 지적 편력은 물론 삶 자체를 통틀어 그 파탄의 역사적 무게를 감당해내었다.

19세기 중반 마르크스는 자유주의 혁명의 시대를 통과한 후 영국으로 망명해야 했고, 아도르노는 바이마르공화국을 통해 1848년 좌절된 자유주의 이념을 계승하려는 시도가 어마어마한 패착으로 판명된 1930년대에 미국으로 망명해야 했다. 마르크스가 자유주의의 실현 가능성이 완전히 사라졌음을 현실에서 확인하는 체험을 했다면 아도르노는 나치즘의 등장으로 존재기반 자체가 말살되는 시간을 겪었다.

19세기의 사상가는 망명지에서 이론을 완성하는『자본론』을 쓰고 사망하였고, 20세기의 사상가는 문제의 진원지로 다시 돌아와 '근본적' 변혁을 위한 이론적 탐색을 하던 도중 이론의 급진적 실현을 추구하던 집단과 충돌하였다. 마르크스는 자신의 이론이 실천으로 전환되는 변혁기를 변혁 주체세력과 함께하지 않았다. 반면 아도르노는 이론의 현실적 적용이라는 의미에서의 실천(Praxis)을 근본적으로 부정하는『부정변증법』을 썼으면서도 자신이 구축한 이론의 반동(Reflex)으로 이론적 작업을 더 이상 진척할 수 없는 상황에 빠져들었다.

자신의 이론이 촉발한 결과들 앞에서 속수무책이 된 그는 이론의 현실적 적용은 이론이 의도한 바대로 현실을 변화시키기보다는 현실의 논리에 따른 반동으로 이론에 타격을 준다는 교훈을 남기고 사망하였다. 객관현실은 이론보다 더 엄정하다. 현실은 이론의 실험대상이 아님을 일깨워주는 죽음이었다.

자유주의와 산업주의

마르크스가 학업을 마치고 사회활동을 시작할 당시인 1840년대 독일사회에 자유주의적 변혁이 실현될 가능성은 지극히 희박했지만 어쨌든 사회변화의 바람은 프랑스로부터 유입되었고, 1830년 7월혁명의 여파로 자유주의에 대한 기대가 있었다. 학업을 시작한 본에서 1년을 보내고 1836년 베를린으로 간 마르크스는 곧바로 헤겔철학에 경도되었다.

1831년 사망한 헤겔(Georg Wilhelm Friedrich Hegel)의 지적 유업은 이미 좌파와 우파로 분화된 터였다. 우파는 당대 프로이센의 현실을 계몽의 성과로 인정하는 입장이었다. 효율적인 관료제도를 갖추고 좋은 대학들이 세워졌으며 산업화로 고용이 늘었으니 계몽의 정신이 현실에서 실현된 상태 아니냐는 주장이었다. 이들 우파의 현실진단은 자주 거론되는 헤겔의 테제, '현실적인 것은 이성적이다'에 대입되면서 차후 우파 이데올로기의 원형으로 굳어질 터였다.

반면 '청년 헤겔파'로 지칭되기도 하는 좌파는 빈곤, 국가의 검열, 종교적 차별 등이 여전한 현실을 직시하였다. 변증법적 사유를 한 단계 더 진전시켜야 한다는 투지로 뭉쳐 헤겔체제의 나머지 부분, '이성적인 것은 현실적이다'를 '이성적인 것은 현실적이어야 한다'의 형태로 실현시키려는 젊은이들이 이른바 '박사클럽'이라는 무리를 이루고 있었다. 이 클럽에 열심히 드나들던 마르크스는 1841년 예나대학교에서 철학박사학위를 받았지만, 학계로 나갈 수는 없었다. 프로이센 정부가 그의 좌파경력을 문제 삼아 대학에 발붙일 수 없도록 금지했기 때문이다.

학계가 아니어도 이 열혈청년은 얼마든지 활동공간을 찾을 터였다. 없으면 스스로 만들어나가면서. 그런데 마침 박사학위를 받은 그 시점에 자유주의 부르주아들이 쾰른에 신문사를 세우려고 돈과 사람을 모으고 있었다. 헤겔좌파의 수장에게는 저널리즘이 더 어울릴 수 있었다. 보수 자유주의에서 급진적 민주주의를 아우르는 『라이니셰 차이퉁』(Rheinische Zeitung)이 1842년 1월 1일 발간되었다. 창간 때부터 참여하던 마르크스는 1842년 10월 15일 편집장이 된다. 하지만 1843년 3월 17일 편집장 자리에서 물러나 일단 저널리즘 활동을 접는다. 당국의 검열이 강화되면서 출자자들과 돌이키기 힘든 갈등상태로 빠져들었기 때문이다.

그해 약혼자 예니(Jenny)와 결혼을 하고 10월에 파리로 간다. 그리고 다시 쾰른에서 1848년 6월 1일 『노이에 라이니셰 차이퉁』(Neue Rheinische Zeitung) 창간호를 냄으로써 두 번째 저널리즘 활동에 몰입한다. 이번에는 그야말로 없는 길을 만들어낸 셈이었다. 유산으로 받은 돈까지 쏟아 부었다. 그사이에는 파리와 브뤼셀에서 주로 철학적 저술들을 집필하고 조직 활동도 하였다.

기자생활을 접었다가 신문을 창간하여 활동을 재개했지만 곧 좌절하는 마르크스의 이 시절 경력은 개인사이기 이전에 독일 시민사회 발전과정에서 자유주의 전망이 좌절하는 독일 민족사의 한 단락에 해당한다. 그리고 이 '독일사'는 19세기 유럽대륙이 겪은 자유주의 파탄의 역사를 가장 역동적인 형태로 구현하는 경우가 된다. 그 고전적 사례를 마르크스는 자신의 삶으로 구현했다. 그래서 그의 젊은 시절 행적은 고전적 자유주의가 좌절하는 과정에 대한 기록으로 되어 후세대에 넘겨졌다.

그의 판단과 실천은 인류의 문명사에 '구조적 폭력을 동반하는 계몽'이라는 패러다임이 어떤 경로를 거쳐 등장하는지를 보여주는 대표적인 사례가 된다. 지구상에서 가장 개화된 문명인임을 자처했던 유럽인들은 이 시기에 구조적 폭력에 무방비 상태로 내몰리는 집단적 경험을 한다. 서구계몽이 바로 그 발원지인 유럽대륙에서 정치적 파행을 거듭하면서 불러일으킨 결과였다.

1789년에 시작된 부르주아 혁명은 차츰 민중의 생존권으로까지 요구사항을 확대하는 급진화의 길을 걷다가 1848~49년에 발생한 일련의 혁명들로 자유주의와 사회주의 사이에는 연대가 불가능함을 확인해주고 역사의 뒤안길로 물러났다. 프랑스에서 민중들의 처지가 2월혁명을 촉발할 만큼 비참했던 1848년 1월 28일 자유주의 의원 토크빌(Alexis de Tocqueville, 1805~59)은 자신이 두려워하는 혁명이 임박했음을 알리는 연설을 했는데, 그가 두려워하는 혁명이란 사회주의 혁명이었다. 유럽 곳곳에서 봉기가 창궐하는 그 시절에 "처음으로 사회주의에 반대하는 중요한 글"[6] 「노동의 권리에 관한 서설」(1848년 9월 12일)을 내놓았다.

1848~49년의 봉기들은 피비린내 나는 충돌의 연속으로서 과학이 눈부시게 발전하는 가운데 민중들은 빈곤상태로 떨어지는 객관현실을 반영한 사건이었다. 이 시기 혁명가들은 부르주아적 자유주의 혁명이 사회주의적인 것으로 변환되리라는 희망을 인류가 포기해야 할지도 모른다는 절박함에 시달렸다. 사회주의 진영의 포기과정은 자유주의보다 훨씬 격렬한 파토스를 동반하였다. 다음에는 정말 제대로 사회주의 혁명을 해야 했기 때문이었다. 절대 또다시 오류를 범해서는 안 될 일이었다.

이렇듯 절박한 심정이었던 "마르크스가 1848년에서 1849년에 독일에서 보낸 열두 달은 종종 '미친 해'라고 한다."[7] 화해할 수 없는 두 가지 충동에 사로잡혀 보낸 시간이었기 때문이다. 토크빌이 사회주의가 두렵다는 연설을 하던 그 무렵에 작성한 「공산당 선언」에는 마르크스의 딜레마가 그대로 각인되어 있다. "마르크스는 그 글에서 공산주의자들은 부르주아지가 '혁명적인 방식으로 행동하려 할 때마다' 그들을 지원해야 한다고 주장했다. 동시에 노동자들이 '부르주아지와 프롤레타리아 사이의 적대적 대립'을 가능한 한 분명하게 인식하기를 바랐다.

이 긴장을 해소한 것은 객관현실의 엄정함이었다. 1848년 2월 21일 그러한 긴장에 찬 희망을 여전히 품고 선언문을 '공산주의자동맹'에 넘긴 마르크스는 1849년 5월 19일 『노이에 라이니셰 차이퉁』을 폐간해야 하는 객관현실에 직면한다. "부르주아지는 손가락 하나 까딱하지 않았다. 그들은 민중이 그들을 위하여 싸우는 것을 허락했을 뿐이다."

그러면서 자유주의는 스스로의 이상에도 충실하지 않았다. 사회주의가 두려웠던 자유주의는 처음 혁명을 시작할 때 척결대상이었던 왕당파와 손을 잡았다. 현실에서 거부된 사회주의는 미래의 소망으로 넘겨졌다. 진보진영에는 목표가 뚜렷한 과제가 주어졌다. 독일에서 자유주의가 종말을 고했음을 신문폐간으로 증언해야 했던 마르크스는 폐간호 1면을 "단호하고도 혁명적 낙관에 가득"[8] 차 있는 시로 장식하였다. 붉은 활자로 인쇄된 마지막 호는 마치 귀한 수집품인 양 매진되었다.

『노이에 라이니셰 차이퉁』 고별사
페르디난트 프라일리그라트(Ferdinand Freiligrath)

입술에는 경멸과
움찔거리는 조롱을,
손에는 섬뜩이는 군도를 들고
쓰러지면서 여전히 외치노라,
'혁명이여!'
나 영예롭게 패했느니……

이제는 안녕, 안녕, 너 투쟁하는

세계여,

이제는 안녕, 그대 분투하는 군대여!

이제는 안녕, 너 화염에 휩싸여 검게 불타는

대지여,

이제는 안녕, 그대 창이여, 검이여!

이제는 안녕 – 그러나 영원히 안녕이라고는 하지 말게!

정신은 아직도 죽지 않았음이네,

그대 형제들이여!

내 곧 창검을 부딪치며 떨쳐 일어나

더욱 전열을 가다듬어 속히 돌아오리니!

프로이센 정부는 1849년 7월 마르크스를 라인란트에서 추방하였고, 프랑스 정부도 그를 참아주지 않았다. 결국 영국으로 출국하여 1849년 8월 24일 런던에 도착한 마르크스는 그곳에서 고립된 생활을 영위하면서 『자본론』을 집필한다. 이후 그는 다시 유럽대륙을 밟지 못한다. 그래도 결국은 "더욱 전열을 가다듬어 속히 돌아오리"라는 결의를 충실하게 이행해내고 만다. 이념적 차원에서. 비록 독일이나 서부유럽은 아니었지만 러시아에서 '진보의 과제'를 속개하려는 일군의 사상가들이 나타났고, 그의 이론은 혁명적 실천을 기획하는 동력으로 떠올랐다. 인류문명사에 사회주의 혁명이 등장하였고, 문명인들은 다시 한 번 구조적 폭력을 경험하게 된다.

비판이론의 전통에서 가장 뜨거운 화두는 바로 이 '구조적 폭력'의 문제다. 이전보다 '더 나은 삶'을 추구하면서 개인적 영달을 탐하지도, 속물적 퇴행에 빠지지도 않았는데 잘해보려는 노력이 의도와는 완전히 딴판인 결과를 가져오는 이 역설을 어떻게 설명해야 한단 말인가? 칸트가 「계몽이란 무엇인가라는 물음에 대한 답변」 말미에 가서 '따지는 것은 좋은데 그래도 프리드리히 대왕에게 복종하라'고 말했던 것이 검열을 피하기 위한 화장술이 정말 아니었더란 말인가? 초반에 '계몽의 용기'를 설파하다가 슬그머니 꼬리를 감추고 '비판의 태도'로 구렁이 담 넘듯 넘어가버린 데에는 분명 무슨 까닭이 있는 것 아닐까?

20세기에 발생했던 구조적 폭력이 마르크스라는 개인과 깊이 관련되어 있음을 부인할 수는 없을 것이다. 마르크스주의는 너무나도 선명하고 거대한 역사적 유산이 되었고, 그 유산이 현재였던 시간을 과거로 보내고 이윤율 저하에도 불구하고 수그러들 기세를 보이지 않는 '신자유주의적' 자본주의 사회에서 우리는 지금 살고 있다. 21세기에도 마르크스주의는 우리에게 여전히 큰 '산'으로 남을 것이다. 그래서 우리의 관심은 왜 인간적 선의와 진보의 이상이 '구조적'인 차원에서는 선하지 못하게 되고 아름다운 이상을 유지할 수 없게 되는가에 쏠린다. 물론 이미 많은 사람이 다양한 각도에서 이 문제를 연구하였고, 온갖 분석이 나온 터다. 홉스봄(Eric John Ernest Hobsbawm, 1917~2012)의 분석은 무엇보다도 이론의 사회구조적 귀결을 해명해보려는 우리의 관심에 큰 시사점을 준다.

> "이와 같이 자유주의 이데올로기가 그 본래의 자신만만한 급상승의 기세를 잃자-약간의 자유주의자들은 진보의 불가피성 또는 그것이 소망스러운가 하는 것까지도 의심하기 시작했다-새로운 이데올로기, 즉 사회주의가 낡은 18세기적 진리들을 손질하여 새로운 체계를 갖추고 나섰다. 이성과 과학과 진보가 사회주의의 확고한 기초가 되었다. 이 시기의 사회주의자가 공동소유제에 입각한 하나의 완전한 사회를 주장했던, 역사가 기록된 이래의 모든 시기를 통하여 주기적으로 문헌에 나타나는 그러한 시도들과 다른 점은 전자가 근대 사회주의의 가능성 자체를 만들어낸 산업혁명을 무조건적으로 받아들인다는 점이다." (『혁명의 시대』, 448~449쪽)

여기에서 홉스봄은 프랑크푸르트학파의 비판이론이 마르크스주의와 결별하게 되는 지점을 정확하게 짚어내고 있다. 진보를 산업혁명의 결과에 가두는 이른바 '산업화 패러다임'이 극복대상으로 되는 정황을 설명해주는 것이다. 잘 알려진 대로 아도르노는 이론의 현실적 적용이라는 의미에서의 실천에 반대하였다. 그의 태도는 거의 병리학적(idiosynkrasie)이기까지 했다. 운동권 학생들에게서 '입진보'라는 비난을 들으면서까지 '이론적 천착'에 거의 매몰되다시피 했다.

그는 왜 그런 고집을 피웠을까? 무엇보다도 사람들의 의식에서 산업화 패러다임을 불식하는 일이 급선무라고 여겼기 때문이었다. 진보의 이상이 표방하는 '더 나은 삶'이 '더 안락한 삶' 혹은 '더 많은 소비'를 선사할 '지금, 여기에서의 실천'이라는 소시민성에 희생된다면, 진보는 또다시 본래의 이상을 기만하게 될 것이다. 68학생 운동의 급진성은 1848~49년 혁명기의 자유주의 이상을 재소환하려는 움직임인 측면이 없지 않았다. 따라서 과거를 반복하지 않기 위하여, 여태 한 번도 현실에 존재했던 적이 없는 이상을 실현하기 위하여 무엇보다 먼저 과거의 걸림돌을 제거할 필요가 있었다. 마르크스주의에서 산업화 패러다임을 제거하는 계기를 확립하는 것은 비판이론을 정립하면서 아도르노가 심혈을 기울인 부분이다.

아도르노의 비판이론

비판이론의 지적 산실인 프랑크푸르트학파는 다양한 개성을 지닌 구성원들이 모인 연구집단이다. '마르크스주의'라는 이름을 얻은 마르크스와 엥겔스의 공동작업에 비하면 연결망이 훨씬 느슨한 집단이었고, 파시즘 박해와 망명을 겪으면서도 활동은 항상 공개적이었다. 프랑크푸르트대학교 부설 사회조사연구소를 거점으로 활동하면서 '상아탑'의 사회적 효용을 과시하였다. 이론적 천착은 연구자의 개성과 분리될 수 없다.

따라서 '비판이론'이라는 개념 역시 여러 갈래로 정의될 수 있다. 물론 아도르노가 대표적 입안자이고 영향력도 가장 크지만, 마르쿠제는 물론 가장 가까웠던 호르크하이머와도 지향점에서 편차를 보인다. 아도르노가 말년에 '비판이론'을 정식화하려는 시도를 한 적이 있는데, 여기에서는 그의 테제들을 살펴보면서 '아도르노의 비판이론'을 정리해보겠다. 1969년 3월 31일 호르크하이머에게 '옛날에 했던 이야기를 다시 한 번 다듬는' 차원에서 8개 항목으로 정식화해보았다고 밝힌 편지를 보낸다.

아도르노 문서실(Theodor W. Adorno Archiv)에서 편찬한 화보전기(Bildmonographie)에 수록된 이 편지에서 아도르노는 8개 테제를 제시하면서 '비판이론의 특수화를 위하여(Zur Spezifikation der kritischen Theorie)'[9]라는 제목을 붙였다. 결과적으로 사망하기 전 마지막으로 학파의 이론적 근간을 세우는 작업이 되었다. 그러면 테제들을 하나씩 살펴보자.

테제1: 주관적 요인(Faktor)을 함께 고려한다(Einbeziehung). '접착제'(Kitt)로서.
사회를 결속하기 위해서는 객관적인 경제를 넘어서는 심리적 여분이 반드시 필요하다.

해설: 비판이론의 강령서이자 사회비판서로 분류되는 호르크하이머와의 공저 『계몽의 변증법』이 테제1을 가장 확실하게 뒷받침

한다. 프랑크푸르트학파의 비판이론은 독일 정신사의 합리적 전통과 비합리적 전통을 융합했다. 헤겔과 니체가 맞물려 있으며 마르크스와 프로이트(Sigmund Freud, 1856~1939)가 서로 상대화하면서 떨어질 수 없는 관계로 묶여 있다.

테제2: 사회비판이론으로서 마르크스주의를 거론한다면, 이는 마르크스주의가 실체화될 수 없다는 점, 마르크스주의가 그냥 철학으로 될 수 없다는 점을 지적하는 것이다. 철학적인 물음들은 **열려**있다. 세계관을 통해 예단되지 않은 채로 말이다.

해설: 이른바 사회비판을 표방하는 이론이라면 변증법적 사유의 긴장을 계속 유지해야만 함을 요청하는 내용이다. 마르크스주의를 사회비판의 '관점'으로 채택하고 자본주의 사회의 병폐들을 '지적'하는 것을 진보로 이해하면 안 된다. 이런 '관점주의'는 관점의 옳고 그름을 떠나서 관점을 취한 사람을 자본주의 사회구성체 바깥에 위치시킨다. 비판하는 주체가 비판의 장(場)을 벗어남으로써 비판대상인 자본주의가 객체로 실체화된다. 관점주의에 따른 비판행위는 비판하는 주체와 객체인 자본주의 모두를 강화한다. 해소될 수 없는 이분법적 구도에서 갈등이 격화된다. 주체는 비판하는 인격임과 동시에 생활인이다. 비판하는 순간이 지나고 일상을 영위하는 개인으로 돌아온 주체는 힘이 더 세진 자본주의를 감당해야 한다.

테제3: 비판이론은 총체성으로 귀결되지 않으며, 총체성을 **비판한다**. 그런데 이는 또한 비판이론이 그 내용에 따라서 반총제적(anti-totalitär)이라는 이야기인바, 그 모든 정치적 귀결에서 그렇다.

해설: 모든 이론은 완결성을 추구한다. 인간두뇌의 관성인 측면이 있다. 비판이론이 '이론'인 한 마찬가지로 이러한 관성에서 벗어나기 어렵다. 그런데 비판이론은 사회에 개입해야 하는 이론이다. 모든 것을 다 아우르고 있다는 자족상태에서 이론이 사회에 개입하면, 이론은 사회현실을 있는 그대로 간파하지 못한다. 완결된 이론을 현실에 적용하기에 급급하게 된다. 비판이론은 잘못된 현실의 구체적인 부분에 개입하고(부정하고) 그 결과를 자기 속으로 다시 끌어들인다(이론이 현실에서 부정된다). 현실과 더불어 이론도 계속 변한다. 아도르노의 고유한 방법론인 '부정'의 내용이다.

테제4: 비판이론은 존재론이 아니며, 실증적 유물론이 아니다. 비판이론이라는 개념 한가운데에는 물질적 욕구의 충족이 해방된 사회의 필수조건이기는 하나 충분조건은 될 수 없다는 통찰이 가로놓여 있다. 실현된 유물론은 유물론을 **폐지**하는 것이다. 맹목적인 물질적 이해들에 종속된다는 의미에서의 유물론이 소멸되는 것이다. 교환원칙을 넘어서 나간다는 말은 교환원칙을 이행한다는 뜻이다. 즉 누구도 사회적 노동의 평균치에 해당하는 몫보다 더 받거나 덜 받는 일이 없어야 한다는 것이다.

해설: 상부구조/하부구조 도식은 시민사회 구성 경과를 파악하는 데 매우 유용하다. 구성원들의 삶을 구조적 차원과 개인적 차원 모두에서 고려하면서 사회를 전체적으로 조망할 수 있게 하기 때문이다. 그리고 무엇보다도 물질이 사회로 이전되는 하부구조가 더 결정적이라는 통찰을 주는 미덕이 있다. 문제는 마르크스가 자본주의 사회구성을 파악하기 위한 일종의 '방법론'으로 제출한 도식이 그사이 옳은 '관점'으로 수용되면서 자본주의 자체와 마찬가지로 물화되었다는 데 있다. 이 도식을 넘어서지 않으면 자본주의는 극복될 수 없다.

비판이론은 유물론의 소멸을 지향한다. 인류역사상 물질적으로 최고의 풍요를 누리는 21세기에 '먹고사는 문제'가 정말 시급히 해결해야 하는 문제로 부상하는 까닭은 바로 사회가 부를 분배하는 과정에서 교환원칙을 제대로 지키지 않기 때문이다. 생산력의 수준에서 보면 인류는 이미 넘치는 단계에 와 있다. 당장 지상에 유토피아를 실현할 정도다. 분배가 잘못되고 있는 것이다. 마지막 문장은 부의 공정한 분배를 촉구하는 내용이다.

테제5: 비판이론은 과학이 여타의 사회적 생산력 중 하나이며 생산관계에 얽혀 들어가 있다고 본다. 과학 자체가 비판이론이 대립각을 세우는 물화에 매몰되어 있는 것이다. 과학이 비판이론의 척도일 수 없으며, 비판이론은 과학일 수 없다. 마르크스와 엥겔스는 과학이기를 요청한 바 있다.

해설: 자본주의의 모순을 극복하기 위한 사회주의 혁명론이 자연사적 법칙에 따른 인과율의 도식으로 굳어졌음을 비판하는 대목이다. 혁명으로 맞이한 사회주의 현실에서 과학적 사회주의는 관료제로 변질되었다. 사회도 자연법칙에 따라 발전한다는 대전제를 재검토하지 않은 결과 불러들인 패착이었다. 혁명이란 급격하고도 철저한 단절을 뜻한다.

그렇다면 혁명은 의식적인 차원에서도 과거와 단절된 새로운 구성원리의 도입을 실현해야 한다. 혁명 중에 충실했던 지침과도 결별할 필요가 있었을 터다. 계급모순을 극복하기 위한 투쟁과 계급 없는 사회를 구성하는 건설기의 동참은 전혀 다른 일이므로. 과학적 사회주의는 이 지점에서 무능력을 드러냈다. 자본주의 사회에서도 생산관계에 얽혀든 생산력으로서 과학은 하나의 기능일 뿐이다. 기능이 이론의 척도일 수는 없다.

테제6: 이는 비판이론에서는 마르크스주의 자체가—마르크스주의를 말랑말랑하게 만드는 일 없이—비판적으로 반성되어야 한다는 이야기다. 마르크스주의는 실증주의와는 화해할 수 없는 것이다. 실증주의는 이성의 제한된 형태다. 실증주의의 비이성은 내재적으로 규정가능하다. 변화된 이성개념이 비판이론을 촉발한다.

해설: 마르크스주의를 지구상에 불러들인 동인은 계급모순이다. 사회의 적대적 모순은 오늘날에도 여전하다. 이 엄정한 객관적 진실을 비판이론은 고수한다. 따라서 이른바 이런저런 사회문제들에 실증주의적으로 접근하여 내놓은 합리적 해결책들 그리고 기만적인 완화책은 거부한다.

자본주의는 그동안 하부구조의 가차 없음을 은폐하는 기제들을 체제유지에 효율적으로 활용하는 기민함을 발휘하였고, 신자유주의 단계에서는 이른바 '포스트모더니즘'에 의한 상부구조의 승리를 만끽하기도 하였다. 생산과정에서 발생하는 적대적 모순을 은폐하려는 시도가 과학적 합리성의 이름으로 자행될 수 있음을 보여주면서 인간의 의식이 얼마나 허약할 수 있는지 보여주는 사건이었다. 현실을 고려한 타협안을 제시하는 정치적 결단은 비판이론에서 철저하게 배제된다. 비판이론은 유용성을 귀결시키는 합리성 자체를 재검토한다.

테제7: 비판이론은—형이상학으로서의 유물론을 거슬러—현실제도로 정착된 마르크스주의보다 변증법을 훨씬 **심각하게** 받아들인다. 이데올로기 측면에서도 이런 사정은 그 무엇보다 먼저 적용된다. 비판이론은 상부구조를 그냥 저 위에서 주조해낼 수 없다. 사회적으로 필연적인 가상이라는 개념으로서 이데올로기 개념에는 어떤 정확한 의식이라는 개념이 포함되어 있다. 모든 정신이 이데올로기인 것은 아니다. 비판이론은 정신에도 적용되는 내재적 비판을 뜻한다.

해설: 이데올로기 비판은 비판이론의 본령이다. 그런 한에서 비판이론에서는 상부구조가 관건이다. 적대적 모순에 빠져 있는 사회를 계속 유지하고 강화하는 구성원들의 정신세계를 비판 대상으로 삼는다.

테제8: 비판이론은 인간적인 사회에 대한 관심에서 시작되었다. 그런 한에서 실천적이다. 하지만 비판이론은 증명되어야 하는 주제(Thema probandum)로서의 실천에 따라 측정될 수 없다. 진리, 이성의 객관성은 비판이론에 대해 구속력이 있다. 비판이론은 이론과 실천의 통일을 실체화하지 않는다. 이런 통일은 오늘날과 같은 사회에서는 전혀 가능하지 않다. 이론과 실천 사이에 어떤 연속성이 존재하는 것은 아니다.

해설: 이데올로기 비판은 이데올로기를 발생시키는 사회에 대한 실천적인 관심에서 벗어날 수 없다. 사회의 모순을 인식한 구성원은 모순의 구체적 내용을 비판하면서 개선하기 위한 실천에 몰입할 수 있다. 하지만 그 자신이 모순을 발생시키는 전체의 한 부분을 이루고 있다는 사실이 실천하는 비판자에게 제대로 의식되

기는 어렵다. 그의 실천은 그가 전체에서 점하고 있는 위치에서 이루어지므로, 실천 결과는 제한적일 수밖에 없다. 이론적인 차원에서 보편을 확보했다 하더라도 실천이 꼭 보편적인 결과를 초래하지 않는 까닭이다. 이는 개인적으로 해결할 수 있는 한계가 아니다. 지금 우리는 적대적인 사회에서 살고 있다. 이 사실을 잊지 말아야 하며, 실천할 때 반드시 고려해야 한다.

산업주의에서 벗어나 분배로

이상의 8가지 테제는 서구계몽의 합리적 전통과 마르크스주의를 근본적으로 재검토하면서 20세기에 이르도록 약한 고리로 남은 비합리적 전통마저 아우르려는 아도르노 비판이론의 핵심계기들을 집약하고 있다. 이론적인 체계화가 불가능함은 물론 하나의 계기를 사유하면 반드시 그 계기가 타자화한 대항계기가 동시에 사유의 지평을 가로막아 그 전망에서는 더 이상 사유를 진전할 수 없는, 난망하기 이를 데 없는 문장들을 모아놓고 있다.

이 막힌 회로를 돌파하는 것이 비판이론의 관건이다. 그 힘을 변증법에서 끌어올리려 한다는 견지에서 아도르노는 전통주의자로 분류된다. 하지만 변증법적 돌파의 대상이 현실의 모순임을 명시한다는 점에서 고전철학의 틀을 넘어선다. 극복대상은 분명히 자본주의에 내재하는 모순이며, 바로 그 모순이 사유를 폐쇄회로에 간히도록 몰아넣었다는 통찰을 이론의 핵으로 고수한다. 사유는 현실을 떠나지 않는다. 여기에 수록된 8개 테제 중 모순돌파의 방향을 직접 지시하는 계기는 제4테제 '교환가치의 진정한 실현'에서 찾아볼 수 있다. 이런 견지에서 아도르노 사상은 또한 마르크스주의를 21세기적으로 재편할 단초를 제공하는 이론으로 자리매김된다. 이제 문제는 생산이 아니라 분배다. 산업주의에서 벗어나야 한다. 고전독일철학의 비판정신과 변증법이 도움을 줄 것이다.

2

계급론과 욕구론

생산력의 승리를 생산관계에서 재사유하다

"개별적인 고통에 의미를 부여하거나 초연하게 고통을 우연적인 것으로 격하해야만 하는 역사의 체계적 통일성은 인간들이 오늘날까지도 직면하고 있는 미궁에 대한 철학적 헌사다. 체제의 서력권 안에서 새로운 것, 진보가 언제나 새로운 재앙으로서 옛것과 닮아간다."

계급에서 개인으로

마르크스주의가 서구계몽의 사유 전통에 새롭게 부각시킨 화두는 계급과 사회모순 그리고 혁명론일 것이다. 아도르노가 이른바 '혁명'에 관해 어떤 사유를 전개했는지는 구체적으로 추론하기 어렵다. 68혁명 당시 학생들의 빗나간 급진성을 원칙적으로 부정하였지만 그 '부정'을 구체화하지 못하고 사망하였기 때문이다. 반면 '모순'과 '계급'에 관한 사유는 새로운 전망을 읽어내기 충분한 구체적인 언급들로 객관화되어 있는 편이다. 하지만 체계적인 이론의 면모는 갖추고 있지 않다. 프랑크푸르트대학교 사회학과 교수로 재직하면서 철학과 미학 분야의 저술 못지않게 방대한 분량의 사회학적 저술들을 남겼지만 사회학 연구경향과 현안에 대한 갑론을박이 대부분이다.

아도르노 비판이론의 핵심은 마르크스주의가 계몽전통에 포함시킨 '계급' 범주를 그 '집단성'의 거푸집에서 풀어내면서도 사회적 모순 범주는 그대로 유효성을 유지하도록 전체 구도를 재편한 데 있다. '계급'에서 '개인'으로 역사철학적 과제의 담당자가 바뀌는 과정은 이른바 미시적 차원에서 철저하게 개인적인 일로 치부되는 '욕구'에 대한 사유와 결부되지 않을 수 없다. 아도르노가 이 '욕구에 대한 사유'를 주로 예술론에서 간접적으로 풀어나간 탓에 독립적인 텍스트는 찾아보기 힘든 편이다. 이 장에서 다룰 「욕구에 대한 테제」가 유일하다. 그가 본격적으로 몰입할 예술론의 인간학적 기반을 한번 정리해본 것으로 판단된다.

그러면 여기에서는 아도르노의 계급론과 욕구론을 그가 1942년에 쓴 텍스트들을 직접 검토하면서 살펴보기로 한다. 티데만(Rolf Tiedemann)이 그레텔 아도르노, 수전 벅 모스(Susan Buck-Morss), 그리고 슐츠(Klaus Scultz)와 함께 편집한 아도르노 선집[1]에 실린 「계급이론에 대한 반성들」 그리고 조금 전에 언급한 「욕구에 대한 테제」에서 핵심적인 부분을 발췌하고 설명을 보탰다. 그런데 아도르노가 계급과 욕구에 대해 어떻게 생각했는지 살펴보기 전에 미리 확인해둘 사항이 있다. 바로 계몽의 문제다.

사전점검 1. 계몽과 재계몽

프랑크푸르트학파 제1세대 사상가들은 마르크스주의의 사회비판적 잠재력을 충분히 인식하면서도, 대중사회의 등장을 필연적 현실로 받아들였다. 그래서 비판문법에서 사회적 노동범주를 포기하고, 주체의 의식에 다시 눈을 돌렸다.

프롤레타리아 계급의식이 한 사회의 전반적인 구조를 재구성할 능력이 없고, 또 상황도 허락하지 않을 때, 재구성 과정을 반드시 실현하고 싶은 사람들이 추진한 것이 러시아혁명이었다. 그 결과 계급의식은 소멸되고, 사회를 구성하는 '도식'만 남았다. 아도르노는 이런 결과가 나오는 까닭을 무언가를 이루어내야 한다는 목적을 위해 조건을 인위적으로 재편하는, 인간의 의지와 인식의 결합에서 찾았다. 이른바 '동일성사유'다.

프롤레타리아 계급의식에 파산선고를 내린 이상, 사회적 노동 범주에 머물 수 없었던 아도르노는 다시 인간 정신의 계몽하는 힘에 기대를 건다. 아도르노가 기획한 비판문법은 대중으로 하여금 자신을 구성하는 조건을 들여다보도록 하는 것이었다. 따라서 새로운 비판문법은 18세기 계몽주의자들과 유사한 점과 다른 점을 모두 지녔다.

'대중'을 계몽하고, 그들로 하여금 스스로 '존재조건'을 깨닫도록 한다는 것은 칸트가 세기적 논문 「계몽이란 무엇인가라는 물음에 대한 답변」에서 이미 한번 설파했던 테제다. 바로 '계몽의 용기'다. 하지만 인간에게 심어진 이성을 자신 있고도 완벽하게 사용한 결과 원자탄 투하라는 파국을 겪은 20세기에, 타고난 이성을 사용할 용기를 무작정 낼 수는 없는 일이었다. 따라서 아도르노는 칸트의 비판기획을 재비판하지 않을 수 없었다.

칸트는 인간에게 심어진 이성이 어떤 능력들인지, 그리고 각 능력들은 어떤 한계를 지니는지 밝혀내는 비판을 수행하였다. 아도르노는 칸트가 밝혀낸, 인간에게 심어진 이성능력이 그 적용대상인 자연과 어떤 관계를 맺는지를 파고들었다. 근대 이후 '진보'라고 기려진 문명의 진행과정을 추적해보니 오성(Verstand)의 작용영역만 무한정 확대되고 실천이성과 판단력의 활동가능성은 위축되는, 이른바 균형상실이 특징이었다. 칸트는 도덕과 예술 역시 나름의 선험원리가 적용되는 독자적인 영역임을 밝혀냈지만, 19세기 이래 두 영역의 자율성은 사람들의 뇌리에서 갈수록 희미해졌다. 자본주의 발전의 뒷심을 받은 과학주의가 일방적으로 승리를 거둔 탓이다.

아도르노의 남다른 점은 '계몽' 자체에 과학주의로 기울어질 확률이 농후하다는 사실을 간파하고, 인간의 이성 활동이 다시 균형을 회복해 근대계몽의 정신을 제대로 살릴 수 있는 방안을 강구한 데 있다. 계몽 자체의 과학주의적 경향을 '이성의 자연지배'라는 공식으로 언어화한 것도 현실적 지배관계에서의 탈출과 이성의 균형상태 회복이 궤를 같이함을 의제로 설정하기 위함이었다.

그래서 아도르노는 2단계로 수행되는 비판문법을 구성하였다. 칸트가 밝혀낸 인간 두뇌구조의 복합적 구도에 대한 해명이 첫 단계라면, 그런 복합층위에서 사용되는 인간 이성능력의 자연지배 결과에 대한 비판이 두 번째 단계다. 여기에 대해 재계몽이라는 단어를 쓸 수 있겠다. 고전적인 체계철학으로의 회귀라는 일면이 분명히 존재한다.

하지만 칸트 이래 2세기에 걸친 자본주의적 사회발전의 결과를 반영한 이론임도 분명하다. 근대의 산물인 자본주의는 서구계몽 최고의 소산물이기도 하다. 아도르노가 의도하는 재계몽 기획은 자본주의적 사회질서를 다시 계몽의 대상으로 삼고자 한다. 비판문법은 전통적인 의식철학적 틀을 벗고 문명비판 의식으로 이전되었다. 이 문명비판 패러다임에서 예술론은 중심적인 위치를 차지한다. 사회학자이기도 한 아도르노가 미학이론에 열정적으로 몰두한 까닭이기도 하다.

　예술론으로 귀결되는 아도르노의 문명비판은 여전히 산업화 패러다임에 기울어져 있는 한국사회에 무척 낯설 수 있다. 이 '생경한' 비판문법이 전통적인 계급론을 재검토하고 인간의 욕구에 대한 천착과정에서 도출되었음을 보여주는 것이 이 장의 목표다.

사전점검 2. 진보와 퇴행의 반복

　망명지 미국에서 호르크하이머와 함께 『계몽의 변증법』을 쓰던 당시에 작성한 이 단상들에서 토로한 생각을 아도르노는 체계적인 논문 형태로 발전시키지 않았다. 하지만 여기에서 표명된 생각은 아도르노가 독일로 돌아와 프랑크푸르트대학교 사회학과 교수로 활동하면서 집필한 글들의 '토대'로 작용한다. 마르크스 이론의 핵심내용과 정면대결을 벌이는 이 단상들은 러시아혁명을 주도한 실천적 마르크스주의자들은 물론 그런 방식의 실천과 거리를 둔 서구 좌파진영과도 '또 다른', 프랑크푸르트학파 1세대의 '비판적 전망'을 구체적으로 볼 수 있는 자료가 된다.

　핵심사안 중 하나인 생산력과 생산관계의 '현재적' 짜임관계를 중점적으로 다룬 것으로는 1968년 제16차 독일사회학자대회에서 회장직을 다렌도르프에게 물려주면서 대회 주제인 「후기 자본주의인가 산업사회인가」라는 물음에 응답하는 형식으로 행했던 기조강연[2]을 들 수 있다.

이런 방식의 이분법적 문제설정 자체를 못마땅해 하는 특유의 태도는 견지하면서도-"이런 혹은 저런 규정을 취하라는 강요인 양자택일은 또한 순전히 이론적인 것이다."(357쪽)-비판적 사회 이론을 위해 "변증법자는 ……학문적 체계성의 수미일관함을 통해 모순들을 제거하려고 시도하지 않는다"(357쪽)는 입장을 포기하지 않는다. "학문적 관점에 따라서 혹은 취향에 따라서 두 형식 중에서 하나를 고르는 것이 아니라 그 관계가 현재의 단계를 특징 짓고 사회학에 걸맞게 이론적으로 발화하는 모순을 표현"(358쪽)해야 하는 사회학자의 본분에는 충실하게 임한 것이다.

"현 사회는 생산력 단계에서 보았을 때 전적으로 산업사회다. 산업노동은 도처에 그리고 정치 체계의 모든 한계를 넘어서 사회의 견본으로 되었다. 이 사회는 총체성으로 발전했는데, 산업적 처리방식들을 닮아가는 처리방식들이 경제적인 강압으로 작용해 물질생산 영역, 행정, 분배영역 그리고 문화라고 명명되는 영역으로 확장되면서 그렇게 된다. 반면 사회는 생산관계 측면에서 자본주의다. ……그냥 말 그대로의 노동자는 더 이상 아니지만, 그보다 훨씬 은유적으로 그렇다. ……예전과 마찬가지로 오늘날에도 이윤을 위해 생산된다. ……하지만 상품의 사용가치 측면은 그사이 그 마지막 '자연적 자명성'에서 손상을 입는다. 욕구들이 그저 간접적으로만, 교환가치에 대해서만 충족되는 것이 아니라 경제적으로 유효한 섹터들에서 이윤이해 자체에 의해 창출된다. ……기술이 지옥인 것이 아니라 그것이 사회적 관계들과 얽혀드는 것, 사회를 둘러싸고 있는 관계들, 그 엉클어짐이 지옥이다. 이윤과 지배이해에 대한 고려가 기술적 발전의 흐름을 결정한다는 사실을 생각해보자. 그러는 사이에 그것은 관리욕구와 치명적으로 함께한다. 헛되이 파괴수단들의 발명이 기술의 새로운 질의 모형으로 된 것이 아니다."(GS 8., p.361~362)

따라서 새로운 비판문법은 '유토피아 기획에서는 실패했지만, 그 전제였던 기술적 생산성의 승리를 이루어낸' 근대 산업사회의 귀결을 '생산관계' 측면에서 재사유하면서 시작되어야만 할 것이다.

"전형적인 자본주의 나라들에서 프롤레타리아 계급의식을 말할 수 없다는 것은 일반적인 의견과는 반대로 그 자체로 계급의 존재를 부정하지 않는다. 계급은 생산수단에 대한 위치를 통해서 규정되었고, 그에 속한 구성원의 의식을 통해서 규정된 것이 아니다. ……사회적 존재가 직접 계급의식을 만드는 것이 아니다. ……지배가 이른바 법률상의 소유주들에게서 관료제로 넘어간 후에, 무수히 논의된 경영혁명에 대한 질문은 여기에 비하면 부차적이다. ……정말 그리고 어떤 정도에서 계급관계가 선진 산업국가들과 부상하는 개발도상국들 사이의 관계로 옮겨졌는지는 논구되지 않은 채일지도 모른다."(GS 8., p.361)

20세기가 다 지나고 21세기가 되도록 이 '계급관계의 옮겨짐'에 대해 정식으로 논구한 비판이론가는 없었다. 비판문법이 유럽중심주의로 방향을 트는 데 결정적으로 앞장선 사람은 유감스럽게도 아도르노의 수제자 하버마스였다. 21세기가 되면서 그 '관계이전'의 결과가 명실상부한 '물질'로 육화되어 지구를 강타하는 현장을 우리는 오늘도 무덤덤한 심정으로 '구경'한다. '2014년 여름, '피냄새 진동하는 전쟁터 지구'[3]는 9·11사태 이후 연속되는 '파국'의 사슬을 잇는다. 안전한 대륙으로 꾸역꾸역 밀려드는 난민들은 파국의 사슬이 앞으로도 계속될 것임에 대한 신호다. 아무리 빨간 등이 켜져도 오늘의 향락에 몸을 던지는 문명인들의 관성은 여전하다.

"현재 사회는 반대의 것, 그 역동성, 생산의 증가를 촉진하는 그 모든 것에도 불구하고 정적인 측면을 지시한다. 이 촉진은 생산관계에 귀속된다. 생산관계들은 더 이상 소유관계만이 아니고 총자본으로서 국가의 역할까지 포함하여 행정의 관계다. 이 관계의 합리화가 기술적 합리성, 생산력들과 닮아감으로써 의문의 여지없이 그들은 유연해졌다. 이를 통해서 보편적 이해가 현상유지에 대한 이해이고 완전고용이 이상인 듯한 가상이 일깨워졌다. 이질적인 노동으로부터의 해방이 아니라. ……지배적인 생산관계 내부에서 인간은 잠재적으로 자기 자신의 상비군이다. 그리고 부양된다."(GS 8., p.365)

고도자본주의 사회에서 사는 사람들의 삶을 '반복의 신화'에 갇힌 오디세우스(Odysseus)에 빗댄 『계몽의 변증법』은 계몽된 정신이 진보와 퇴행을 반복하게 되는 운명에 대한 보고서다. 이러한 반복의 메커니즘이 굳어진 터에 생산력과 생산관계 중 어떤 요인이 더 결정적인지를 따지는 분석은 일단 두 계기가 더 이상 뚜렷한 극점으로 분화되지 않는다는 점에서 무망한 작업이다. 하지만 미분화 상태로 만드는 요인이 계급관계에 있다는 점에서 생산력에 대한 생산관계의 우위를 말할 수는 있다.

　"시대의 징표는 생산력에 대한 생산관계의 우위다. ……이론이 대중을 사로잡으면 이론은 바로 폭력이 된다는 마르크스의 명제는 세계행정에 의해 현격하게 전도되었다. 자동적이든 계획적이든 문화 그리고 의식산업을 통해 또 의견독점을 통해 사회의 기구가 가장 위협적인 일들의 진행과 본질적이고 비판적인 이념 그리고 이론들에 대해 극도로 단순하나마 알고 경험하는 일을 방해하면, 훨씬 더 나아가 세상을 구체적으로 다르게 표상하는 단순한 능력, 그 세상을 이루고 있는 사람들에게 압도적인 것으로 다가오는 방식과는 다르게 세상을 표상하는 능력을 그 사람들에게서 마비시키면, 그러면 고착되고 통제된 정신 상태가 마찬가지로 폭력이, 퇴행의 폭력이 된다. 과거에는 반대로 자유정신이 이 폭력을 제거하려 했었듯이 말이다."(GS 8., p.364)

'계몽의 용기'는 구체제를 분쇄하는 데 제 역량을 발휘했던 적이 있고, 그 역사적 공로는 충분히 인정받아야 한다. 하지만 '고착되고 통제된' 용기가 퇴행의 폭력으로 전복될 가능성이 그 '가능성'을 넘어 현실로 다가온 터에 그런 야만의 시대를 이미 한 차례 겪은 바 있는 인류의 계몽 가능성은 어디에 있는지 묻지 않을 수 없게 되었다. '전쟁터로 된 지구'를 감당해야 하는 21세기 현실은 암울하다.

계급이론에 대한 반성들[4]

계몽의 문제를 알아보았으니 이제 아도르노의 계급론과 욕구론을 살펴보기로 하자. 9개 테제형식으로 구성된 이 글은 하나의 테제가 2쪽을 넘기지 않는 (제7테제와 제9테제만 3쪽 분량) 짧은 단상의 형식을 취하고 있다. 일련번호를 붙여가면서 나누었지만, 생각 자체는 뚜렷한 흐름으로 방향이 잡혀 있다. 발췌해서 옮길 때에는 한국의 공론장에서 그동안 논란이 되었던 문제들을 우선하였다.

테제1: 이론이 말하는 바에 따르면 역사는 계급투쟁의 역사다. 하지만 계급이라는 개념은 프롤레타리아트의 등장과 결부되어 있다. 혁명적인 부르주아지는 스스로를 제3신분이라 칭했다. 계급개념이 그 이전시대로 확장되면서 이론은 시민들이 재산과 교양을 지닐 수 있는 자유로 옛날의 정의롭지 못한 전통을 계속 이어나갔음을 고발하는 수준에서 멈추지 않았다. 이전시대 전체에 맞서 대항하였다. 무자비한 자본주의적 계산이 승리한 이래, 그 옛날에 덧칠해져 있던 가부장적 너그러움이라는 가상은 파괴되었다. ……정치경제학 비판이 자본주의가 지구상에 등장하고 발전하게 될 역사적 필연을 지시함으로써 그것은 전체 역사에 대한 비판으로 되었는데, 이러한 이전 역사의 변경불가능성에서 자본가 계급은 그들의 선조들이 그랬듯이 특권을 도출해낸다. 정당한 교환 자체에 놓여 있는 최근의 불의를 교환의 숙명적인 폭력 속에서 인식하는 것이 바로 교환에 의해서 제거되었던 그 이전 시대와 오늘날을 동일시하는 것으로 된다. ……모든 역사는 계급투쟁의 역사다. 왜냐하면 그것은 언제나 같은 것으로서 전사이기 때문이다.

해설: 상승기 부르주아지의 '혁명성'이 그 계급의 '특권'으로 굳어지는 과정은 일차적으로 자본주의 발전과 관련이 있다. 이 문제를 마르크스주의 역사관의 지평에서 갑론을박하는 이 문구는 프롤레타리아의 혁명성을 '역사의 법칙성'에서 찾는 이론이 부르주아의 역사적 역할을 역사철학적 모델로 일반화하는 오류를 범하고 있음을 지적한다.

테제2: 부르주아 추종자들은 마르크스주의의 역동성을 기릴 줄 알았다. 그 역동성에서 역사에 대한 능란한 모방을 간파해낸 것이다. ……역동성은 변증법의 한 측면일 뿐이다. …… 변증법의 또 다른 측면, 사랑받지 못한 측면은 정적인 측면이다. 개념의 자기운동, 삼단논법으로서의 역사구상은 헤겔철학이 생각하는 것처럼 발전설이 아니다. ……개념의 자기운동을 언제나 새로운 것의 끊임없는 파괴적 전개로 만드는 강제는 어느 순간이고 늘 새로운 것이란 동시에 바로 옆에 있는 낡은 것이라는 사실에 근거한다. 새것이 낡은 것에 덧붙여지는 것이 아니라 옛것의 곤궁, 옛것의 역부족이 남는 것이다. ……이렇게 하여 역사는 모든 대립명제적 매개 속에서 과도한 분석판단이 된다. 이것이 절대자 속에 있는 주체와 객체의 동일성이라는 형이상학적 학설의 역사적 핵심이다. 시간적인 것을 의미의 총체성으로 고양시킨 역사의 체계는 시간을 체계로서 지양하고 추상적 부정자로 환원시킨다. 이 체계에 마르크스주의는 철학으로서 충실하였다 ……개별적인 고통에 의미를 부여하거나 초연하게 고통을 우연적인 것으로 격하해야만 하는 역사의 체계적 통일성은 인간들이 오늘날까지도 직면하고 있는 미궁에 대한 철학적 헌사(Zueignung)다. 체계의 세력권 안에서 새로운 것, 진보가 언제나 새로운 재앙으로서 옛것과 닮아간다.

해설: 홉스봄은 마르크스주의가 고전독일철학의 이념을 현실에서 실현하고자 한 기획이었다는 평가를 내린 바 있다. 헤겔을 '물구나무 세운' 마르크스는 헤겔의 변증법으로 그렇게 할 수 있었

다. 거꾸로 세우는 역동성은 체계를 완성함으로써 다시 정적인 순간으로 수렴된다. '역사의 체계는 시간을 체계로 지양'하여 지구의 자전을 임의로 정지시키는 퇴행을 자행했지만 그 임의성은 시간이 '부정자'로 역사에 계속 살아남게 만든다. 아도르노의 철학적 방법론인 '부정변증법'은 부정자로 된 시간의 회복을 추구한다.

테제3: 계급사회 가장 최근의 단계는 독점에 지배되고 있다. 현 단계는 독점에 합당한 정치 조직의 형태인 파시즘으로 치닫는다. ……억압된 사람들, 만국의 프롤레타리아들이 계급으로 하나가 되어 공포에 종지부를 찍을 것이라는 그런 표상이 무기력과 권력의 현재와 같은 배분에 직면하여 전망이 없어 보이기 때문이다. ……바리케이드를 쌓을 수 있었던 시절은 수공업이 황금의 토대를 가졌던 때처럼 복이 있던 시절이다. 억압의 전권과 억압의 불가시성은 동일한 것이다. ……지배의 측정할 수 없는 압박이 대중들을 그토록 갈라놓아 19세기에는 그들을 계급으로 만들었던 억압되어 있음의 부정적 통일이 부서질 정도다. 그 대신 대중들은 직접 그들을 사로잡는 체계의 통일에 징발된다. 계급지배는 계급의 익명적이고 객관적인 형식을 넘어 살아남으려는 참이다.

해설: 프롤레타리아 계급은 대중이라는 이름의, 특정해서 규정하기 힘든 '덩어리 집단'이 역사의 전면에 등장하면서 보이지 않

게 되었다. 하지만 이 '덩어리 집단'이 자본주의 생산 시스템에 제각기 자기 나름의 방식으로 연결된 상태에서 생존을 보장받고 있음은 분명하므로 자본주의 체계의 승리를 이야기할 수 있고, 이 자본주의가 이윤창출을 위한 지배를 체계유지의 동력으로 삼고 있으므로 '지배'는 계속된다고 해야 한다. 프롤레타리아 계급의식은 실종되었지만 지배받는 사람들이 집단으로 존재한다는 점에서 억압당하고 착취당하는 자로서 프롤레타리아의 존재 자체는 부정될 수 없다. 계급은 보이지 않게 되었지만 그 개념의 내포는 끈질기게 지속된다.

테제4: 그래서 계급이라는 개념 자체를 자세하게 고찰하는 것이 필요하다. ……이 개념은 고착되는 한편으로 동시에 변한다. 고착되는 측면은 사회가 착취자와 피착취자로 나뉜다는 이 개념의 토대가 완화되지 않은 채 지속될 뿐 아니라 더 강제되고 더 견고해지는 데서 드러난다. 변화는 피억압자들이 이론이 예견한 것처럼 오늘날 스스로를 계급으로 경험할 수 없다는 데서 찾을 수 있다. ……계급개념의 모순적 계기는 노동귀족들의 등장에서가 아니라 시민계급의 평등주의적 성격 자체에서 이미 찾을 수 있다. ……자본가들 사이의 자유로운 경쟁은 그들이 일치해서 임노동자들에게 행하는 불의를 이미 포함하고 있는데, 그 사람들을 자본가들 앞에 번갈아가면서 나타나는 임노동자들로 착취하는 것이 아니라 오히려 체계를 통해 임노동자들로 생산해내는 것이다. 경쟁자들의 동일한 권리와 동일한 기회는 허구다. 성공은-경쟁 메커니즘의 외부에 형성된-자본력에 달려 있다. 그뿐 아니라 그들이 과시하는 정치적·사회적 권력, 오래된 그리고 새로운 정복자의 약탈, 경쟁경제가 단 한 번도 진지하게 해체시킨 적 없는 봉건적 소유와의 결탁 그리고 군부의 직접적인 지배기구와의 관계에 달려 있다. 이해의 동일함은 힘센 자(Große)의 노획물에 참여하는 것으로 축소된다. ……계급의 이중성격은 계급의 형식적 평등이 여타 계급을 억압하는 기능뿐 아니라 가장 강력한 자를 통해 자기 계급을 통제하는 기능을 갖는다는 데 있다.

해설: 프롤레타리아아의 존재를 부정할 수 없는 가장 확실한 근거는 자본주의가 시민사회 구성원을 임노동자로 생산해낸다는 사실에 있다. 전근대적 잔재뿐 아니라 하이테크놀로지의 미래지향적 계기도 자본은 체계유지에 종속시킨다. 포스트모더니즘의 참신한 아이디어까지 체계유지의 동력으로 취하는 위력을 보인 자본은 페미니즘도 팽창 메커니즘에 종속시켰다. 결국 20세기 후반 문화운동은 자본의 집중과 강자의 승리를 도왔다.

테제5: 시장경제에는 계급개념의 비진리가 잠복된 채로 있었다. 반면 독점에서는 이 비진리가 가시적으로 되고 진리인 계급의 살아남음은 안 보이게 된다. ……부르주아지 편에서는 프롤레타리아트에게 맞서 자신의 계급적 성격을 부인하기가 쉬워지는데, 실제로 그들의 조직이 이해가 동일한 사람들의 합의라는 형식을 내팽개쳤기 때문이다. 18세기와 19세기에 부르주아지를 계급으로 구성했던 이 형식은 유력자의 직접적인 경제적·정치적 권력으로 대체된다. 이 유력자의 명령은 추종자들과 노동자들에게 동일한 경찰의 위협을 가하고, 동일한 기능과 동일한 욕구를 강요한다. 그래서 노동자들이 계급관계를 통찰하는 일을 거의 불가능하게 만든다. 소수의 소유자와 압도적인 무소유의 대중으로 나뉘리라는 이론의 예측은 맞아떨어졌다. 하지만 이로써 계급사회의 본질이 명백하게 되는 대신에 그 본질이 대중사회에 의해서 주술에 걸려들고 이 대중사회에서 계급사회는 완성된다. 지배계급은 자본의 집중 뒤로 사라져버렸다.

해설: 사회적 총생산의 양이 증가할수록 부의 집중이 가속화되는 과정을 해명해주는 글귀다. 모두 잘살기를 염원하면서 개발독재의 국민총동원령을 감당한 한국사회도 20 대 80의 사회를 지나 1 대 99의 시대로 부가 집중되는 자본의 탐욕을 막아내지 못하였다.

테제6: 마르크스는 계급이론을 전개하는 중에 사망하였다. ……개혁주의자들만이 계급문제에 대해 토론하면서 접근하였는데, 투쟁을 부인하고 통계학적으로 중산층을 추인하며 우회적인 진보에 대한 찬양으로 시작된 배반을 호도하기 위해서이다. 기만적인 계급 부정은 이 이론의 책임 있는 담당자들로 하여금 이 개념을 발전시키는 대신 학습대상으로 보호하도록 움직였다. 이리하여 이론은 허점을 드러내고 실천은 파멸시키는 공모자가 되었다. 만국의 부르주아 사회학은 이를 활용하였다. ……사람들은 삶의 푸른 나무 앞에 가려진 지배역사의 어두운 숲을 더 이상 못 보는 것이다. ……민주주의가 과두제라는 사실은 성숙한 지도자의 견해와 이해에 따라서 민주주의로 나아갈 만큼 충분히 성숙하지 못한 인간에게 원인이 있는 것이 아니라 기득권을 역사의 객관적 필연 속에 파묻어버리는 비인간성에 있다.

해설: 20세기 후반 혁명운동에 헌신하던 이론의 계승자들은 소멸된 프롤레타리아 계급의식을 '교육'으로 구제해야 한다고 생각하고 또 그럴 수 있다고 믿었다. 지난 시기 동구권이 관료제의 폐해로 깊이 몸살을 앓은 원인에는 노동자 교육으로 프롤레타리아 계급을 눈에 보이도록 만들 수 있다고 믿은 착각도 포함된다. 피지배자의 성숙과 미성숙을 거론하는 일은 '교육'에 근대계몽의 과제를 모두 넘겨버린 사회의 무책임을 이야기하는 것이다. 교육 역시 체계의 일부가 되었음은 너무도 자명한 사실이다. 한국의 대학 시스템을 유지하고 있는 입시제도는 아마도 전 세계적 모델에 해당할 것이다.

테제7: 마르크스주의 계급이론이 체제순응적 비판에 가장 공개적으로 노출된 지점은 비참화이론으로 보인다. ……프롤레타리아들은 족쇄 이외에는 잃을 것이 없으며 ……하지만 통계는 이러한 견해를 반박한다. 프롤레타리아는 쇠사슬 이외에 잃을 것이 많다. 그들의 생활수준은 그 문건의 저자들이 보고 있던 100년 전 영국의 상태에 비해서 더 나빠지지 않았다. 더 좋아졌다. ……상대적 비참화라는 개념의 도움으로 옛 구성을 땜질하는 것은 요즈음 수정주의 논쟁에서 그렇듯이, 사민주의자들을 반대하는 이들의 옹호자들에게나 귀속될 것이다. ……필요한 것은 빈곤화라는 개념 자체를 숙고하는 것이다. 그런데 이 개념은 절대적 축적법칙에 따라 규정되는, 전적으로 경제적인 개념이다. ……하층의 경제적 상태가 개선 혹은 안정화되는 것은 경제외적인 요인에 의해서이다. 생활수준의 향상은 독점이윤으로 지출된다. ……이러한 진보의 이성은 체계가 자신을 관철하는 조건에 대한 자기의식이다. ……마르크스의 예견은 예기치 않은 방식으로 입증되었다. 지배계급이 정말 근본적으로 외국인 노동으로 부양되므로 지배계급은 노동자들을 먹여 살려야 하는 운명을 단호하게 자신들의 일로 만들어 '노예에게 노예제 내에서의 존재를' 보장해주었다. 자신들의 존재기반을 공고히 하기 위해서다.

해설: '중산층'이라는 개념이 도입된 이래로 시민사회 '정식' 구

성원은 예외 없이 이 개념의 포로가 되었다. 아파트 한 채를 목표로 저축을 하던 중산층은 어느새 주택소유자와 세입자로 분화되었지만, 아파트 소유자가 될 가능성은 언제나 열려 있다는 신화에서 벗어나지 못한다. 그래서 계급관계는 자본과 이주노동자 사이로 이전되었다. 과거 제3신분이던 부르주아지가 구체제를 무너뜨리면서 '인권'의 이름으로 연대했던 체계 외 존재인 제4신분은 제3신분이 사회의 지배자가 되면서 프롤레타리아라는 이름을 얻고 체계 내 존재가 되었다.

그런데 이 제4신분은 체계 밖에서 안으로 들어가면서 선임자인 제3신분이 개척한 '지배자가 되는 길'을 반복의 역사로 구현하지 못하였다. 중산층 신화가 창궐하는 이유다. 지배자는 여전히 제3신분이다. 그리고 계속 지배자로 남기 위해 체계 외 존재를 다시 필요로 했다. 중산층 신화가 작동하므로 이번에는 연대하지 않아도 된다. 그래서 적나라하게 자기이해를 관철하는 데 거리낌이 없다. 제4신분의 역할을 이어받았지만 어디에서도 연대의 손길을 발견하지 못하는 이주노동자는 제5신분으로 응집되는 중이다.

테제8: 체계의 객관적 경향은 언제나 이 경향에 영향력을 행사하는 사람들의 확고한 의지에 의해 배가되고, 낙인찍히고 정당화된다. 왜냐하면 눈먼 체계는 지배이기 때문이다. ……이성은 헤겔이 공격하고 싶었던 것보다도 훨씬 더 교활하다. 이성의 비밀은 격정의 비밀이라기보다는 자유 자체의 비밀이다. 이

전 역사에서 자유는 족벌들이 운명이라 불리는 재앙의 익명성을 좌지우지하는 것이었다. ……역사는 역사적 객관성을 통한 족벌들 자신의 자유라는 의미에서 진보다. 그리고 이 자유는 다른 사람들이 겪는 부자유의 뒷면에 불과하다. 이것이 역사와 족벌들 사이의 진정한 상호작용이다. ……프로이센 국가에서는 비록 아니었지만 총통의 카리스마에서 자유는 자기 자신에게로 돌아오는 필연성의 반복이 된다. 대중이 자유 이야기를 그냥 마지못해 억지로만 듣는다면, 이는 그들의 잘못만도 아니고 자유라는 이름을 가지고 추진된 오용의 잘못도 아니다. 대중은 강압의 세계가 곧 언제나 자유, 처리, 가정(Setzung)의 세계였으며 자유민이란 무엇이든 마음대로 해도 되는 사람들임을 예상하고 있다. 그리고 오늘날 이를 대신하여 발생하는 것, 즉 연대, 섬세함, 사려 깊음은 오늘날 자유로운 사람들의 자유와 비슷한 구석이 거의 없다.

해설: 중산층이 이주노동자, 즉 제5신분으로 아직 온전히 체계에 포섭되지 못한 '이방인'과 연대할 수 없는 의식을 지니고 사는 현실은 근대계몽이 '의식차원'에서 철저하게 실패했음을 보여주는 뚜렷하고도 구체적인 역사적 실례. 원래 계몽은 모두의 자유와 평등을 표방하고 나섰다. 그런데 2세기가 지나도록 계몽은 인식차원에서만 소기의 성과를 거두었다. 그 결과 과학주의가 일방적으로 질주하는 세기를 맞게 되었다.

테제9: 프롤레타리아트의 사회적 무기력은 경제적 궁핍화와 생활수준의 경제외적 개선이 서로 각기 다른 방향에서 진전된 결과로 나타난 것인데, 이론에서는 예견되지 않은 요인이다. ……하지만 이 무기력에 대한 관념은 아주 낯설지만은 않은 것이다. 이 관념은 탈인간화의 이름으로 등장한다. ……심리주의의 위험은─『사회주의 심리학』의 저자가 결국 파시스트가 된 것은 우연이 아니다.─부르주아 철학이 인식영역에서 객관성을 방어하는 데 안간힘을 쓰기도 훨씬 전에 근원에 등을 돌린다는 데 있다. 마르크스는 노동계급의 심리학에 빠져들지 않았다. ……밤에 술에 취해 집에 와서는 가족을 패는 노동자 상은 주변부로 밀려났다. 그의 부인은 그보다는 그녀를 관리하는 사회노동자들을 더 두려워할 것이다. ……자기 자신의 노동과정을 이해하지 못하는 프롤레타리아의 우둔화는 더 이상 이야기될 수 없다. ……무기력은 그러나 이전에 적나라한 비참함이 혁명으로 전화된 적이 드물듯이 상황을 거의 변화시키지 못한다. ……인간들이란 그들의 욕구들과 체계의 현재적인 요청들에 의해서 진정 체계의 생산물로 되었다. ……탈인간화가 문명과 함께 가는 것이다. 사회의 총체성은 사회가 자신의 구성원들을 철저하게 징발할 뿐 아니라 자신의 형상대로 만들어낸다는 데서 구현된다. ……탈인간화는 외부에서 오는 권력이 아니다. 프로파간다가 아니며 문화의 폐쇄성이 아니다. 그것은 체계 내에서 억압된 것의 내재다. ……그들의 맹목적인 익명성 속에서 경제는 운명으로 다가온다. ……계급 없는 사회라는 계급사회의 사이비형상은 피억압자가 완전히 흡입되지만 모든 억압이 명백하게 불필요한 것으로 되는, 그런 방식으로 이루어진다. ……역학은 언제나 같은 것이었으므로, 그 마지막은 오늘 그 끝이 아니다.

해설: 승리한 과학주의는 인간을 문명화된 신화의 세계로 인도하였다. 살아남기 위해 인간다움을 포기하는 선택의 길이 열려 있음을 끊임없이 계몽하면서. 이 '인간다움'을 한물 지나간 서구 휴머니즘의 유산으로 '정리'하고 '비인간'(Inhuman)을 사유하는 트랜스휴머니즘은 정말 인간과 기술의 조화로운 공존을 믿는 것일까? 혹시 그 '공존'이 위 인용문에서 거론하는 '완전히 흡입되어 억압이 불필요해진' 현재의 자본지배와 같은 사이비 공존으로 되지 않는다는 보장이 없는 한, 트랜스휴머니즘은 너무나도 큰 위험부담을 내장한 도전이다.

새로운 계몽의 필요성

1942년 파시즘 전쟁이 한창일 때 작성된 이 아홉 개 테제는 종전 후 세계체제 재편과정에서 자본주의가 전 지구적 승리를 구가하면서 마르크스주의는 물론 서구계몽과 비판 전통 전반에 제기할 지적 도전을 선취하고 있다.

20세기 후반 프롤레타리아 계급은 명실상부하게 사회적 존재감을 상실하였다. 하지만 계급모순은 심화되었다. 생산력의 비약적인 증가로 가능해진 소비의 대중화·일상화는 자본주의 모순의 체제내적 성격을 강화했다. '인위적인' 화폐를 매개로 성사되는 소비가 자연스러운 삶이 되는 과정은 자본주의 생산품이 자연산물인 듯 듬뿍듬뿍 주어지는 환경이 조성되면서 가능해진 것이다. 테크놀로지의 발전이 인류에게 '선사한' 새로운 환경이다.

자본주의가 '자연'이 되면서 모순과 억압도 자연적인 현상인 듯 받아들여지기 시작하였다. 해방된 자율적인 개인이라는 서구계몽의 관념은 자본주의적 자연에 종속되어 해방될 날을 기다리는 처지로 전락했다. 새로운 계몽이 시작되어야 함을 일찌감치 내다보는 테제들이다.

욕구에 대한 테제[5]

인간의 개별적인 욕구에 대한 미분화된 관념을 고정할 수밖에 없다는 점이 마르크스주의 이론체계의 가장 약한 고리일 것이다. 이 한계를 극복해보려는 시도들이 없었던 것은 아니지만, 별다른 성과를 거두지는 못하였다. 오히려 미분화된 욕구관념을 자연의 차원에서 강조함으로써 언젠가는 소멸될 피와 살을 지녔다는 인간적 독특성에서 개인적 차원을 제거하는 결과를 초래하였다. 자본주의적 자연은 개별성이 제거된 '자연적 본능'에 충실하라고 소비자 개인을 윽박질렀다. 자본주의적 자연에서 해방되기 위해 이

제 개인은 스스로 '자연적 본능'의 족쇄를 분쇄해야 하는 운명에 처했다. 대중적 소비의 일상을 자연으로 여기는 관성에서 탈피한 새로운 인간형을 모색해야 하는 시점이다.

인간에 대한 '새로운 표상'을 사유하기 위해서는 트랜스휴머니즘이 새 차원을 열어줄 계기로 의지하는 기술적 가능성보다 욕구의 본래성에서 출발하는 것이 정석이자 제대로 된 길이 될 것이다. 아래의 여덟 테제는 1942년, 파시즘의 광기가 극에 달한 시기에 쓰였다는 배경을 가지고 있다. 그런데 이 배경이 인간 욕구에 대한 좀 더 근본적인 통찰을 제공하는 계기로 작용하였다.

테제1: 욕구는 사회적 범주다. 자연, 즉 '충동'은 여기에 포함된다. 하지만 욕구의 사회적 요인과 자연적 요인은 우선순위를 매길 수 있는 일차적이거나 이차적인 것으로 서로 분리되지 않는다. 배고픔이 자연범주로 파악되면 메뚜기와 모기를 가지고 해결할 수도 있다. ……모든 충동은 사회적으로 매개되어서 그 자연적인 계기가 결코 직접적이지 않게, 끊임없이 단지 사회를 통해 생산된 것으로만 등장한다. 어떤 욕구에 대해 자연을 소환하는 것은 항상 지배와 포기의 가면일 뿐이다.

해설: 욕구 자체는 자연으로 파악될 수도 있다. 하지만 우리가 이론적으로 '욕구'를 거론하는 경우, 욕구의 충족을 전제로 한다. 충족은 사회적인 차원에서만 해결될 수 있는 '과제'다. 해결되는 과

정에서 욕구의 자연적 속성 역시 변화한다. 식욕과 성욕의 변천사가 이를 잘 보여준다. 보릿고개를 겪던 시절 귀했던 육류가 이제는 그냥 흔한 식재료 중 하나가 되어 선망의 대상에서 제외되었다. 동성애 역시 일반적인 짐작보다 훨씬 광범위한 사회적 차원을 내포한 현상이다. 욕구충족이 화폐로 매개되는 사회에서 욕구의 자연성을 강조하는 이론은 '지배와 포기의 가면'을 쓰고 자본의 이해에 복무하는 결과를 초래한다는 사실에 좀 더 주목할 필요가 있다.

테제2: 표면적인 욕구와 깊은 욕구의 차이는 사회적으로 발생한 가상이다. 이른바 표피적인 욕구들은 인간을 기계의 부속품으로 만들고 노동하지 않는 중에는 자신을 노동력 재생산으로 환원할 것을 강요하는 노동과정을 반영하는 것이다. ……이른바 표피적인 욕구들에서는 그 표피성이 나쁜 것이 아니다. 이 표피성 개념은 마찬가지로 의심쩍은 내면성 개념을 전제하고 있다. 이러한 표피적인 욕구들에서 나쁜 것은 충족하기 위해 욕구들을 기만하는 그런 충족으로 기울어져 있다는 점이다. 욕구의 사회적 매개는—자본주의 사회를 통한 매개로서—욕구가 자기 자신과 모순에 처하는 지점까지 나가버렸다. 비판이 접속해야 할 지점은 바로 여기다. 가치들과 욕구들 사이에 미리 설정된 어떤 위계질서가 아니다.

해설: 자기 자신으로부터의 소외가 과거에는 없었던 완전히 새

로운 현상은 아니다. 하지만 요즈음처럼 일반화된 화두로 자리 잡은 적은 일찍이 없었다. 인류는 그런 문명을 20세기에 처음 경험하였다. 자본주의 생산 시스템에 완전히 편입되어 사는 개인에게 욕구를 자연의 사안(Sache)으로 여기고 자연스럽게 소비하라는 자본주의 문화의 정언명령이 불러들인 병폐. 이 비자연적인 '자연스러운' 환경에서 '표피적인' 욕구와 '깊은 내면'에서 우러나는 욕구를 구분하는 것은 사기행각에 가깝다. 우리나라에서 아도르노의 문화산업론을 거론하면서 범하는 일반적인 오류, 즉 아도르노가 '표피적인 욕구충족'을 단죄했다는 일부의 해석은 즉각 시정되어야 한다.

테제3: 이른바 심층적 욕구는 광범위한 정도로 포기과정의 산물이고 주의를 딴 쪽으로 돌리는 기능을 수행한다. 이 심층적 욕구들을 표피적인 것에 대치시키는 것은 독점이 깊이를 표피와 마찬가지로 자기 소유로 만들어버린 지 오래이기 때문에 의심쩍게 되었다. 토스카니니가 지휘한 베토벤 심포니라고 해서 주변에 있는 오락영화보다 더 낫지 않다.

해설: 교양시민의 나라 독일이 파시즘의 광기에 휘말린 역사를 문화적인 차원에서 반성하는 내용이다. 세련된 문명인들의 '교양'이 독점자본주의 단계에 들어선 독일의 산업구조 재편 과정에서 자유주의가 표방하는 이념, 즉 개인의 자유와 자율을 구제하지 못

했고 그 결과 전체주의 국가의 등장을 막지 못했기 때문이다. 오늘날 토스카니니(Arturo Toscanini)의 음악과 오락영화를 구별하는 것이 관건이 못 되는 까닭은 수용자인 개인이 그 작품을 만나는 순간 마찬가지의 '유용함'을 누릴 뿐이라는 데 있다. 예술의 쾌감(快感)이 소외극복의 계기로 되지 못하는 사회에서 살기 때문이다. 자본주의가 들어올린 유용성의 기치에 자율예술이 투항한 결과다.

이 난관은 갈수록 격화된다. 개인이 자율적인 존재로 자신을 정립할 기회를 거의 갖지 못하는 환경에서 베토벤 심포니라고 해서 개인을 자기소외로부터 해방시키는 과업을 달성할 리 만무하다. 한국의 FM 라디오방송은 고전음악을 공짜로 제공한다. 청취자들은 자본주의 시스템이 막대한 자본을 들여 예술작품을 '자연'으로 탈바꿈시킨 덕에 그런 공짜를 누린다는 사실에는 별달리 주목하지 않는다. 공짜는 베토벤 심포니를 무차별하게 만든다. 라디오에서 무차별하게 흘러나와 익숙해진 리듬은 색다른 오락이다. 그런데 자본주의 사회에서 오락은 어쨌든 필요하다. 난관은 바로 여기에 있다.

테제4: 욕구이론은 엄청나게 어려운 난점에 직면한다. 한편에서 그것은 욕구의 사회적 성격을 대변하며, 이로써 직접적이고 구체적인 형식 속에서의 욕구 충족을 대변한다. 욕구이론은 좋거나 나쁜, 진정하거나 조작된, 옳거나 그른 욕구의 구분을 선험적으로 주어진 것으로 할 수 없다. 다른 한편으로 욕구론은 존재하는 욕구들 자체가 그것의 현재적 형태에서 계급사회의 산물이라는 사실을 인식해야 한다. ……오늘날, 독점하에서 결정적인 것은 개별적인 욕구들이 독점의 지속상태와 관련되는가 하는 점이다. 이 관계의 전개는 본질적으로 이론적인 사안이다.

해설: 이 테제의 시의성은 일견 이미 지나간 듯 보인다. 여기에서 아도르노는 '독점의 지속상태'와 욕구의 관련성을 묻고 있지만 신자유주의 단계로 들어선 오늘날, 이 문제는 이미 판가름 났다고 볼 수 있기 때문이다. 한동안 욕구 충족은 독점단계에 머물렀다. 대중소비사회라고 해도 '명품'이라는 특화된 범주가 위력을 발휘했다. 하지만 이제는 명품도 대중화된 시대다. 보이지 않는 1퍼센트만이 일반인들에게는 거부된 특정한 양태의 소비생활을 하면서 자본지배를 고착하고 있다. 독점단계와는 다른 욕구충족의 체계를 천착할 필요가 있다. 이 역시 이론적인 사안임에는 변함이 없다.

테제5: 욕구들은 정적이지 않다. ……계급사회에서는 재생산과 억압이 하나로 통일되어 있는바, 삶의 법칙은 전체적으로는 조망이 가능하지만 그것의 개별적 형태는 그 자체로 투시할 수 없다. 일단 독점이 더 이상 없다면 잡동사니, 문화독점 그리고 그 문화독점이 그들에게 실제적으로 제공하는 저 통탄스러운 명품을 대중은 더 이상 '필요로 하지' 않게 된다는 점이 금방 드러날 것이다.

해설: 이론적으로 보았을 때, 욕구들이 정적이지 않다는 이 테제의 도입부는 진리다. 따라서 후반부의 진술이 비진리로 될 가능성에 노출되어도 테제 자체의 유효성에는 변함이 없다. 21세기에 우리가 논구해야 할 과제는 '필요하지' 않게 되었다고 생각해야 할 명품에 대한 대중의 선망이다. 명품이 사회적 상승의 승차권인 시대가 더 이상 아니지만, 그래도 선망은 여전하다. 이 테제는 욕구의 사회성이 경제 결정론에서 벗어나 좀 더 세세하게 천착될 필요가 있음을 환기시킨다.

테제6: 왜 무계급사회에서 오늘날 실행되는 전 문화부문이 계속되어야만 하는지는 판단할 수 없는 문제다. 자본주의 위기가 욕구에 기여하는 생산수단을 파괴한다는 것은 아주 부조리하다. 하지만 무계급사회에서는 광범위하게 극장과 라디오가 정지되리라는 표상은, 아마도 현재 이런 생각에 기대는 경우는 이미 거의 없을 터인데, 그렇다고 부조리한 관념이 되지는 않는다. 왜냐하면 수많은 욕구의 자체 모순적인 성격이 그 자체의 파괴로 귀결되기 때문이다. …… 기술적 생산력의 수준이 그 자체로서 욕구들을 계속 충족하고 재생산한다는 관념, 그 욕구들의 가상이 자본주의 사회와 함께 사라질 것이라는 관념은 물신적이다. 인민민주주의에서는 모든 바퀴가 다 돌아가지 않는다. 이런 요구 자체가 실업자에 대한 공포를 포함하고 있는 것이다. 그런데 실업자는 자본주의 착취와 더불어 사라지는 존재다.

해설: 아도르노가 이런 글을 쓰던 당시 좌파 진영 지식인 대부분이 미래의 사회주의 사회를 '무채색의 소박한 사회'로 표상했다. 세련되지는 못하지만 진솔한 사회가 바람직한 사회라는 생각이 지배적이었다. 상부구조(문화)는 하부구조(경제)의 반영이라는 관념에 따라 자본주의 생산관계가 폐지되면 '표피적인' 충족을 노리는 문화산업도 사라질 것으로 예측했다.

욕구의 '표피성'과 '깊이'를 구분하는 것이 오류인 것과 마찬가지로 사회주의가 되면 현란한 자본주의 문화가 정지될 것이라는 예측 역시 오류다. 아도르노는 이런 오류가 매우 위험함을 경고한다. 자본주의 극복 전망에 대한 잘못된 관념을 유포하기 때문이다. 옛날 산업화 초기에 기계파괴운동을 하던 숙련노동자들이 등장했던 것처럼 사회주의 사회가 되면 일자리를 잃지 않을까 걱정하는 문화산업 종사자들도 있기 마련이다. 문제는 욕구의 소멸을 예측하는 오류가 그들에게 새로운 사회에 대한 전망을 사유할 계기를 박탈한다는 데 있다.

테제7: 욕구의 즉각적인 충족에 대한 물음은 사회적이냐 자연적이냐, 일차적이냐 부차적이냐, 옳은가 그른가 하는 측면에 따라서 설정될 수 없다. 물음은 지구 위에 사는 인간의 엄청난 다수의 고통에 대한 물음과 같이 가야 한다. 모든 사람이 지금 여기에서 가장 긴급하게 필요한 것이 생산되면, 그러면 욕구들의 정당성 문제로 발생한 너무나도 큰 사회심리학적 염려들에서 해방될 것이다. 이 염려들은 오히려 전권을 부여받은 위원회가 욕구들을 분류하는 한편으로 인간이란 빵으로만 사는 것이 아니라면서 그렇지 않아도 너무 적은 빵 배급량의 한 부분을 거슈원의 음반으로 배분해야 한다고 주장하고 나서면서 비로소 발생하는 것이다.

해설: 한때 포스트모더니즘이 탐닉했던 '욕망이론'의 대변자들이 경청해야 할 테제다. 인간이 품위 있는 삶을 영위하기에 필요한 물품목록에서 선두를 차지하는 물자의 부족으로 고통받는 사람들이 지구상에 들끓는 시대에 욕망이든 욕구든 그런 사안에 '대해' 갑론을박하는 이론들이 무성한 사회는 인간다운 삶을 위한 결정적인 요인들이 무엇인지 착각하는 한편 정말 중요한 문제를 방치하는 비정한 사회다. '표피적인 욕구 충족에 머물 것인가 좀 더 고상한 예술작품을 감상할 것인가'와 같은 '자본주의 사회에서 불가피한' 문제를 두고 고민하지 않을 수 없다고 착각하는 개인은 현재 한국사회가 소비재의 과잉공급 시스템을 유지하느라 병들어가고 있음을 직시하지 못한다.

테제8: 오로지 욕구충족을 위한 생산 요청은 그 자체가 욕구들을 위해서가 아니라 지배이윤과 체제안정화를 위해 생산하고 그 때문에 결핍이 생기는 세계에 속한다. 결핍이 사라지면 욕구와 충족의 관계는 변화한다. ⋯⋯시민사회는 이 사회에 내재적인 욕구들에 대해 그 충족을 거부한다. 하지만 그 대신 그 궤도 안에 머물도록 욕구들을 지시함으로써 생산을 고수한다. …… 무계급사회가 실재적인 것과 가능한 것의 차이를 지양함으로써 예술의 종말을 약속하면, 무계급사회는 동시에 예술의 시작을, 자연과의 화해를 가시화하는 경향으로 흐르는 유용하지 않은 것을 약속할 것이다. 이 유용하지 않은 것은 더 이상 착취자를 위한 유용의 수중에 떨어지지 않을 것이기 때문이다.

해설: 이 테제는 한국사회에서 지금 당장 무엇이 넘쳐나고 무엇이 부족한지 제대로 들여다볼 것을 요청한다. 수요가 있으므로 공급을 위한 생산계획을 세운다는 신화는 깨진 지 오래다. 그렇지 않고 필요를 결정하는 시스템이 강요하는 공급을 감당하느라 늘 곤궁함에 시달리는 사람들이 이곳저곳에서 만들어지고 있음이 진실이다. 수요와 공급이 '보이지 않는 손'에 의해 균형을 이루는 자유주의 단계가 한국 자본주의 역사에서 존재했던 적이 없다. 한국은 계획경제로 일관해온 자본주의 사회다. 그리고 어느덧 결핍을 감당하는 사람들의 존재를 주축으로 하는 '한국적 계획'이 사회 전체를 유지하는 시스템으로 굳어졌다. 한국적 공급 시스템은 부당함을 먹고산다.

그래도 아직은 결판나지 않았다고 믿자

지금까지 아도르노의 계급론과 욕구론을 살펴보았다. 서술하면서 지면의 제한 때문에 부분발췌에 의존하여 살펴보느라 비약과 생략을 피하지 못한 아쉬움이 크다. 아도르노의 테제들을 풀어쓰면서 유지한 관점은 계급론을 집단성의 족쇄에서 '해방'시켰을 때 비로소 자본주의가 존속시키는 모순과 착취의 억압 메커니즘을 제대로 파헤칠 수 있게 된다는 것이다. 자본주의는 계속 자신의 학습능력을 과시하고 그 능력을 현실에서 입증하는 위력을 발휘해 왔다. 신자유주의 단계에서 인류는 개개인의 욕구 깊숙이까지 자신의 논리를 관철할 수 있다고 자신하는 자본을 경험하게 되었다. 정말로 자본이 인간의 욕구를 자신의 논리대로 재편하여 휴머니즘 단계에 종지부를 찍고 트랜스휴먼을 주조해낼 것인가. 아직은 완전히 결판이 나지 않은 사안이다.

질풍노도는 필연이다

'밝은 개념'은 '어두운 변증법'을 내장한 구성물이다

"괴테는 『젊은 베르테르의 슬픔』에서 사랑하는 마음이 사회적으로 차단당하자 권총으로 자살하는 주인공을 통해 계몽이 제시한 사적 유토피아의 좌절을 고발하였고, 실러는 『군도』를 통해 계몽이 설파한 자유사상이 구질서를 재편하기에 역부족임을 드러내 사회적 유토피아의 실현 불가능성을 예견하였다."

비합리의 위력

앞에서 아도르노가 '전통주의자'의 면모를 지닌다고 지적한 바 있다. 그런데 그가 계승하는 전통은 고전독일철학에 한정되지 않는다. 고전철학을 배태시킨 18세기 말의 '질풍노도(Sturm und Drang)' 역시 아도르노 사상이 줄을 대고 있는 전통에 속한다. 독일적 전통은 '비합리적' 폭풍을 견뎌내면서 시민사회를 구성하는 과정에 모습을 드러낸 '합리적' 구조들의 흐름을 표면에 내세우지만, 우리가 일반적으로 생각하는 것과 달리 '비합리성' 역시 독일적 전통의 근간을 이룬다. 전통의 합리와 비합리를 모두 계승하려 노력했던 아도르노는 예술이야말로 상반된 두 흐름의 전통을 하나로 모아들일 수 있는 깊은 웅덩이라고 여겼다. 아도르노 사상의 정점인 예술론이 일종의 '사회구성체론'의 성격을 지니게 된 까닭이 여기에 있다.

진보의 상흔이 비판문법을 호출시켰다

18세기 독일 계몽주의 문화운동의 마지막을 장식한 '질풍노도'는 인류문명사에 '비판문법'을 호출한 사건으로 독특한 위상을 차지한다. 계몽은 독일에서 질풍노도의 파괴를 통과하고 칸트에서 출발하는 고전관념론으로 방향을 틀었는데, 1789년의 대혁명으로 정점을 찍은 프랑스 계몽주의와 독일 계몽주의의 변별성에 한국사회는 그다지 주목하지 않는 편이다.

하지만 질풍노도는 대혁명과 마찬가지로 '진보'를 표상할 때 함께 고민해야 할 '상흔'에 해당한다. 개인이 세계를 해명하는 능력을 습득하면 누구든 자기 나름의 행복한 삶을 누릴 수 있다고 열정적으로 독려하던 18세기 계몽주의자들은 개인의 행복추구가 조화로운 사회구성으로 귀결될 것이라고 믿어 의심치 않았을 것이다. 이와 같은 낙관주의는 기독교적 계시신앙의 세속화된 형태일 수 있다. 21세기를 사는 우리는 혁명을 통하든, 질풍노도를 통하든, 계몽이 약속한 대로 행복한 세상이 지상에 쉽사리 도래하지 않을 것임을 잘 안다. 에덴동산은 반복될 리 만무하다. 그처럼 순진무구한 상태로 돌아가기에 인간은 너무 많은 것을 알아버렸고, 그에 따라 인간의 욕구도 단순성을 잃은 지 오래다.

그런데 분석적 해명을 통한 행복추구라는 계몽의 기획 자체에 폭력성이 내장되어 있을지 모른다는 생각은 사실 이미 오래전부터 있었다. 과학적 발견과 자본주의 발전으로 고도문명을 구가해온 서구사회에 '어두운 전통'의 지성사가 '밝은 전통'에 대립하면서 줄기차게 이어져온 까닭일 것이다. 제2차 세계대전의 참화를 딛고 복지국가를 이룩한 독일 연방공화국(서독)의 철학자였던 하버마스는 자신이 속한 학파의 강령서이기도 한『계몽의 변증법』을 '세상에서 가장 어두운 책'으로 규정하면서 밝은 철학전통을 이어가고자 했다. 하버마스의 의사소통행위이론은 밝은 개념의 배면에 잠재된 변증법적 전복의 가능성을 공동체의 '의사소통 망'으로 극복할 수 있다는 신념에서 출발한다. 그런데 이 '의사소통'이 공동체에 배제의 역학을 불러들인다는 사실에 하버마스는 둔감했다. 어쩌면 서독체제의 완성이 급선무라고 생각했을 수도 있다.

뜻하지 않게 무덤에서 제자와 대립각을 세우는 운명을 걸머진 스승 아도르노는 살아생전 계몽의 세계해명능력 자체보다는 계몽의 해명결과가 인간의 삶을 재구조화하는 방식에 이의를 제기했었다. '부정사유'로 표상되는 아도르노의 사상은 고전독일철학 전통과 비합리적 문화유산을 모두 흡수한 결과다. 이런 견지에서 아도르노를 독일 계몽전통의 온전한 계승자로 평가할 수 있다. 독일 계몽주의 문화운동의 마지막을 장식한 질풍노도는 우리에게 개인이 한 사회의 구성원이 되면서 동시에 사회 속에서 자신의 욕구를 실현한다는 시민사회 구성기획의 문제점을 깊이 성찰하게 한다. 아도르노의 이의제기는 바로 '시민사회 구성'의 내재적 모순을 공략하면서 다른 구성방식을 고민하는 과정이었다.

계몽의 '밝은 개념'은 '어두운 변증법'을 이면에 내장한 인위적 구성물이라는 사실을 밝은 개념의 구성물인 개명세상은 곧잘 잊는다. 질풍노도는 밝은 개념에 따른 인위적 질서가 구성원들의 대중적 욕구 앞에서 무기력해지면서 발생한 파괴였다. 독일에서 18세기 말에 폭발했던 질풍노도 운동은 계몽이 현실역사에서 몰고 왔던 사회구조적 폭력의 원형에 해당한다.

자기파괴는 분석적 계몽의 결과다

18세기 유럽 계몽주의를 사회사적 관점에서 고찰하면 '지식의 대중화'라 불릴 만한 흐름이 뚜렷하게 감지된다. 계몽에 대한 개념 정의는 다양한 관점으로 여러 차원에서 진행될 수 있겠지만, 서구 계몽의 전통에서 20세기 후반에 제출되어 현대의 용어사용에 가장 근접한다고 볼 수 있는 푸코의 개념정의에 따르면 계몽은 '이성의 자기선언' 과정이다. 이성이 자신을 감싸고 있던 형이상학적 외피를 뚫고 현실세계에 모습을 드러내는 과정이므로 이 개념에는 이미 정신과 현실이라는 매우 이질적인 두 극점 사이의 역동적인 상호관계가 내포되어 있다고 보아야 한다.

하지만 이 개념은 주로 '선언하는 이성'의 한 측면에서 고찰되었고, 이러한 관점에서 계몽을 이해한 까닭에 연구 역시 실체적 이성을 그 비의적인 형식에서 풀어내는 사람들, 즉 지식인을 중심에 두는 경향이 강했다. 중요한 사상가가 보편정신의 실체적 내용 중어느 부분을 인간의 합리적 구성가능성으로 세속화하는 데 성공하였는지를 논구하면서 인류의 자산으로 등록해온 것이다.

하지만 현실세계에 이성을 적용하는 '계몽'은 세속화된 이성의 내용을 수용하는 사람들을 또 다른 한 축에 두는 패러다임이다. 지식인 못지않게 일반 수용자 역시 필수요건인 것이다. 그럼에도 이제껏 18세기에 대한 연구는 이 수용자층에 대해서는 소홀한 편이었다. 새로운 발견과 지적 진보에 주목하는 사이, 정작 계몽의 내용이 적용된 결과인 현실에 발 딛고 살면서 계몽의 결과를 감당하는 사람들에 대해서는 구체적으로 관심을 두지 않았던 것이다.

사정이 이렇게 된 데에는 무엇보다도 18세기 계몽의 결과를 프랑스대혁명으로 상징되는 '부르주아 혁명'의 성패 여부로 판단하는 역사철학에 원인이 있을 것이다. 프랑스에서 계몽주의는 '자유로운 개인의 해방'이라는 이념을 기본 축으로 하여 부르주아지가 새로운 세력으로 등장하는 시기에 이 세력과 연대하였다. 자유주의 부르주아는 혁명을 구시대의 신분질서에서 해방된 개인이 자유로운 구성원으로 참여해 공동체를 구성한다는 시민사회 이념의 실현과정으로 이해하였다. 이에 따라 구질서 타파의 결정적 힘이었던 '자본'이 시민사회의 이념인 '자유'와 하나로 묶일 수 있었던 것이다. 프랑스혁명을 통해 자유는 자본의 힘과 결부됨으로써 부르주아의 이데올로기가 되었다.

하지만 독일은 신분제 사회에서 시민사회로 가는 이행기를 '혁명부재' 전통이 시작되는 발원지로 만든 경우다. 시민혁명이 좌절된 이후 모든 혁명적 시도가 좌절되는 독일적 '전통'을 이어갔기 때문이다. 몇몇 실패한 시도가 이어지다가 1848년 3월의 봉기를 마지막으로 자유주의 부르주아적 계몽에 대한 기대는 완전히 사라지게 된다. 혁명주도층의 미성숙으로 역사적 파행을 면치 못한 독일이 진보의 역사철학에 미친 영향은 자못 심대하였다. 계몽의 수용자층이 스스로를 해방하는 '개인'에서 사회구조적 '집단(부르주아지 혹은 프롤레타리아)'으로 환원되는 결과를 초래했기 때문이다. 혁명은 계몽이 해방시킨 개인에 집단적 귀속성을 부여하는 패러다임을 정착시켰고, 시민사회는 '사회구조적 분석'에 제반 문제들의 해결을 의탁해왔다.

독일 지식인들은 세계사적 당위인 부르주아 혁명을 성사시키지 못했다는 자괴감에 오랫동안 빠져 있었다. 그 때문에 '독일적 깊이'를 화두로 삼기 시작했는지도 모른다. 자괴감을 극복하는 일환으로. 19세기 독일 낭만주의가 '협소한 분석'의 차원에 머문 사회적 계몽의 한계를 극복하고 인간적 가능성을 무한하게 펼치는 동력으로 비합리성을 내세우는 독일의 문화전통을 일궈내자 18세기 '질풍노도' 역시 인간의 내면 저 깊은 곳에 깃든 진솔한 목소리의 발현으로 자리매김되었다. '질풍노도'의 '일탈'을 계몽의 일환으로 파악하는 흐름이 한층 힘을 받으면서 칸트가 수행한 '비판의 기획'이 사회사적으로 보았을 때 질풍노도의 역사적 귀결이라는 통찰도 모습을 드러내었다.

물론 질풍노도 시기에 칸트 이전과 이후를 직접적으로 연결할 만한 계몽사상가가 있었던 것은 아니다. 이 시기는 칸트의 비판철학을 떠받들고 있는 합리적 정서가 발붙일 틈이 없는 격정의 시기였다. '질풍노도'는 철두철미 문학운동으로 진행되었으며, 패러다임을 결정한 이들은 청년기 괴테와 실러를 비롯한 젊은 문인들이었다.

괴테(Johann Wolfgang von Goethe, 1749~1832)는 『젊은 베르테르의 슬픔』(1774)에서 일부일처제의 장벽에 걸려 사랑하는 마음이 사회적으로 차단당하자 권총자살로 몸을 파괴하는 주인공을 통해 계몽이 제시한 사적 유토피아의 좌절을 고발하였고, 실러(Johann Christoph Friedrich von Schiller, 1759~1805)는 『군도』(1781)를 통해 계몽이 설파한 자유사상이 구질서를 재편하기에 역부족임을 드러내 사회적 유토피아의 실현 불가능성을 예견하였다.

개인적으로나 사회적으로 출구가 없는 상황이었다. 이행기에 개인과 사회를 엄습한 출구 없음의 정서는 분명 사회혁명의 부재에서 비롯되는 것이었다. 사회 모든 분야에서 구조적인 재편이 요청되는 시기에 옛 질서가 완강하게 버티고 있던 까닭에 계몽을 선도한 지식인층을 중심으로 변화에 대한 욕구가 좌절의 정서로 탈바꿈되는 상황이 전개되었던바, 이런 상황에서 자유의지를 '지금, 여기에서, 직접' 확인하고 싶었던 젊은 층이 존재했다는 사실 자체에는 자연스러운 일면이 있다. 어느 사회에서나 볼 수 있는 청년기 문화에 해당된다고 할 수 있기 때문이다. 그리고 그런 문화를 선도하고 한동안 영향력을 행사하는 예술가들의 등장 역시 그다지 특이한 일은 아니다.

이 운동의 특이성은 다름 아닌 수용자층의 반응에서 관찰된다. '질풍노도'에 휩싸인 독일의 이 시기가 인류의 문화사에서 독특한 위상을 차지하게 된 요인은 괴테와 실러를 비롯한 고전작가들의 청년기 작품들이 행사한 전무후무한 대중적 영향력에 있었다.

소설 『젊은 베르테르의 슬픔』은 모든 것을 스스로 결정하는 이른바 '자율적'인 인간에 관한 이야기다. '비인간적인' 관계(직업생활과 사교계)를 떠나 소박한 자연환경 속에서 자신을 회복하고 싶었던 주인공은 (소설 도입부 참조: "훌쩍 떠나온 것이 나는 얼마나 기쁜지 모른다! 친구여!"[1]) 로테와 만난 후 자신의 내부에 아직 손상당하지 않은 자연이 살아 있음을 깨닫는다. 하지만 로테를 통해 자연과 합일하고, 그리하여 자신을 하나의 통일된 주체로 정립하려는 주인공의 기획은 시민적인 관계 속에서 실현 불가능한 것으로 판명된다. 시민사회가 자연에 질서를 부여하는 방식으로 도입한 일부일처제 때문이다. 『젊은 베르테르의 슬픔』은 이 제도에 대하여 연애와 결혼을 하나로 묶는 처사가 과연 정당하냐고 강력하게 따져 묻는다.

연애와 결혼을 하나로 묶은 시민적 결혼은 원래 인간의 마음과 사회제도가 그럭저럭 같이 가리라는 믿음, 아니 그래야만 한다는 당위를 전제로 하여 출발하였다. 이런 당위만이 봉건사회가 내세우는 '자연'을 거역할 수 있었기 때문이다. 서양 중세의 봉건제는 타고난 혈통에 따르는 위계질서를 자연이라 상정하면서 개인과 사회제도를 모두 이 '자연'에 복속시켰다. 자연에 어긋나는 행위를 하면 벌을 받았을 뿐 현실에 신분제의 위계질서를 세운 '피의 요구'에 대해서는 이의를 제기하지 않았다. 중세의 귀족들은 마음과 몸이 이끌리는 대로 이성과 짝짓기를 했지만 결혼할 때는 이 '자연적인' 신분의 요구에 충실하였다.

계몽을 시작하면서 중세의 자연은 척결해야 할 대상으로 되었고, 누군가를 좋아하는 내면의 '느낌'이 자연의 자리에 오르게 된 것이다. 시민사회는 이 계몽된 자연을 사회구성의 필수 불가결한 요인으로 받아들였다. 그런데 얼마 가지도 않아 이 '느낌'이 항상 자연스럽게 몸과 머리의 요구에도 부합하는 것이 아니라는 사실이 드러났다. 심장은 나름의 독자적인 권리를 가지며, 이를 사회적으로 실현하려는 의지도 지닌다.

이미 약혼관계가 성립된 남녀 사이에 뒤늦게 뛰어든 베르테르의 몰락은 '심장의 순수함'이 더 정당하다고 믿는 데서 시작되었다. 순수한 심장은 계산을 할 줄 모른다. 한번 빼앗긴 심장을 약혼자가 있다고 해서 거두어들일 수 없는 베르테르는 두뇌와는 다른 논리에 따라 움직이는 심장을 지닌 '문명인'이다. 그런데 '문명화된' 짝 짓기 제도인 일부일처제가 심장의 순수성을 가로막는 최대 걸림돌로 되는 역설이 나타났다. 베르테르는 심장의 계몽을 실현할 기회를 얻지 못한다. 베르테르의 권총자살은 감정이 몸을 파괴할 만큼 강력한 변수임을 드러내는 허구다. 감정이 그렇게 큰 힘을 가지고 있음을 인류는 그때까지 공식적으로 확인한 적이 없었다.

신분제 질서가 완강해서 돈이나 권력의 분배과정에서 큰 변동을 기대할 수 없었던 시기, 사람들 사이에서 중요하게 여겨졌던 정서적 요인은 명예심이었다. 그런데 사랑하는 감정이 새로운 변수로 등장한 것이다. 이 사실을 역설하는 작품으로 괴테의 소설은 미학적으로나 문학사적으로 충분한 가치를 인정받을 수 있다.

하지만 주인공의 권총자살을 모방하는 노란 조끼 청년들의 등장은 미학적인 차원을 넘어서는 문제가 아닐 수 없다. 사회사적 고

찰대상인 것이다. 18세기 말 20여 년의 독일역사가 지니는 세계사
적 의미는 바로 이 사회사적 요인에 있다. '격정의 파괴성'을 인류
역사상 최초로 사회적 차원에서 확인하게 해준 '사건'으로 기록되
기 때문이다. 그런데 여기에서 한층 주목해야 할 사항은 질풍노도
의 파괴가 자기파괴였다는 사실이다. 파괴가 자기 자신에게로 방
향이 잡혀 있음으로써 여타의 파괴, 즉 혁명적 파괴나 전쟁으로 인
한 파괴와는 다른 '인문학적 파괴'의 전형을 이루게 되는바, 예술
문화운동의 사회사적 의미를 사회운동의 역사적·사회적 의미와
다른 각도에서 파악할 필요가 여기에서 발생한다.

베르테르는 연적을 파괴 대상으로 삼지 않는다. 자신이 사랑하
는 여자와 약혼한 상태인 남자 알베르트의 인격적 현존이 아니라
그런 삼자 관계를 만들어내는 현실을 부정했다. 베르테르는 남녀
의 사랑이라는 '감정'과 일부일처제라는 '제도'가 사람들 사이에
만들어내는 불합리와 부조리를 받아들일 수 없었을 뿐이다. 그리
고 실제로 작품에서 '제도'에 대한 고려가 아직 심각하지 않은 단
계에서는 삼자가 일종의 '감정의 유토피아' 수준의 조화로운 만남
을 이어간다. 셋의 개성은 사교를 통해 서로 보완하고 자신을 더
높은 수준으로 형성하게 한다.

베르테르의 고뇌는 로테와 알베르트의 결혼이 현실로 인지되면
서 시작되며, 고뇌와 더불어 감정도 더 증폭되고 끝내 폭력적인 양
태로 치닫는다. 베르테르의 고뇌는 마음에 든 여인을 사랑하는 자
신의 감정에 뿌리를 둔 것으로, 약혼자 알베르트보다 늦게 등장한

그를 위한 현실적인 해결책은 처음부터 차단된 채 작품이 전개된 다고 보아야 한다. 왜냐하면 감정이란 원래 그 자체로서 온전하게 현실에서 실현되어야만 하는 것으로 나눌 수 있는 물건이 아니며, 교환의 대상은 더욱 아니기 때문이다.

이 '감정'이라는 이름값을 하려면 여자를 사랑하는 마음 역시 절대적으로 통째인 채 움직여야 한다. 따라서 감정은 마음속의 일로서 일종의 이념의 위상을 지니는 것이지 이런저런 현실적 처리의 대상일 수 없다. 그런데 그 사랑의 이념을 베르테르는 현실에서 실현하고자 하였다. 현실에서 실현 가능성을 찾지 못할수록 이념은 마음속에서 더욱 순수한 형태를 확인하게 된다. 이념형으로 옮겨앉은 이른바 '불륜의 감정'은 내면에서 더욱 증폭되다가 스스로 감당할 수 없게 되는 지경에 이른다. 사회구조적인 모순(일부일처제)을 내면의 감정으로 이동시킨 베르테르는 해결책을 자기파괴에서 찾는다. '모순의 내재화'라는 독일 인문학의 모델이 등장한 것이다.

실러의 극작품 역시 독일적 모델을 발전시켰다는 점에서 마찬가지다. 『군도』의 주인공 카를(Karl)은 현실과의 불화를 자신이 속한 계층으로부터의 일탈(귀족의 신분을 버리고 반도(叛徒)의 두목이 됨)로 갚으려고 한다. 현실의 저열함 때문에 자유의지를 관철할 수도 없고 귀족으로서의 품위마저 지킬 수 없게 되자 사유와 행동에서 자기파괴적으로 되는 것이다.

하지만 약탈을 일삼으면서도 자유의지를 지닌 귀족 출신이라는 정체성[2]을 완전히 포기하지는 않는다. 멋있는 도둑이 되고 싶은 주인공은 자신의 애인에게 총을 겨눌 수 있는 사람은 자기밖에 없다고 생각한다. 자살로 쉽고 편하게 생을 끝내는 방법을 택하지 않고 체포되어 자신의 악행을 몸소 보상하고자 한다. 더구나 자기 목에 걸린 현상금을 가난한 이가 수령할 기회도 제공하겠다고 나선다. 자신의 행위와 정체성을 일치시킬 수 없었던 주인공은 결말 부분에 가서 객관세계의 착종을 모두 자신의 도덕적 판단으로 이전시킨다.

질풍노도를 불러일으킨 인문학적 파괴는 이처럼 '모순의 내재화'와 '정치의 도덕화'라는 역사적 조건을 지닌 것이었다. 혁명부재로 인한 구조적 모순을 내부갈등의 요인으로 걸머지고 갈 수밖에 없었던 까닭에 독일은 자기 자신을 향하는 파괴충동에서 자유로울 수 없는 나라가 되었다. 질풍노도의 역사철학적 의미는 이 파괴충동이 지식층의 전유물이 아니라 사회 전반적으로 공유되었다는 사실에 있다. 독일은 자기파괴를 역사적 경험으로 보존하고 관리하는 나라다.

내면세계의 사회성

독일의 질풍노도에서 확인된 '격정의 파괴성'은 인간에게서 객관현실과 내면세계가 서로 긴밀하게 연관되어 있음을 증명하는 것이었다. 아울러 인간은 절망적인 상황에서 그 상황에 굴복하지 않고 그로부터 벗어나려는 의지를 지닌 존재라는 확인도 있었다.

자신이 좌절할 수밖에 없는 원인을 분석하는 인간은 내면에서 자유의지를 지속할 수 있다. 비록 현실의 구조적 한계 앞에서는 좌절할 수밖에 없는 미약한 개인에 불과하지만, 그래서 분석 결과를 자신에게 적용하고 자기파괴의 길로 나아갈 수밖에 없지만, 극복의지와 분석능력만큼은 포기하지 않는 것이다. 감정으로 몸을 파괴한 독일식 자유의지는 이념의 세계를 발견하는 성과를 거두었다. 이 신천지는 현실의 벽에 부딪혀 좌절한 경험을 바탕으로 더 이상 현실적 구성에서 실패하지 않기 위해 구성의 가능성과 한계를 세세하게 따지고 치밀하게 구분하면서 논구한 칸트에 의해 마침내 현실과 접속하게 되었다.

칸트 이후 체계적 완성을 추구하면서 발전해나간 독일관념론은 이념을 현실세계에 도입하는 방안을 모색하여 플라톤(Plato Platon)이 그어놓은 가상과 이데아의 경계선을 무너뜨렸다. 관념론자들은 이념과 현실이 완벽하게 일치할 수 있음을 증명하고자 하였다. 이 통합의 의지로 인간이 구비하고 있는 능력 일체를 각 부분의 가능성에 따라 해명하면서 그 부분들이 서로 관계를 맺어 전체로 모아지는 과정을 추적해나간 끝에 관념론 체계를 구축하였다.

여기에서 부분과 전체의 변증법적 통일이라는 독일관념론 특유의 논리가 현실과 이념을 잇는 방법론으로 정착되었다. 따라서 관념론 체계가 양식화한 부분과 전체의 변증법은 개별능력이 현실적 구성에 참여하는 지분들을 엄격하게 계산한 후 더 많은 구성이 가능하도록 짜 맞춘 총체적 구성의 설계도에 해당한다. 관념론자들은 결코 사상의 누각을 짓지 않았다. 독일관념론 체계는 객관과 주관의 조응 가능성을 확인하는 데서 출발하였고, 질풍노도의 격랑 속에서, 바로 객관적 파괴의 순간에 그 파괴가 주관적 능력의 현실적 적용임을 확인하고 그 확인을 체계구상의 동력으로 삼은 사유의 산물이다.

이러한 '확인'을 토대로 칸트가 비판 패러다임을 발전시켰다는 견지에서 이 시기의 격정을 계몽의 한 과정으로 받아들이는 것이다. 칸트의 비판철학은 인간이 지닌 '비합리적 성향'과 '합리적 규정능력'의 변증법적 통일을 하나의 패러다임으로 확립한 체계다. 칸트가 인간에게 심어져 있는 세계파악능력을 '합리'와 '비합리'의 구도에서 제각기 그 한계와 가능성을 규명해내기까지는 앞에서도 언급하였듯이 사회문화 운동으로서의 '질풍노도'가 결정적인 계기로 작용하였다. 질풍노도는 합리주의 전통이 강한 독일사회를 일시적으로 뒤흔든 '일탈'이 아니라 독일 문화지형이 현재와 같은 독특한 모습으로 자리 잡게 한 필수요인이었던 것이다.

이렇게 하여 '질풍노도'는 합리주의적인 계몽사상이 '혁명'을 통해 자기실현의 기회를 얻지 못하고 구조적 한계에 직면하였을 때, 전혀 다른 방식으로 계몽의 이념을 실현하려는 의지의 산물로 자리매김하였다. 이런 '해석'과 '자리매김'이 중요한 까닭은 현실적으로 한계상황에 직면하였을 때 '합리주의적' 틀에서 벗어난 인간의 능력이 현실의 구도 자체를 '재배치'하는 역량을 발휘할 수 있다는 사실을 거듭 확인하게 해주기 때문이다.

독일의 '이상주의적' 문화지형은 객관현실이 제기하는 모순의 복합체를 현실적 가능성이 아닌 **인간적 필연성**에 따라 재구조화하는 사례를 남겼다. 칸트가 정초한 고전관념론은 합리주의 전통을 확대 발전시키면서 인간의 '서로 다른' 두 능력의 통일을 지향하는 길로 나아갔다. 고전독일철학이 인류의 지적 유산으로 내놓은 변증법적 방법론은 객관적 현실과 인간의 파악능력 사이에 가로 놓인 간극 그리고 거기에서 발생하는 긴장을 인간의 의식활동에 포섭해 들였다. 긴장을 해소하지 않고 의식활동의 동력으로 삼은 변증법은 사유를 확장하는 결과를 불러왔다. 변증법은 역동적인 사유에 대한 명칭으로 자리 잡았다. 사유의 역동성이 변증법으로 정식화되는 과정은 이처럼 계몽의 자기실현과정에 등장한 이원구조에 근거를 둔다고 할 수 있다.

'질풍노도'는 계몽의 약속을 이행할 수 없는 사회현실을 목도한 문인들이 그 약속의 근원적 이율배반을 지적하면서 시작되었으므로 이 역시 계몽 지식인이 촉발한 운동임이 분명하다. 하지만 괴테 스스로 자신의 소설에 일명 '베르테르 효과'를 경고하는 문구를 추가할 수밖에 없었던 사정에서 볼 수 있듯이 계몽 담당자가 격정의 파괴성을 의도한 것은 아니었다. 괴테도 실러도 그처럼 파국적인 결과를 불러오리라고 예견하지 못하였다. 이성 자체에 파괴성이 내재하였음을 18세기에 간파할 수 있었던 사람은 없었다. 하지만 이성은 이미 중세의 초자연적 형이상학을 무너뜨리는 과정에서 엄청난 파괴력을 행사한 전력이 있었고, 18세기로 접어들면서 일반인들을 향해 자신의 분석력을 무기로 세상을 해명하라는 요청을 강력하게 내린 상태였다.[3]

처음에 머뭇거리던 일반인들은 차츰 계몽의 지시를 받아들였고, 현세의 행복을 추구하는 계몽주의 문화운동이 한 세기 가까이 진행된 끝에 차츰 분석적 파괴가 세계에 대한 합리적 해명으로 귀결되리라는 '믿음'을 갖게 되었다. 그런데 일반인들이 이성의 주장, 즉 엄청난 용기가 필요한 자기계몽에 승복한 것은 이성이 '더 나은 삶'을 약속했기 때문이다. 따라서 계몽주의시기에 이성의 자기주장은 사회구조적으로 직접적인 결과를 초래할 수밖에 없었다. 그 결과 18세기는 격동의 세기가 되었다.

'오성사용의 용기'는 미신타파와 생산력 증대로 개인이 현실에서 행복한 삶을 꾸리는 동력이 되어야 했다. 하지만 오성의 분석력은 용기를 발휘하는 사람이 '행복'을 어떻게 표상하느냐에 따라 개인적 절망의 사회적 관철인 공동체 파괴로 나타날 수 있었다. 계몽의 낙관주의가 주관적 비관주의로 전도되는 순간은 모든 이에게 '평등한 기회'를 약속한 시민사회가 인류의 역사에 모습을 드러내는 순간 예정된 미래로서 이미 현실의 일부분을 이루게 된다. 시민사회는 모든 것이 그 반대의 것으로 전복될 가능성을 구성가능성의 발판으로 삼는 기획이다. 전복이 프로그램인 구성기획인 것이다.

질풍노도의 파괴를 딛고 조화로운 이상(Ideal)을 추구하는 고전 관념론으로 넘어가는 독일 근대 사상사는 세계적인 문호 괴테와 실러의 개인사와도 직결된다. 두 사람 모두 젊은 시절 자유의 이상에 몸과 마음을 투신한 격정의 시기를 보낸 후, '바이마르 고전주의'라는 독특한 문예운동을 통해 근대 시민사회 구성의 새로운 패러다임을 제시하는 데 힘을 합쳤다. 자기형성이라는 의미에서의 교양(Bildung)이 독일에서 민주 시민사회 구성원이 될 자격으로 굳어지는 데에는 두 작가의 작품들이 적지 않은 영향을 미쳤다.

21세기에도 그들의 작품은 교양시민의 독서목록에 오른다. 시공간적으로 많이 떨어져 있는 한국의 독자들에게도 추천할 만한 독서목록이다. '밝은' 계몽이 왜 세상을 계속 명랑하게 유지하지 못하는지 밝혀주는 작품들이기 때문이다. 개명세상은 늘 어두운 비합리의 도전에 직면하게 되는바, 그 어두움의 진원지가 바로 개인의 내면임을 두 거장의 작품은 일깨워준다.

자유주의와 파시즘

강하고 자유로운 개인이 자유부르주아지로 남을 수 없을 때

"오늘날 불안이나 어떤오진크라지, 조롱받거나 혐오의 대상이 되는 성격의 징후들은 인류의 폭력적 진보가 만든 상흔으로 볼 수 있다. 이러한 일련의 흐름은 파괴의 과정이면서 동시에 문명의 과정이다. 매 발자국은 진보였으며, 계몽의 한 단계였다. 근세의 계몽은 처음부터 급진주의 표식을 달고 출현했다."

계몽의 변증법

로베스피에르: 당통, 악덕이 때로는 대역죄가 될 수 있어.

당통: 악덕을 너무 매도하지 말게. 진정으로 하는 말이야. 그
건 배은망덕한 일일지도 몰라. 자네는 악덕에서 너무 많은 덕을
보고 있어. 말하자면 악덕과 대조되면서 말이야.[1](『당통』, 118쪽)

이제 아도르노의 사상을 본격적으로 천착할 차례가 되었다. 앞
의 세 장에서는 아도르노 사상을 이해하는 데 도움이 될 배경지식
을 정리해보았다. 그런데 본격적으로 시작해야 할 시점에서 뷔히
너(Georg Büchner, 1813~37)의 극 「당통의 죽음」에 나오는 위 대
사를 한번 읽어보자고 제안하는 것은 『계몽의 변증법』으로 넘어가
는 더없이 훌륭한 디딤판이라 생각하기 때문이다.

'변증법'은 우리 인간의 활동반경 안에 존재하는 두 극점 사이
의 운동이다. 그리고 시공간이 조건인 물리세계에서 삶을 영위하
는 한, 한 인간에게 두 극점을 모두 아우를 만큼 큰 통찰이 허용되
지는 않는다. 파국의 역학은 여기에서 발생한다. 자신에게 의식되
기는 하나, 어떻게 감당해볼 도리가 없는 내부의 이질적 요인을 타
인에게 전가하면서 도려냈다고 믿는 주체는 자신의 타자와 악무
한적인 전투에 돌입하게 된다. 전투가 정지되면 폐쇄회로가 무너
지면서 파국을 맞는다. 이런 파국이 필연이라는 진리를 두려워하
는 인간들에게 경종을 울리기 위해 아도르노는 호르크하이머와

함께 『계몽의 변증법』을 썼다.

분석과 변증법

이왕 내친 김에 뷔히너의 대사들을 계속 인용해보겠다. 자유주의 이념이 실제 변혁의 역사에서 순탄치 않은 길을 가면서 굴곡진 그늘을 드리우게 되는 과정을 돌아보게 하는 대사들이다. 이런 어둠의 그늘은 그런데 필연이었다. 뷔히너는 실제 사료에서 대사들을 취하였다. 작가는 혁명가들의 연설문에서 중요한 문구들을 발췌하고 반성과정이 중단되지 않도록 재배치하여 극작품을 완성했다.

에롤: 혁명이 재정비단계에 들어섰어. 혁명이 중단되고 공화국이 시작되어야 해. ……누구나 마음대로 인생을 즐길 수 있어야 해. 하지만 누구도 남의 즐거움을 희생시키며 즐겨서는 안 되고, 남의 고유한 즐거움을 방해해서는 안 돼.(『당통』, 84쪽)

당통: (밖으로 나가면서) 궁지에 처한 내가 자네들에게 예언하겠어. 자유의 여신상은 아직 주조되지 않았어. 용광로가 이글거리며 끓고 있어. 우리 모두 손을 델지도 몰라. (퇴장)(『당통』, 86쪽)

생쥐스트: ……그럼 이제 여러분께 묻겠습니다. 혁명을 수행할 때 정신적 자연을 물리적 자연보다 더 배려를 해야 한다는 말입니까? 물리법칙과는 달리 이념은 자신에게 저항하는 존재를

말살해서는 안 된다는 말입니까? 도덕적 자연, 즉 인류의 전체 모습을 바꾸어놓는 사건이 피를 통해 일어나서는 안 된다는 말입니까? 세계정신은 물리적인 화산폭발이나 홍수에서와 마찬가지로 정신적인 영역에서도 우리의 팔을 사용합니다. 인간이 전염병으로 죽든 혁명으로 죽든, 무슨 상관이란 말입니까? ……혁명은 인류를 다시 젊어지게 하기 위해 갈기갈기 찢어놓습니다. 홍수의 거친 물살을 헤치고 대지가 육중한 팔다리로 몸을 일으키듯, 인류는 마치 처음 창조되는 것처럼 피의 솥에서 몸을 일으킵니다.(『당통』, 155~158쪽)

자유의 여신상은 21세기가 된 오늘날까지 여태 주조되지 않았다. 혁명의 나라 프랑스가 신생 자유의 나라 미국에 1886년 선물한 자유의 여신상은 본분인 '세계를 비치는 자유(Liberty Enlightening the World)'의 상징은 그냥 허공에 떠위둔 채 팍스 아메리카나의 홍보대사 역할을 무한정 사랑했다. 자유가 '새로움'의 단계를 배가할 때마다 여신상은 자유의 섬(Liberty Island)에서 권력의 집중을 즐겼다. 관광객은 '신자유주의'가 풀어헤쳐 놓는 고전적인 노동의 질서를 소비의 질서로 대체하면서 용광로를 계속 달군다.

20세기에 자유의 역사는 마르크스의 예견처럼 비극과 소극(笑劇)의 '변주'로 반복되지 않았다.[2] '누구도 남의 즐거움을 희생시키며 즐겨서는 안 되고, 남의 고유한 즐거움을 방해해서는' 안 되도록 틀이 잡힌 공화국을 인류는 아직 경험하지 못하였다. 그 대신 처음 피를 부르면서 등장한 공화국의 실험이 현실역사에서 희극으로 변주되지 않고 제국주의와 파시즘의 야만으로 전복되는 쓰라린 경험을 하게 되었다.

'누구나 마음대로 인생을 즐길 수 있어야 [함]'을 이념으로 내세우고 이성의 빛으로 밝혀 세상에 널리 알린 계몽이 그 이념을 실현하기 위해 공화국이 필요하다는 사태 자체가 인류에게 부과된 역사철학적 난제일 것이다. 이 난제에 도전하면서 『계몽의 변증법』은 패착의 연원을 파헤쳐 패인을 발본색원하겠다는 의지를 내세운다. 선택한 전략은 '계몽이란 무엇인가'라는 이론적인 물음의 역사철학적 귀결에 대한 분석이다.

그런데 분석하면서 나가다보니 계몽의 발생 자체가 결함을 떠안고 시작한 것이고, 그동안 인류는 계몽의 근본적인 한계를 극복하는 역량을 발휘하기는커녕 오히려 무한정 증폭시키는 방향으로 역사를 이끌어왔다는 사실이 밝혀졌다. 계몽의 내부모순이 처음부터 분명했음에도 이 사실을 외면한 결과 인류가 20세기에 파시즘이라는 파국을 겪게 되었다는 논리가 이 책의 기조를 이룬다.

"오늘날 불안이나 이디오진크라지, 조롱받거나 혐오의 대상이 되는 성격의 징후들은 인류의 폭력적 진보가 만든 상흔으로 볼 수 있다. ……이러한 일련의 흐름은 파괴의 과정이면서 동시에 문명의 과정이다. 매 발자국은 진보였으며, 계몽의 한 단계였

162

다. ……시민계급을 권좌에 올렸던 도구, 즉 제반 힘들의 해방, 보편적 자유, 자율, 한마디로 말해 '계몽'은 시민계급이 지배체제로서 억압의 주체가 되자 이 계급에 등을 돌리게 되었다. …… 예전의 이데올로기가 지배에 충실하게 봉사했다면, 계몽은 더 이상 그렇게 하지 않는다. 계몽의 반권위적 경향, 이성 개념 속에 있는 저 유토피아와 잘 조응할 수 있는-물론 지하세계에서만 가능하겠지만-이 경향은 계몽을 귀족계급만큼이나 시민계급에게도 결국은 적대적인 것으로 만든다. 그 때문에 귀족계급과 시민계급은 재빨리 연대를 형성하게 된다. 계몽의 반권위적 원리는 궁극에 가서는 계몽 자신의 대립물로, 즉 이성 자체에 반대되는 심급으로 변한다. 이 반권위적 원리가 시행하는 자체로 구속력 있는 것들의 폐기는 지배자로 하여금 그때그때 자신에게 유리한 구속들을 명령하고 조작할 수 있는 여지를 허용한다. …… 지배적인 생산방식에 얽매이게 된 계몽은 억압적이 된 질서의 밑을 파헤치려 노력하지만 오히려 그 자신을 해체하게 된다."[3] (DA, p.99~100)

이 '계몽의 자기해체 경향'을 제일 먼저 역사의 공론장에 등록한 경우가 아마도 위에 인용한 생쥐스트(Louis Antoine Léon de Saint Just)의 연설일 것이다. 프랑스혁명 당시의 사료들을 면밀하게 연구한 독일의 극작가 뷔히너는『당통의 죽음』을 구상하면서 '기록극'이라는 새로운 극형식을 창출하였다. 극 중 혁명가들이 단상에서 진행하는 연설은 대부분 실제 연설문에서 차용한 문장들로 짜여 있다. 분석적 파괴의 정수를 보여주는 생쥐스트의 연설도 마찬가지다.

"사물의 본질을 통찰하는 행복감"[4]을 목표로 하지 않는 단순한 지식을 숭상하고 '존재를 로고스(Logos)와 그 바깥에 있는 사물과 생명체의 덩어리(Masse)로 나누는'[5] 자연과학적 계몽이 혁명을 어떤 방식으로 이해하게 되는지, 그 첫 예시를 우리는 이 기록극에서 생생하게 추체험할 수 있다. 로고스와 '그 바깥으로서의 자연'이라는 관념은 근대 주체의 발생과 맥을 같이하는 것인데, 정신능력의 담당자로서 주체는 이 관념을 통해 자연을 지배하고 드디어 주체로 우뚝 섰음을 확인하게 된다. 주체의 자기정립과 더불어 자연은 주체의 승리를 확인해주는 객체로 전락한다. 주체와 객체의 분리는 근대 계몽의 고유한 특징이다.

> "근세의 계몽은 처음부터 급진주의의 표식을 달고 출현했다. 이것이 근대의 계몽을 그 이전 단계의 어떤 탈신화화와도 구별시킨다."(DA, p.99)

'계몽된' 주체라면 '계몽의 용기'를 발휘해야 한다. 아무리 고통스럽더라도 로고스와 자연의 분리를 현실에 적용하고 그 결과를 감당해야 하는 것이다. 지상에 유토피아를 실현하기 위해 인간오성(der Versatnd des Menschen)과 사물의 본성(die Natur der Sache)의 '행복한 결합'을 추진한 계몽이 가부장적 결혼[6]으로 전락했음을 계몽의 역사철학적 귀결에서 확인하는 기획을 추진하는 이 책은 정작 원인 규명 과정에서는 적용결과인 현실로부터 시선을 거두어 계몽의 내부구조 분석으로 '초월'한다. 칸트에서 시작된 독일 비판철학의 전통을 잇는 것이다. 그러면서 저자들은 계몽이 정작 실행단계에서 구체적으로 어떤 힘을 발휘했는지를 규명하기 위해서라고 항변한다.[7] 그리고 메타 차원의 분석을 진행한 끝에 근대 계몽의 급진성에 원인이 있다는 결론을 내놓는다. 오늘날 우리가 '과학주의'로 명명하는 이 급진성은 '전통의 대가들을 경멸했던' '실험철학의 아버지' 베이컨(Francis Bacon, 1561~1626)이 이미 잘 설명해준 터다.

"……이 비슷한 것들이 인간의 오성과 사물의 본성이 행복하게 결합하는 것을 방해하고는 오성을 공허한 개념이나 무계획한 실험과 결혼시켰다. 그들이 자랑스러워하는 이러한 결합의 결과나 열매가 무엇인지는 어렵지 않게 생각해볼 수 있다. 인쇄기는 조야한 발명품이고, 대포는 이미 익숙한 물건이고, 나침반은 이전부터 어느 정도 알려진 것이었다. 그렇지만 이 세 가지 물건이 얼마나 놀라운 변화를 가져왔는가. ……그러므로 인간의 우월성은 의심할 여지없이 '지식'에 있는 것이다. 지식은 많은 것을 자신의 내부에 간직하고 있다. ……우리는 말로만 자연을 지배할 뿐 자연의 강압 밑에서 신음하고 있다. 그렇지만 우리가 자연의 인도를 받아 발명에 전념한다면 우리는 실제로 자연

위에 군림할 수 있을지도 모른다."(DA, p.9~10)

베이컨의 꿈은 실현되었다. 우리는 지금 그의 꿈이었던 현실에서 산다. 그런데 바로 그의 '꿈'은 서구 지성사에서 비판문법이 어떤 정황에서 요청되기 시작했는지를 알려준다. 바로 계몽과 진리가 서로 멀어지기 시작했기 때문이다.

그렇다면 독일 비판철학의 전통을 계승하는 이 책의 저자들이 꾸었던 꿈은 무엇이었던가? 베이컨의 꿈이 실현됨과 더불어 비판문법이 절실해지지 않았는가? 계몽과 진리의 거리를 좁히는 긴장이 자연과학적 계몽에 일방적으로 밀리지 않고 함께 생생하게 역사현실을 각인하는 세상에서 살고 싶은 것이 아도르노의 꿈이었다고 상정해볼 수 있다. 하지만 이 꿈은 꿈으로서도 자리를 잡지 못한 터였다. 그래서 계몽과 진리의 분리에 현실정치적 파탄의 원인이 있음을 강조하는 책을 쓰는 작업에 매진해야만 했다. 이 분리 과정 자체는 '이성의 자연지배'라는 표현으로 요약하였다. 이 문제는 제5장에서 자세하게 살펴본다.

근대계몽이 표식으로 달고 나온 급진주의에 날개를 달아준 것은 자본주의였다. 계몽의 급진성은 진리를 포기하는 대가로 생산력의 비약적 발전을 서구인들에게 안겨주었고, 학문은 '진리에의 추구'를 본분으로 하는 것이라는 발생사적 진리를 망각한 대학이 자체 조직의 확대 발전에만 골몰해도 사회 시스템으로 수용했다. 인류 역사상 처음으로 '진리'라는 개념을 계몽의 대상으로 삼은 근대 계몽은 자본주의 세계체제가 이 개념을 우스꽝스럽고 거추 장스러운 것으로 만들어도 구출할 생각을 도통 하지 않는다. 미신을 추방하고 세계의 진면목을 보겠다고 시작한 계몽은 자본주의 생산 메커니즘에 맞물려들기 시작하면서 본모습을 많이 훼손당했다. 본말이 전도된 상태여도 지식생산은 계속된다.

"수학에 관한 지식의 결핍에도 베이컨은 자신 이후에 올 학문 정신을 정확하게 알아맞혔다. …… 지식의 목표는 '방법', 타인의 노동착취 그리고 자본이다. ……인간이 자연으로부터 배우고 싶어하는 것은 자연과 인간을 완전히 지배하기 위해 자연을 이용하는 법이다. ……중요한 것은 사람들이 진리라고 부르는 만족이 아니라 '조작', 즉 효율적인 처리방식인 것이다."[8](DA, p.10)

계몽이 진리를 포기하고 '조작'의 추진자가 되어 인류역사를 야만상태로 퇴행시킨 과정을 이 책은 '계몽의 자기파괴 과정'으로 요약한다. 이 분석결과에 '변증법'이라는 용어를 적용한 것은 '전복의 메커니즘'을 강조하기 위해서다.

그런데 파괴의 원인이 계몽 자체에 있다는 분석은 처음 의도와 달리 실천적인 전망을 모두 차단하는 비관주의를 유포시킨다는 혐의에서 자유롭지 못하다. 하지만 저자들이 테제를 '계몽의 변증법'으로 제출한 까닭을 헤아릴 필요도 있다. 계몽이 '누구나'의 깃

발을 들어올리면서 과학주의에 매몰된다면 행복추구의 자유의지가 자기파괴의 궤도로 방향을 트는 패착이 발생한다는 분석은 이러한 분석에서 해결책을 위한 그 어떤 쓸모도 찾지 말라는 '경고'일 수 있기 때문이다.

'전복의 역학'에 대한 해명은 파괴의 궤도를 알려줄 뿐이다. 이 궤도에서 벗어나려면 완전히 다른 상상력이 필요하다. 아도르노가 1960년대 후반 『부정변증법』을 쓴 이유다. 여기에서 비로소 "계몽 이상의 것, 즉 소외된 자연에서 인지되는 자연"[9]인 계몽에 이르는 재계몽 기획이 입안되기 시작한다. 변증법적 사유가 동력인 기획이다. 원래 계몽은 실용적인 영역에서만이 아니라 도덕과 감정의 영역에서도 자유가 확대되도록 방향이 잡힌 기획이었다. 그런데 자본주의 세계체제에서 이성이 균형을 잃고 말았으므로 이를 바로잡을 기획이 추진되어야만 한다. 이성의 도구적 계기와 반성적 계기는 원래 통일을 이루도록 설정되었다. 그래야 '이성'이라는 말의 값을 하게 된다.

그런데 과학주의는 자본주의 생산 시스템의 뒷심을 받아 도구적 이성의 일방적 승리로 사태를 몰아간다. 이성의 반성적 계기를 한층 확장하는 노력만이 이 난국을 타개할 수 있다. 이 화두를 가지고 아도르노는 『미학이론』 집필에 몰두한다.

오디세우스는 이미 줄리엣이었다

헤겔이 역사의 '반복'을 이야기하고 마르크스가 '변주'로 반복의 외연을 확장했을 때, 아직 역사는 '위대한 인물과 중요한 사건들'의 연속적 진행을 기록하는 지배자의 역사였다. 비극의 역사가 잘못된 지배자에 의해 '소극(笑劇)'으로 반복되지 않도록 피지배자들이 계급의식에 눈떠야 함을 역설한 마르크스의 유지를 받들어 19세기에 계몽은 인류의 역사가 계급투쟁으로 점철된 억압의 역사라는 사실에 이성의 빛을 집중 조명하여 이 진실을 사회화하는 데 성공하였다.

사회구성원들이 지배와 피지배의 관계로 맞물린 '계급지배'가 역사의 진리라는 견해는 현실적으로도 막강한 위력을 발휘하였다. 자본주의 사회구성체들에서는 노동운동이 조직되었고, 자본주의 발전이 지체되어 있던 농업국 러시아에서 프롤레타리아혁명이 일어났다. 무수한 희생을 감수한 계몽의 결과, 역사가 반복이 아닌 진보로 방향을 트는 듯했다. 하지만 20세기에 등장한 파시즘과 스탈린주의가 이 진리를 희화함으로써 인류의 역사는 결국 여전히 '반복의 메커니즘'을 벗어나지 못한 상태임이 또다시 만천하에 드러났다.

"계몽과 진리라는 두 개념은 정신사적 개념일 뿐 아니라 실제적인 것이라고 할 수 있다. 계몽이 시민사회 전체의 현실적인 운동을 개인이나 제도 속에서 구현된 이념이라는 측면에서 표현하는 것이라면, 진리란 이성적 의식일 뿐 아니라 동시에 이성적 의식이 현실 속에서 드러난 형태를 일컫는다. 현대문명의 적자(嫡子)가 가지는 불안, 그것은 '사실'을-이것을 인지하려 들 경우 이 단어 자체가 과학이나 장사나 정치에서의 일반적인 쓰임에 의해 충분히 상투화되고 손상된 것이지만-놓칠 것 같은 불안으로, 이 불안은 사회적 일탈에 대한 불안과 직접적으로 동일한 것이다. ⋯⋯거짓된 명확성은 신화의 다른 명칭에 불과하다. '신화'는 선명하게 밝혀주는 것 같지만 사실은 어둠 속에 내버려두는 것이다. 예부터 신화의 특징은 친숙성과 함께 개념의 노동을 피하는 것이었다."(DA, p.4)

서문에서부터 "현대의 이론적 이해가 얼마나 취약한가"[10]라는 한탄으로 포문을 여는『계몽의 변증법』은 현실의 야만에 압도되어 '반복의 신화'에 그대로 말려드는 문명인의 게으름, '반복의 개념화'를 노동운동의 관성으로 대체하는 진보진영의 무능을 강도 높게 질타한다.

따라서 이 책의 전언은 일단 간결하고 명확하게 파악된다. 더 나은 미래를 향해 앞으로 나아가는 계몽이 익숙한 것의 반복인 신화로 퇴보하게 된 원인이 진리에 대한 두려움 속에서 경직된 '계몽 자체'에 있으므로[11] 이처럼 한계가 분명한 계몽을 다시 계몽해야 한다는, 즉 '재개몽' 프로젝트를 가동해야 한다는 요지다. 이러한 주장을 '계몽의 변증법'이라는 테제로 제출하는 저자들의 의도는 앞에서 살펴보았다.

그런데 뜻밖의 요인은 안티케 신화에 대한 '재해석'으로 '계몽이란 무엇인가'라는 전통적인 주제를 다룬 논문 「계몽의 개념」에 대한 정당화를 시도한다는 점이다. 역사철학적 주제를 다루면서 정작 제출한 테제의 증명자료를 현실역사에서 찾지 않고 신화와 서사시의 얽혀듦, 그것도 인류문명 발생의 초창기 기억을 재조직한 호메로스(Homeros)의 에피소드들을 끌어온 것이다. 안티케 신화는 인류가 청동기문명에서 철기문명으로 이행하는 시기에 발생한 권력관계의 재편을 사람들이 기억에 의존해 대대손손 전승해온 설화가 한 단계 발전된 형태다.

호메로스의 서사시는 이처럼 신화의 형태로 당대 사람들 사이에 회자되던 전설, 즉 '이미 더 이상 노래할 수 없는 것에 대한 동경'을 양식화한 것이다. 호메로스의 '정돈하는 이성에 의해 만들어진 작품'[12]인 서사시와 그가 정돈의 대상으로 삼은 신화는 '상이한 역사적 발전단계를 대변한다.'[13] 한 단계 더 진전된 역사단계의 형식인 서사시가 '거울에 비추듯 신화를 있는 그대로 재현'하면서 새로운 양식을 창출한 것인데, 아도르노에 따르면 서사시라는 새로운 질서는 '그대로 재현'하는 정신이 질(Quality)로 충만한 대상세계인 신화를 거울 속의 질서로 이전시키는 것이다.[14] 거울의 질서는 완전히 새로운 세계다. '신화의 위력'이 비집고 들어갈 틈을 주지 않는 한에서 구축될 수 있는 '새 질서'인 것이다.

신화에서 서사시로 계몽의 단계가 한 차원 올라섰다는 진술의 진정한 내포는 바로 이 신화적 위력의 '중화'다. 신화는 파괴된다. 루카치가 말한 '의미로 충만한 질서'인 듯 보이는 호메로스의 세계는 사실 정돈하는 이성에 의한 의미파괴를 통한 형식화가 이루어낸 것이고, 여기에서 추상화는 이미 근대계몽의 수준에 근접해 있다. 이런 의미에서 아도르노는 호메로스가 이미 '시민적 계몽의 요소'를 통찰하고 있다는 니체와 독일 신낭만주의자들의 견해를 수용한다. 그리고 더 나아가 에피소드들을 연결하여 서사시라는 통일성을 구현하는 주인공 오디세우스를 계몽된 시민적 개인의 원형으로 주조해낸다.

무엇보다도 계몽이 신화를 파괴하면서 치러야만 하는 '희생', 그리고 그 결과 계몽 주체가 감당하는 '체념'을 이 영웅의 행적을 통해 일종의 '표본'으로 추출해낼 수 있다는 점에 착안하여 시도된 재해석이었다. 희생과 체념은 '신화적인 자연과 계몽된 자연지배의 같음과 다름'을 보여주는 데 유용한 개념들이다. '신화는 이미 계몽이었다. 그리고 계몽은 신화로 되돌아간다'[15]라는 문장으로 해설된 논문의 테제를 10여 년의 방랑으로 몸소 살아내는 오디세우스에게는 시민적 주체의 면모가 고스란히 각인되어 있다. 이처럼 신화와 서사시의 틈새를 파고들면서 저자들은 '근대계몽의 한계'인 자기파괴의 역학을 유비적으로 구성하는 데 성공한다.

그리고 이러한 '퇴각'은 의외의 성과를 거둔다. 계몽과 진리를 분리하는 작업이 현실적으로 감당해야 할 부담에서 벗어나면서 또 다른 패착을 불러들일 위험에 노출되지 않은 것이다. '계몽의 한계'를 천착하는 과제 앞에서 조금도 물러서지 않을 수 있는 공간을 확보한 것이다. 이론적 철저성이 이 책의 미덕이다.

이 책이 쓰인 1940년대의 정치적·이념적 '진리들'은 현실정치의 영역에서 진행되는 투쟁의 부담으로 한계를 직시하는 용기가 위축되거나 소진된 상태였다. 아니면 한계를 인정하지 않는 용기가 투쟁의욕을 고취하는 배경으로 되기도 하는 시절이었다. 현실에는 진리가 없고 현재와 같은 계몽의 방식으로는 아무리 시간이 지나도 진리에 도달하지 못할 것이라고 확신했던 호르크하이머와 아도르노는 계몽의 궤도를 수정해야 할 필요성을 절감하였다. 제2차 세계대전이 극에 달한 당시에 발휘되어야 할 계몽의 용기는 계몽의 한계를 직시하는 것이라는 절박함으로 집필 작업에 임했다. 계몽이 진보와 동일시되던 관성에서 벗어나려면 계몽의 한계를 의제화하는 이론들이 필요하다. 테제에 사용된 단어 '변증법'은 관성의 단절을 적시하는 용어다.

아도르노[16]는 특히 12번째 노래 '세이렌-에피소드'를 자주 언급하는데, '계몽의 한계'와 그 귀결점을 가장 잘 드러내는 일화이기 때문일 터다. 이 흥미진진한 이야기를 이끌어가는 주인공에게서 아도르노는 모두가 일반적으로 생각하는 '모험'의 개념을 뒤엎고 무의미한 일상을 체념과 순응으로 반복하는 '시민'의 면모를 찾아낸다. 하지만 시민적 개인 역시 '주체'라는 개념에 값을 해야 한다. 그래서 양면성을 지닐 수밖에 없다. 그런데 바로 이 '양면성'

을 오디세우스의 개성이 '표본'으로 보여준다.

영웅 오디세우스를 시민으로 간주할 수 있도록 하는 첫 번째 요인으로 아도르노는 '방랑하도록 운명 지어진 주인공이 일관성 있게 자기주장'을 한다는 사실을 꼽는다.[17] 오디세우스는 '계몽의 용기'를 실천에 옮기는 사람이다. 계몽의 요청인 자율적 개인이 되기에 충분한 자질을 가지고 있다. 영웅으로 알려진 오디세우스가 아닌가. 그런데 신들의 세계에 도전장을 내미는 수준인 이 영웅은 그 자기관철의 의지를 실행에 옮길 때 '기술적 합리성'에 의지한다. 여기에서 영웅의 면모가 사라지고 시민의 특성이 부각된다는 것이 아도르노의 분석이다. 이 두 번째 요인인 기술적 합리성이 신화의 영웅을 현대의 '누구나'인 일개 시민으로 추락시키는 것이다. 합리성으로 주변을 제압하는 영웅은 테크놀로지의 힘으로 자연력을 이용하여 생산력을 증대시키는 현대의 시민과 닮은꼴이지 않은가.

세이렌-에피소드는 기술적 계몽에 의지하여 신화세계의 질곡을 극복하면서 자연을 파괴하는 모험담들 중에서 가장 치명적인 경우다. '반복되는 자연으로서의 신화'가 완전히 소멸되는 것이다. 세이렌이 죽는다.

그래서 내가 그녀에게 그간에 있었던 일의 자초지종을 다 말해주자 존경스런 키르케가 내게 이렇게 말했소.

"모든 일이 그렇게 되었군요. 지금 내가 하는 말을 명심하세요."

    ......

    그들이 고운 목소리로 이렇게 노래하자 내 마음은 듣고 싶어
했소.

    그래서 나는 전우들에게 눈짓으로 풀어달라고 명령했으나

    그들은 몸을 앞으로 구부리며 힘껏 노를 저었소.

    그리고 메리메데스와 에우륄로코스가 당장 일어서더니

    더 많은 밧줄로 나를 더욱 꽁꽁 묶었소.

    우리가 배를 몰아 세이렌 자매 옆을 지나가고

    그들의 목소리와 노랫소리가 더 이상 들리지 않자

    내 사랑하는 전우들은 지체 없이 내가 그들의 귀에다

    발라준 밀랍을 뗐고 나도 밧줄에서 풀어주었소.

    그러나 우리가 그 섬을 뒤로하자마자 나는 곧 물보라와

    큰 너울을 보았고, 바다가 노호하는 큰 물소리를 들었소.[18]

(『오뒷세이아』, 36행 266쪽~202행 273쪽)

    노래의 마지막에 등장하는 '큰 물소리'를 고전학자들은 대체로
세이렌의 죽음으로 해석한다. 세이렌 구역을 통과한 오디세우스의
배는 신화의 세계에서 반복을 발생시키는 계기로 고정된 세이렌의
노래에서 작용력을 박탈했다. 신화세계에 남을 근거를 잃은 요정들
이 스스로 물에 몸을 던졌다는 해석이다. 오디세우스의 기술적 계몽
은 방랑기간 내내 끊임없이 신화세계에 균열을 내고 파괴했지만 이
에피소드에서만큼은 신화를 완전히 소멸시키는 승리를 명실상부하

게 거둔다. 앞으로는 누구도 살아 있는 세이렌의 노래를 들을 수 없게 된다. 오디세우스의 '생환'만 전설로 떠돌 뿐이다.

오디세우스의 생환으로 이제 기술적 계몽의 한계가 어디인지 알 수 없게 되었다. 오디세우스가 배에서 들은 노래는 피와 살을 가진 인간이 직접 갈 수 없는 세계에 속하는 것이다. 그런데 오디세우스가 그 갈 수 없는 세계를 '엿본' 것이다. 이 경험은 진보의 승리로 간주되었다. 기술적 계몽이 아니면 알 수 없는 세계, 그 치명적인 노래의 존재를 '인식'하고 그 인식을 공동체로 날라온 영웅은 오늘날에도 하이테크놀로지의 영웅으로 계보를 잇는다.

바로 이런 식의 진보가 역사를 '야만'으로 전복시키는 퇴행의 시작이었다. 이런 주장을 펴는 아도르노의 시선은 파괴를 하지 않으면 '진보'라는 단어 자체가 구성될 수 없도록 짜인 기술적 합리성에 고정되어 있다. 세이렌-에피소드가 결정적인 증거로 채택된다. 겉으로는 요정의 파괴력에 맞서 승리했음을 뻐기는 영웅이 내면적으로는 퇴행의 계기를 각인당한 채 공동체로 귀향한다는 사실은 신화세계를 종결하고 문명세상을 여는 출발점에 선 인류가 앞으로 구성할 '사회'에 끌어들일 위험요소를 분명히 알려준다.

온몸을 결박당한 채 유혹에 맞선 오디세우스가 배 위에서 체험한 진짜 내용은 피와 살의 욕구가 합리성의 지배를 받은 결과 선명하게 의식된 **고통**이다. 선명한 의식은 기억으로 두뇌에 내장된다. 오디세우스가 직접 겪은 파괴의 고통은 일회적이다. 세이렌의 노래는 더 이상 들을 수 없다.

하지만 오디세우스는 그 고통의 순간을 재현할 수 있다. 합리적 조작을 할 수 있는 사람은 직접 경험한 권력자인 그 자신뿐이므로 재현할 때는 하수인들을 동원해야 한다. 자신은 죽지 않고 계속 살아남아 쾌락의 합리화를 주도한다. 합리화된 쾌락이 고통임을 직접 체험한 오디세우스는 합리적 조작의 결과가 아닌 합리적 조작 자체를 즐기는 '지배자'가 된다. '모든 자연적인 것을 오만한 주체 밑에 굴복시키는 것이 궁극에는 맹목적인 객체성과 자연성의 지배 속에서 어떻게 정점에 이르는가'[19]를 보여주는 두 번째 보론의 주인공 줄리엣은 계몽의 한계를 부정하고 그 한계 바깥의 자연을 기술적으로 계몽된 근대세계로 이전시킨 18세기의 오디세우스다.

"줄리엣이 구현하고 있는 것은─심리학적으로 표현하면─승화되지 않았거나 퇴행적인 리비도가 아니라 '퇴행'에 대한 지적인 기쁨, 즉 지적·악마적 사랑으로서 문명 자체의 무기로 문명을 파괴하는 즐거움이다. 그녀는 체계와 수미일관성을 좋아한다. 그녀는 합리적 사유라는 기관을 능숙히 구사할 줄 안다. 자기 통제에 관한 한, 칸트의 지침에 대해 그녀의 지침이 갖는 관계는 종종 근본 명제에 대한 특수한 적용례 같다."(DA, p.102)

'계몽된 현실'을 '야만'으로 전복시킨 과학주의는 그 싹을 이미 태곳적의 영웅 오디세우스에게서도 틔우고 있었다. 오디세우스는 '살아남기 위해' 피와 살의 요구를 모두 합리화의 대상으로 만들어야 했다. 계몽의 한계마저 합리적 조작의 대상으로 삼은 결과 그는 행복을 더 이상 누리지 못하는 인격이 된다. 분석적 계몽의 한계지점에서 비로소 시작되는 '아름다움'의 세계를 고통으로만 인식하기 때문이다. 이제 영웅은 시민적 일상에 만족하는 처지로 전락한다. 그런데 그의 '시민적 일상'은 결코 그 무색무취한 '일상성'을 향유하면서 일상을 지속시키지 못한다. 전복의 가능성 앞에서 늘 위태로운 곡예를 해야 하기 때문에 자기혐오에 빠지다가 야만을 부른다.

"자연상태에 다시 빠져들려는 엄청난 유혹을 증오하고 완전히 제거하려는 것, 그것은 실패한 문명에서 비롯된 잔혹성으로서 문화의 다른 얼굴인 야만성이다."(DA, p.119)

'살아남음'의 대가를 불안과 위험으로 치러야 하는 계몽된 시민이 어떻게 히틀러의 '강력한 지도'에 자발적으로 호응했는지, 역사적인 사료들은 충분히 증언해준다. 행복하게 사는 것이 아니라 '살아남음'이 기술적 합리성의 유토피아로 간주되는 사회는 위태롭다.

자유주의가 신화다

계몽의 한계를 직시한 결과는 계몽과 신화의 뒤엉킴, 즉 "그러나 계몽의 제물이 된 신화 자체도 이미 계몽의 산물이었다"[20]와 "신화는 계몽으로 넘어가며 자연은 단순한 객체의 지위로 떨어진다"[21]와 같은 문장들로 진술[22]된다. 올림포스 산을 거점으로 삼는 안티케의 가부장 신화가 당시 이미 일정한 수준에 오른 생산력을 토대로 상당히 세련된 삶의 양식을 조율하는 기능을 수행하고 있었다는 진술은 별로 새롭지 않다. 오래전부터 지적되던 사실이다.『계몽의 변증법』이 인류의 역사철학에 내놓은 새로운 내용은 두 번째 진술에 들어 있다. 아도르노는 잠시 후에 이 진술을 주체와의 관련 속에서 좀 더 구체화한다.

"자연을 파괴함으로써 자연의 강압을 분쇄하려는 모든 시도는 단지 더욱 깊이 자연의 강압 속으로 빠져들어갔다. 이것이 유럽문명이 달려온 궤도다."(DA, p.19)

'객체'로 전락한 자연은 이제 더 이상 저 밖에 평온하게 있는 자연이 아니다. 주체에게 '객체'로 다가오는 자연이다. 이 객체를 다시 분석대상으로 떼어놓기 위해 주체는 더 큰 힘을 모아야 한다. 주체가 가하는 힘의 반동으로 객체 역시 힘이 더 세진다. 이른바 주체와 객체가 상대를 타자로 삼아 서로 맞서는 무한투쟁의 폐쇄회로가 완성되는 것이다. 자기유지를 위한 그토록 강고한 의지로 계몽을 수행한 개인에게 '위협'으로 다가오는 자연은 주체의 입지점을 몰수한다. 결국 변증법적 전복이 일어난다.

"이성이 내용적 목표를 정신에 대한 자연의 지배력에, 이성의 자기입법적 기능에 대한 훼손에 두고 있음을 스스로 폭로하기 때문에 이성은 늘 그렇듯이 형식적으로 그때그때의 자연적 이해관계에 따라간다. 사유는 전적으로 기관(Organ)으로 되어 자연으로 전락했다."(DA, p.94)

페넬로페와의 재회로 '자기유지'라는 시민적 프로젝트를 성공시킨 오디세우스의 사회경제적 기반은 고향땅에 대한 소유권과 처분권이었다. 시민적 재산권이 자기유지의 토대였고 살아남기 위해 파괴한 자연은 소유권이 지배력을 행사하는 영역 그 바깥에 남아 있어야 한다. '외부'나 '타자' 같은 '주체'와 대립되면서 그 주체를 형성하는 개념들이 구성되었다.

오디세우스의 승리는 부르주아 개인의 등장에 대한 예고편이다. 가정과 소유권으로의 귀환은 일터에 나갔다가 무사히 귀가하는 공장주의 하루와 닮았다. 그런데 이 기업가는 영업상의 스트레스가 너무 심해 집에 와서 폭군이 된다. 그리고 경쟁은 나날이 치열해지고 차츰 대기업에 밀리면서 하청업체로 전락한다. 공적 자율성을 상실한 시민은 이제 더 이상 자기유지 프로젝트를 자율적으로 추진하는 주체가 될 수 없다. 자율적 주체의 몰락과 더불어 자유주의는 막을 내린다.

"스스로가 스스로를 돌보아야 하는 개인들은 성찰하고 예견하고 조망하는 심급으로서 '자아'라는 것을 발전시켰으며, 이 자아는 세대가 바뀌면서 경제적 자율성과 생산을 위한 소유가 어떠하냐에 따라 확장되기도 하고 위축되기도 한다. 마지막으로 '자아'는 소유를 박탈당한 시민들을 떠나 전체주의적인 대기업 총수들에게 넘어갔으며, 이들의 과학이라는 것은 전적으로 굴복한 대중사회의 재생산 방식의 총화가 되었다. ……지배자들의 입장에서는 그러나 인간들이 물적 자원으로 되었는데 사정은 자연 전체가 사회에 대해 그렇게 된 것과 마찬가지다. 시민들이 서로 장기판의 상대역으로 마주섰던 자유주의라는 짧은 막간극이 끝난 후, 지배는 태고의 공포가 파시즘적으로 합리화된 형태를 띠고 나타나는 것임이 명백해졌다."(DA, p.94)

"계몽은 자유주의에 확고하게 발 딛고 있는 것이다"[23]는 진술은 '계몽의 변증법'이 자유주의가 파시즘으로 전복되는 과정을 추적한 결과 제출된 테제임을 알려준다. 오디세우스와 같은 '강한 남자'를 부르주아적 개인의 표본으로 추출해낸 아도르노는 자본주의가 자유주의 단계를 지나 독점의 단계로 접어들면서 오디세우스의 후예들에게 더 이상 자신을 주체로 구성하는 데 필요한 자유로운 활동공간을 허용하지 않게 되었음을 아쉬워하였다. 비관적인 정조를 유지하면서 자본 집중이 자유부르주아의 존재기반을 박탈하면서 계몽 주체의 자기파괴도 극단화되는 과정을 추적하였다.

"사적 집단들이 경제기구들에 대한 지배권을 휘두르면서 인간들을 분열시키는 경제체제가 전개되면서 이성의 다른 이름인 '자기유지', 또는 개별 시민의 대상화된 충동은 '자기파괴'와 더 이상 분리될 수 없는 자연력임이 증명된다. 자기유지와 자기파괴는 서로 분간하기 어려울 정도로 중첩된다."(DA, p.97~98)

20세기에 인류를 비참한 상황에 빠뜨린 양차대전은 강하고 자율적인 개인이 더 이상 자유부르주아로 남을 수 없음을 '공지'하는 사건이었다. 하지만 '한때 좋았던 과거'를 노래하는 신화적 관성은 문명세상의 개인들에게도 여전할 뿐 아니라 강압의 강도에 비례하여 열망도 증폭된다. 예외적인 개인의 성공담이 실의에 빠진 사람들을 동일 시간대에 텔레비전 화면 앞으로 모으는 21세기의 『오디세이아』를 처음 입안한 사람은 니체다.

"독일 파시즘은 '강자의 숭배'를 세계사적 원리로 부상시킴으로써 동시에 이 숭배가 자체의 부조리성에 몰리도록 밀어붙였다. 주인의 도덕은 문명에 대한 항의로 등장한 것인데 거꾸로 억압받은 자들을 대변했던 것이다. 불구화된 본능에 대한 증오는 가혹한 감독관의 진정한 본성을-그런데 이 본성은 감독관에 의해 희생된 자들에게서만 표출된다.-객관적으로 비난하는 것이다. 하지만 거대권력으로서 그리고 국가종교로서 주인의 도덕은 기존의 문명세력이나 견고한 다수, 원한감정 그리고 자신이 반대했던 모든 것에 굴복하게 된다. 니체는 실현됨을 통해 논박된다. 그러면서 삶에 대한 온갖 긍정에도 불구하고 현실정신에는 적대적이었다는 진실이 밝혀진다."(DA, p.108)

성공담의 신화에서 어떻게 탈피하느냐가 우리 앞에 놓인 계몽의 과제다. 다음의 구절은 이 책이 제시하는 경고를 요약하고 있다.

"이 책에서 관건이 되는 것은 ……인류가 완전히 배반당하지 않으려면 계몽은 스스로를 돌아보아야 한다는 점이다. 과거의 보존을 위해서가 아니라 과거에 약속된 희망을 이행하기 위해 이 과제는 수행되어야만 한다. ……경제적 성과들이 정반대의 결과를 초래하도록 하는 데 기여하지만 않는다면 문화의 매각이 문화옹호자들이 생각하듯 그렇게 대단한 것은 아닐지도 모른다."(DA, p.5)

5

이성의 자연지배

고통과 감정이 제거된 삶은 인간의 삶이 아니다

"계몽적 사유라는 개념은 오늘날 도처에서 일어나고 있는 퇴보의 싹을 품고 있다. 진보의 파괴적인 요인에 대해 숙고하는 일을 진보의 적에게 넘겨놓은 채 방관하면 맹목적으로 실용적인 사유가 자기지양의 성질을 상실하게 되고 그래서 진리와의 관련성도 잃게 될 것이다."

존재가 아닌 것을 존재로 만드는 주술

제4장에서는 프랑크푸르트학파 비판이론의 강령서『계몽의 변증법』이 제출하는 테제 '계몽의 변증법'의 역사철학적 귀결을 살펴보았다. 자유로운 개인의 행복이라는 기치를 내걸고 계몽을 시작했는데, 2세기 만에 인류가 세계대전의 소용돌이에 빠진 문명사를 되짚어보면서 계몽과 주체의 관계를 천착한 내용이었다. 인간 주체의 태생적 한계 때문에 계몽이 진리로부터 멀어져서 패착을 불러들인다는 앞 장에서의 분석을 이번에는 약간 다른 각도에서 접근해보기로 한다. '계몽의 변증법'을 발생시키는 계몽의 내부역학을 들여다보는 작업이다. '자연지배'는 수행하는 주체의 측면에서 계몽의 역학을 고찰했을 때 드러나는 실행방식을 개념화한 것이다. 저자들 역시 이 개념을 쓰면서 그 내포가 지닌 아포리아(Aporie: 난제)를 충분히 의식하고 있었다.

"자연지배는『순수이성비판』이 사유를 가두어놓은 원을 실제로 그린다. 칸트는 사유의 불충분성과 영원한 제한성을 고수하면서도 사유가 무한을 향해 힘겹지만 쉬지 않고 진보한다는 학설과 자신의 고집을 하나로 결합시켰다. 그가 제시하는 해결책은 신탁에 가깝다. 이 세상에는 과학이 뚫고 들어갈 수 없는 존재(Sein)란 없지만 과학이 뚫고 들어갈 수 있는 것은 존재가 아니라는 식이다."(DA, p.32)

그렇다면 과학은 존재가 아닌 것을 존재로 만드는 주술이라는 결론이 된다. 이 '개화된' 주술은 일단 자연을 주체가 접근 가능한 존재로 만든다. 계몽된 주체는 지배하는 방식으로밖에는 대상에 접근하지 못한다.

> "이성이란 "보편자로부터 특수자를 도출해내는 능력"이다. 칸트에 따르면 보편자와 특수자의 동질성은 "순수오성의 도식"이 보증한다. 지각(Wahrnehmung)을 이미 오성에 상응하게 구조화하는 지적 메커니즘이 무의식적으로 작용한다는 이야기다. 사안(die Sache)이 자아 속으로 들어오기 이전에 오성이 미리 사안의 이해 가능성을 사안에 그 사안의 객관적 질로서 새겨놓으면, 이것을 주관적인 판단이 사안에서 발견하는 것이다. 그러한 도식이 없다면, 즉 지각의 지성(Intellektualiät)이 작용하지 않는다면, 어떤 인상도 개념에 해당하지 않을 것이며 어떤 범주도 예시를 불러올 수 없고 체계는 물론이거니와 모든 것을 아우르는 사유의 통일성은 절대 불가능할 것이다."(DA, p.89)

주체가 자연을 지배하면, 지배당하는 자연의 자기주장이 주체에게 '반격'의 방식으로 체험되는데, 주체의 한계 때문에 여기에서 전복이 발생하고, 이 두 측면이 '변증법'이라는 개념의 내포를 이룬다. 그런데 변증법이란 반대방향으로 전복되는 '운동'을 뜻한다. 이 움직임을 고정된 언어로 포착해야 하는 까닭에 변증법 개념은 늘 자기모순을 내포로 지닌 상태로 사용될 수밖에 없다.

이러한 자기모순의 외화에 해당하는 '자연지배'는 내포가 무척 광범위한 개념이라 회화작품을 예시로 설명하는 방식을 택하였다. '자연'이라는 개념 자체가 지시의 방향만 내보일 뿐, 내포를 구체적으로 나열하기 불가능한 개념인 까닭에 우회로가 필요했다. 오랜 역사 속에서 공인된 형식을 얻은 회화작품들이 역사적 현실에서의 실행결과들을 보여주는 개념의 알레고리로서 내포를 가시화해줄 것이다.

과학주의의 승리

오늘날 우리는 '조화롭지 못한' 세상에서 산다. 사회는 불의와 불합리에 포위되어 거듭 부조리한 제도들을 양산해내고 있으며, 개인들은 불행하다. 물질적 생산이 비약적으로 증가하는 지구에 굶주림이 창궐하는 기현상이 일상으로 굳어진 지도 오래다. '아름답고 조화로운 삶'을 열망하면서 꾸준히 노력했지만, 그냥 허망하게 끝나버릴지도 모른다는 생각에 불안하다.

물론 옛날이라고 해서 지상에서의 삶이 순탄했거나, 필요할 때마다 뚜렷한 개선책이 눈앞에 나타났던 것은 아니다. 하지만 18세기 유럽에서 시작된 이래로 계몽은 사람들에게 항상 '더 나은 삶'을 약속했었고, 사람들은 이 약속이 조만간 현실에서 이행되리라는 믿음으로 살았다. 이 세속화 과정에 시민사회 구성원 자격으로 기꺼이 동참한 사람들은 미래에 대한 기대로 현재를 버텨왔다. 모두들 노력하는 사이, 계몽을 통한 시민사회 구성 기획은 전 지구적 차원으로 확대되었다. 그런데 이제 더욱 박차를 가해 '지구촌'을 만들어나가자고 독려해야 할 시점에 이르자, 사정이 달라지고 만 것이다. 낙관하는 마음은 갈수록 힘을 잃고 불신과 회의가 엄습하였다.

무엇보다도 계몽의 기획이 처음 의도와는 전혀 다른 결과들을 그동안 너무도 많이 세상에 내놓았기 때문일 것이다. 그 오랜 세월 행복해지려고 노력하면서 인내한 사람들 사이에서 문제의 원인을 찾아보려는 마음이 일어났고, 명백한 배반 앞에서 모든 원인이 계몽 자체에 있는 것은 아닐까 하는 의혹도 고개를 들었다. 문명사회에서 사람들이 지금처럼 불행하게 된 까닭이 문명을 지상에 끌어들인 계몽 때문이라는 환원론이 명쾌하게 여겨졌던 까닭이다. 포스트모더니즘의 기치를 들고 계몽과 이성을 격렬하게 탄핵하는 목소리가 커지더니, 얼마 안 가 한국사회의 문화지형을 급속도로 뒤바꾸어놓았다. 하지만 끝내 배반을 중지시키지는 못하였다.

현실의 당착은 여전하다. 현실의 변화를 불러오지 못한 패러다임의 변화는 사회구성원들에게 무척 소망스럽지 못한 변화를 안겨주고 말았다. '위기의 공유'가 그야말로 시대정신이 되고 만 것이다. 그런데 도대체 이 모든 혼란과 착종은 과연 설명될 수 있는 것인가? 개명된 세상에 살면서 이런 의문에 휩싸일 줄이야! 예상하지 못했던, 뜻밖의 물음이다.

『계몽의 변증법』 - 위기의 해부도

아도르노가 호르크하이머와 같이 쓴 『계몽의 변증법』은 이 물음을 우리의 구체적인 고민거리로 만들어주는 미덕이 있다. 1944년 서문에서 이렇게 밝힌다.

"독성이 강하다는 금지명령이 그에 대한 접근의 통로역할을 했듯이 이론적 상상력을 차단하면 정치적 광기에 길을 내주는 격이 된다. 아직 그러한 광기에 떨어지지 않은 사람들 역시 외부에서 압박해오는 검열 메커니즘이든 자기 자신에게 스스로 주입한 검열이든 이 메커니즘을 통해 저항수단을 박탈당할 것이다.

우리가 작업하면서 직면하였던 아포리아는 이렇게 해서 바로 우리가 연구해야 했던 첫 대상, 즉 계몽의 자기파괴인 것으로 드러났다. 사회 속에서 누리는 자유가 계몽적 사유와 불가분의 관계에 있다는 점에 대해서 우리는 조금도 의심하지 않는다. 이 사실이 우리 연구의 전제를 이루지만, 우리가 여기에서 검증되어야 할 과제를 전제로 삼는 오류(petitio principii)를 범하고 있는 것은 사실이다. 하지만 우리는 그에 못지않게 아래 사실도 분명하게 인식하고 있다는 믿음을 가지고 있다. 이 계몽적 사유라는 개념이 그 계몽적 사유가 뒤엉켜 들어간 사회의 제도들, 구체적인 역사적 형식들 못지않게 오늘날 도처에서 일어나고 있는 저 퇴보의 싹을 품고 있다는 점이다. 계몽이 이러한 퇴행적 계기를 자각하지 못한다면, 계몽 스스로 자신의 운명을 돌이킬 수 없는 것으로 만들게 될 것이다. 진보의 파괴적인 요인에 대해 숙고하는 일을 진보의 적에게 넘겨놓은 채 방관하면, 맹목적으로 실용적인 사유가 자기지양의 성질을 상실하게 되고 그래서 진리와의 관련성도 잃게 될 것이다."(DA, p.3)

이 진술에서 지적되는 사항은 두 가지다. 계몽은 인류에게 자유를 가져다주었다. 하지만 계몽에는 퇴행적 계기도 있다. 이 책은 이 '퇴행적 계기'를 밝혀낸다. 제2차 세계대전 당시 유대인 아도르노를 미국으로 망명하게 만든 세계사적 요인도 바로 이 퇴행적 계기가 작용한 결과였다.

파시즘 단계로 접어든 자본주의 세계체제야말로 계몽의 퇴행적 계기가 승리를 거둔 '재앙'이었다. 그런데 그 파시즘을 비판하면서 아도르노는 당시 일반적이었던 계층계급적 접근방식을 취하지 않았다. 체계의 성격을 주도계층의 문제로 축소하면서 다른 계층이 주도하는 체계구성을 대안으로 제시해보아야, 결국은 마찬가지로 총체주의적 오류를 범하게 된다고 보았기 때문이다. 그 여파로 이 책이 수행한 사회분석은 지구상의 대다수 국가들이 동/서 진영으로 나뉘어 반목하던 냉전시기에는 제대로 주목받지 못하였다. 내부의 문제를 구체적인 외부의 적에 투영하여 타자화함으로써 경계를 고정하고 재확인하는 '사회과학적' 사회비판이 주류를 이루던 시절이었다.

아도르노는 자본주의 체제와 사회주의 체제 사이의 이른바 진영모순을 이론구성의 본질적 계기로 삼지 않고, 오히려 구조적인 면에서는 두 체제가 본질적으로 다를 바가 없다는 사실에 주목하였다. 내용적으로 두 시스템의 성격은 서로 다를지 모르나, 시스템을 작동하는 원리는 동일하다고 보았던 까닭이다. 인류가 문명화 과정에 접어든 첫 단계부터 이미 작동하기 시작한 어떤 원리가 파시즘을 거치면서 갈수록 강화되고 있다는 것이 아도르노의 통찰이었는데, 자신을 박해한 파시즘을 분석한 끝에 '지배'의 원리가 문명을 관통하고 있다는 결론을 내놓았다. 이 원리는 그 후 동/서 체제경쟁 단계에서도 맹위를 떨쳤고 물론 지금까지 계속되고 있다.

"바로 다음에 실천해야 할 목표들이 이미 확보된 아주 멀리 있는 것으로 폭로되고 지배하는 과학에 의해 오인된 자연이 근원인 자연으로 기억될 때, 그런데 다시 말하면 이 나라들에 대해서는 "첩자와 정보원이 소식을 전해줄 수 없는" 것인데, 그렇게 되면 계몽은 완성되고 지양된다. "우리가 자연을 정말로 지배하는" 베이컨의 유토피아가 전 지구적 차원에서 실현된 오늘날, 그가 정복되지 못한 자연 탓으로 돌린 강압의 본질이 명백해졌다. 그것은 지배 자체였다."(DA, p.49)

이 지배의 원리가 근대문명 단계로 접어들면 오성이 자연을 지배하는 패러다임으로 굳어진다. 진화된 지배원리로서 **'오성의 자연**

지배'는 효율성을 금과옥조로 여기는 문명사회에서 갈수록 지배형식을 세련시키고 있다.

"수학을 잘 몰랐음에도 베이컨은 앞으로 다가올 학문 정신을 정확히 알아맞혔다. 그가 염두에 두고 있는 사물의 본성과 인간 오성의 행복한 결혼은 가부장적[1]인 것이다. 미신을 정복한 오성이 탈주술화된 자연 위에 군림해야 한다는 의미에서 그렇다. 지식은 권력인데, 인간을 노예화하는 데서나 지배자들에게 순종하는 데서 어떠한 한계도 모른다. ……인간이 자연으로부터 배우고 싶어하는 것은 자연과 인간을 완전히 지배하기 위해 자연을 이용하는 법이다. 오직 그것만이 유일한 목적이다. ……권력과 인식은 동의어다. ……사람들 사이에서 진리라고 일컬어지는 그런 충족이 아니라 "조작" 즉 효율적인 처리방식이 관건인 것이다."(DA, p.10~11)

'효율적인' 처리방식을 추구했다는 점에서 현실 사회주의 국가들 역시 마찬가지였다. '오성의 자연지배' 원리를 자본주의 못지않게 추종한 것이다. 사회주의를 건설하면서 생산력을 가일층 증대하기 위해 자본주의 시장경제원리를 도입한 이른바 '신경제정책'이 대표적이다. 저자들이 뒤이어 인용한 베이컨이 밝혔듯이 "학문의 진정한 목표나 사명은 ……생활에 도움을 주는 활동이나 작업, 지금까지 알려지지 않은 사실들의 발견에" 있다는 사실만큼은 동/서 양진영 모두에서 진리로 수용되었다. 이 정식에 따라 자본주의와 사회주의 두 체제 사이에 존재한 경계가 인간의 오성과 자연(외부 대상세계 및 인간의 육체) 사이로 넘어오게 되었다. 경계의 내재화는 내재적 사회비판의 근간을 이루게 된다.

자연지배를 통한 행복추구

먼저 '문명화'라는 개념을 생각해볼 필요가 있다. 동서양의 문명을 비교하면서, 동양이 오랫동안 이른바 '자연친화적' 사유방식을 유지한 반면, 서구에서는 자연을 정복의 대상으로 삼는 사유방식에 의지해 물질적 진보를 좀 더 앞서 이룰 수 있었다는 설명이 일반적이다. 이런 방식으로 차이점을 드러내는 언설이 동양과 서양의 문명화 과정을 각각의 특수성 속에서 파악하려는 의지의 산물임은 인정할 수 있다.

하지만 그 지시된 차이가 정말 동양과 서양의 다른 점을 지목하고 있는지는 일단 한번 짚고 넘어갈 필요가 있다. 서구인들이 동양에 대해 '자연 친화성'을 거론하는 경우, 그것은 대체로 '정신의 미분화 상태'[2]를 뜻하기 때문이다. 동양의 문명이 자연친화적이라는 이야기는 결국 그 문명이 열등하다는 관점을 버리고 싶지 않은 '자연억압적'인 문명인이 앞으로도 계속 그 관점으로 동양을 바라보겠다는 의지표명에 불과하다. 이른바 문명이란 인간이 자연을 자신에게 유용하도록 가공하는 상태를 지칭하는 것이고, 이때 가공의 주체는 인간이지만, 육체를 지닌 인간이라는 의미보다는 육신의 한계를 지녔음에도 정신능력을 사용한다는 의미에서다. 정신이 자연을 지배하는 상태가 문명이라는 개념의 핵심이며, 인류의 문명사는 이러한 지배가 갈수록 강화되었음을 보여준다.

근대 이후의 문명사는 자연의 일부이면서 동시에 정신적 존재이기도 한 인간이 어떤 운명을 걸머지게 되었는지, 당사자인 인간에게 거울처럼 고스란히 되비쳐주는 역사이기도 하다. 인간이 자신의 행적을 기록하고 또 그 기록들을 연구한 결과다. 연구하는 근대인은 기록문화가 발생하기 이전, 선사시대의 문명에서도 자신의 운명을 기리는 상징물들을 찾아내었다. 그중 가장 탁월한 형상물이 고대 페르가몬신전의 부조다. 이 부조는 자연을 딛고 일어서는 문명의 승리를 기리고 있어 발생학적으로 최초의 문명예찬에 해당하는 상징물로 자리매김된다. 여신은 가벼운 손짓 한 번으로 거인족의 원시적 힘을 물리친다. 거인족을 물리치는 아테나 여신은 문명 자체에 대한 알레고리다.

거인족과 올림포스의 여신이 힘을 겨루고 있는 이 부조를 우리는 아테나의 승리로 '해석'한다. 거인족을 밀어내고 비상하는 아테나의 지성을 기리는 것이다. 어떻게 무기도 없이 맨손으로 근육질을 제압할 수 있느냐고 묻지 않는다. 문명은 이 알레고리의 의미를 단일화하는 방식으로 진행되었다.

페르가몬 신전의 부조

그냥 손끝으로 살짝 밀쳤을 뿐이다. 그리고 부드럽게 흘러내리는 옷자락이 여신 아테나를 감싸 올려 그 손끝의 힘마저도 곧 덜어낼 것이다. 그녀는 비상한다. 부조는 아테나가 거인의 머리를 누르는 찰나부터 살아 움직인다. 여신의 몸은 면의 정지 상태를 박차고 나와 공간을 제압한다. 사뿐히 들어올리는 다리 아래 치맛자락 펄럭이는 모습마저 눈에 선하다. 미끄러지듯 천천히 공중을 산보한다. 거인의 쓰러짐이 반동을 준다. 자연은 자연으로 돌아가야 한다. 근육과 완력에 의지하였던 거인은 이성의 가벼움을 헤아리지 못한다. 바닥에 쓰러지는 운명은 절대적이다. 거인은 쓰러지고 아테나는 비상하는 양방향의 운동을 자연과 이성의 손들이 엉겨 있는 정지상태로 지시한다. 자연력의 화신인 거인이 거칠게 위에서 감아 눌러보아야 부드러운 옷으로 감싸져 올라가는 아테나의 몸을 잡아끌지 못한다. 그는 무릎 아래에서부터 무너져내리고 있다.

인간은 타고난 정신능력을 사용하여 자연을 지배함으로써 자신을 유지하고(자기보존), 거대한 자연력에 맞서기 위해 이웃과 연대한다(공동체 유지). 그런데 이때 지배해야 할 자연은 정신능력을 사용하는 인간의 '외부'에만 있지 않다. 지배당하는 자연은 인간 내부에도 있다. 내부자연을 지배하는 것, 즉 삶의 욕구를 충족하는 일이야말로 계몽된 인간인 문명인에게 늘 새로운 도전이었다. 하지만 어느새 인간이 자신의 내부자연을 조작의 대상으로 삼는 일은 기술발전과 더불어 가속화되었고, 유전자 연구를 거쳐 얼마 전 우리를 크게 혼란시킨 배아줄기세포 연구에 이르기까지 한계를 모르고 진행 중이다. 그러면 우리는 정신의 승리를 외쳐도 좋은가? 그러기에는 우리가 느끼는 불행감이 너무도 선명하다. 그러므로 이즈음에서 정신은 자신이 해온 일을 돌아보아야 한다.

"문명비평가들 이를테면 헉슬리, 야스퍼스, 오르테가 이 가세트 같은 이들이 염두에 두었던 가치로서의 문화를 문제 삼는 것이 아니다. 여기에서 관건은 인류가 완전히 배반당하지 않으려면 계몽은 스스로를 돌아보아야 한다는 것이다. 과거를 보존하기 위해서가 아니라 지나가버린 희망을 소환해서 이행하기 위해 그런 일이 이루어져야 한다."(DA, p.8)

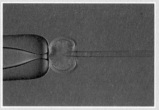

지붕에 쌓인 눈   줄기세포 배양

눈의 무게가 지붕이 감당할 수 없을 만큼 늘어나는 일은 언제라도 일어날 수 있다. 그런 만큼 배아줄기세포 배양에 얼마나 많은 난자가 소용될 것인지 우리는 예측할 수 없다. 이런 우연 앞에서 우리는 인간의 정신능력에 대해 전혀 다른 관점에서 새롭게 생각해볼 필요가 있다. 꼭 파국을 통해서만 인간에게 자연의 경고가 전달되는 것은 아니다. 살아오면서 터득한 자연에 대한 표상으로, 유기체의 지속 가능함에 대한 전망으로 인간은 자연과 인간 사이의 균형을 이루는 지점이 어디인지를 가늠할 수 있다. 인류문명사는 그만한 합리성을 확보했다. 이론적으로 그리고 경험적으로.

아도르노가 『계몽의 변증법』에서 제시하는 새로운 관점은 언뜻 보기에 인류문명의 진보를 부정하는 듯한 인상을 준다. 무엇보다도 그가 이 책을 "완전히 계몽된 지구는 승리의 쾌재를 부르는 재앙으로 물들어 있다"[3]고 절규하면서 시작하기 때문이다. 하지만 이는 접근 방법에서 비롯되는 단계적 결론일 뿐이다. 사회비판적 분석으로 문명사회를 고찰하면, 분석 결과 아무런 방책이 나오지 않는다는 이야기다. 지배가 원리인 사회에서 해결책을 바란다면, 우리 인간이 지배관성에서 벗어나는 길밖에 없다. 이런 구도 속에서 아도르노의 철학연구와 미학연구가 진행되었다. 우리는 앞으로 아도르노의 사유과정을 차례로 추적해볼 것이다.

일반적으로 사람들은 진보를 주장할 때 수량화를 통한 비교라는 방법을 쓴다. 아도르노가 진보의 이상을 추구하는 여타의 사상가들과 달라 보이는 까닭은 그가 사회구성원의 '행복'을 척도로 진보의 성격과 한계를 규명하려 시도했기 때문이다.

양적 진보를 통해 우리의 삶은 풍요로워지는가? 개인적으로는 말할 것도 없지만, 요즈음 우리 사회에서 화두가 되고 있는 양극화 현상을 보더라도 수량화에 의지한 분석의 맹점은 분명하다. 빈자와 부자가 나뉜다는 사실 자체도 사회구성원의 행복이라는 관점에서 보면 계몽의 대의에 크게 어긋나지만 더욱 심각한 문제는 극빈층이 형성되면 결국은 사회구성의 기반이 흔들리게 된다는 사실에 있다.

그런데 어찌된 일인지 자본주의 사회에서의 양적 진보는 항상 양극화라는 그늘을 동반하면서 진행된다. 한 국가단위만이 아니라 전 지구적 차원에서 보면 이 점은 더욱 명백해진다. 바로 여기가 아도르노의 물음이 시작되는 지점이다. 계몽의 결과로서의 진보를 이야기하려면 항상 본래의 목적인 행복추구에 명실상부하게 접근했는지를 판단의 척도로 삼아야 하지 않느냐는 입장이다.

문명이 승리를 구가하는 현재(아도르노 당시로서는 제2차 세계대전과 히로시마 원자탄 투척)를 사람들이 행복한가라는 물음에 견주어 고찰해보니, 아니었다. 실질적인 진보와는 매우 동떨어진 현실을 살아야 했던 아도르노는 마침내 계몽을 계속하면 행복해진다는 사실을 증명할 수 없기 때문에 계몽의 약속 자체가 잘못된 것이 아니냐고 물었던 것이다. 진보를 어떻게 이해하는가 하는 관점의 문제가 아니었던 것이다.

이는 무엇보다도 계몽의 목적은 현상유지가 아니라는 점에 주목한 끝에 도출된 결론이었다. 그냥 하루하루를 유지하는, 먹고사는 문제의 해결 자체가 계몽의 목적이 아니라는 사실을 생각해보면 지금 행복을 가져다주지 못하는 계몽에 대하여 '기만'이라는 평가를 내리는 아도르노의 분석에 훨씬 수긍이 간다. 그리고 문제 해결의 방향도 가닥이 잡힌다. 성장 패러다임을 재검토할 필요가 있다는 주장이 설득력을 얻게 된다.

아도르노의 이론구성에서 출발점을 이루는 이 테제는 수량화로 보증되는 진보가 아니라 질적인 측면에서 사회구성원 모두가 행복하게 되어야 한다는 당위를 전제한다. 계몽과정에서의 성공 여부가 아닌 계몽의 목적을 판단 준거로 삼는 분석이다.

"지금과 같은 사회관계에서는 행복의 재화들 자체가 불행의 요인으로 된다. 다량의 재화가 지난 시기에는 사회적 주체가 결여된 까닭에 이른바 초과생산이라고 해서 내수시장을 위기에 빠뜨렸다면, 오늘날에는 권력집단이 사회적 주체라는 권좌를

찬탈해서 파시즘이라는 국제적 위협을 만들어낸다. 진보가 퇴보로 전복되는 것이다. 위생적인 작업장 그리고 그에 딸린 모든 부속시설, 국민차나 체육궁전, 이런 것들이 형이상학을 무자비하게 해체해버렸다고 해서 무슨 큰 문제가 생기는 것은 아니다. 정말로 문제가 아닐 수 없는 일은 사회 전체로 볼 때 이것들 자체가 형이상학이 되어 그 뒤에 실제적인 불행을 숨기는 이데올로기의 장막을 친다는 것이다. 이러한 문제의식에서 출발하여 우리는 생각을 모아보았다."(DA, p.5)

인류의 문명이 21세기라고 계산하는 시기에 살고 있는 우리는 이성의 빛으로 어둠을 물리친다고 해서 삶이 윤택해지는 것만은 아니라는 사실을 잘 알게 되었다. 이성으로 구축하는 질서가 삶의 동력과 항상 좋은 관계를 맺는다고 볼 수 없기 때문이다. 이성은 나름의 관심과 목표를 가지고 있으며, 삶을 자신에게 종속시키려는 의지도 강하다. 이성과 삶을 별개의 것으로 이해하면서 제각기 나름의 논리에 충실하도록 둔다면 무질서한 삶이 이성에 제압되어도 인간은 '하늘의 뜻'으로 받아들일 수 있었다.

하지만 계몽을 시작한 이래 인간은 '이성의 빛'이 항상 자신의 앞길을 밝혀준다고 믿었다. 그래서 보이는 대로 정확하게 계산하고 장애물들을 제거해서 삶의 동력이 마음껏 활개를 펼 수 있도록 해야 한다는 자세를 가다듬게 되었다. 그리고 앞으로 행복해질 수 있다는 신념으로 모든 어려움을 극복해나갔다. 이성의 빛이 이끄는 대로 길을 가면 찬란한 순간을 맞이할 수 있을 것처럼 보였다. 하지만 길을 가는 동안 삶의 동력은 힘을 잃었다. 지상에서 행복한 삶을 꾸려가겠다는 계몽의 기획은 목표설정과 방법론의 불일치 때문에 파탄에 이르렀다.

자연의 반격

계몽의 역사는 인간이 자신의 이성능력을 더 많이 터득할수록 생산력을 향상시켰음을 자랑한다. 석기사용에서 달 탐사에 이르는 생산력의 발달은 분명 과학기술의 진보로서 인간이성의 승리라고 할 만한 일이지만, 인간이성이 본래 복무해야 하는 '행복한 사회구성'의 측면에서도 승리했는지는 따져볼 일이다.

생산력은 비약적으로 늘었지만 행복하지 못한 현재를 탄핵하는 '계몽의 변증법' 테제는 앞에서 지적하였듯이 전복의 계기인 자연의 반격을 중추로 삼는다. 반격은 내부와 외부에서 이루어진다. 육체를 지닌 인간이 생활재를 조달하기 위해 외부자연을 지배하는 한편, 자신을 인격체로 구성하기 위해 몸을 이루는 피와 살도 지배하기 때문이다. 내부자연지배는 자연력을 더 효율적으로 지배하기 위한 공동체 구성의 필요성 때문에 시작되었다. 공동체 구성원들 사이의 합의가 필요했고, 그래서 도덕과 윤리 그리고 관습의 영역으로 이전되기도 했다.

외부자연지배
구조적 재앙의 승리

자본주의 사회는 생산력의 비약적인 발전을 가져왔다. 외부자연을 지배하는 과학기술은 가파르게 앞서가면서 생산과 파괴를 거의 동시에 진행했다. 계몽하는 이성은 우주까지도 분석의 대상으로 만들었고, 이론적인 결과물을 산출하였다. 하지만 우주개발과 생명공학이 이론적인 측면에서뿐 아니라 행복추구라는 계몽의 이념적 측면에서도 성과를 거둘지는 아직 분명하지 않다. 행복하기 위해서는 물질이 직접 가공되어야 하기 때문이다.

인간을 달에 착륙시킨 것은 인식론적 진보임이 분명하다. 이론적으로 인간은 달에 갈 수 있다. 그런데 이론의 옳고 그름을 증명하기 위한 우주선이 아닌, 삶의 일부로 우주선에 개인이 직접 탑승할 이유에 대하여 인류는 뚜렷한 대답을 가지고 있지 못하다. 아마도 우주개발이 실질적으로 우리의 삶에 어떤 도움을 주었는지 분명하지 않기 때문일 것이다. 일부에서는 우주개발이 군수산업과 최첨단 정보기술의 발달로 귀결된 까닭에 공동체 구성원들 사이의 인간적 갈등을 증폭하고 더 큰 규모로 고정하는 흐름을 강화한다는 주장을 제기하기도 한다. 최첨단 기술은 최첨단의 파괴로 귀착될 수 있다. 2001년 9월 11일의 테러는 '계몽의 변증법' 테제의 세기적 확인이다.

1969년의 달착륙과 2001년의 테러

왜 인간은 달에 가야만 하는가? 인류는 뚜렷한 대답을 가지고 있지 못하다.

오히려 최첨단 기술은 최첨단의 파괴로 귀착될 뿐이다.

내부자연지배
삶의 변증법

이성능력을 타고난 인간이 자신을 세련시키는 일, 즉 내부자연
지배는 사회구성원들 사이의 일상생활을 가능하게 하는 필수요건
이다. 자신을 정신적인 존재로 이해하는 인간은 자신의 감성에 대
해서도 손수 파악하고 있어야 하며, 감성과의 관계맺음에 대한 표
상을 이웃과 공유하고 있어야 한다. 아울러 그만큼 이웃에게도 이
성적인 존재가 되기를 요구한다. 이 내부자연지배의 경우, 우리는
이성이 자신을 현실에서 관철시키는 가운데 노정하는 '변증법적
전복'의 역학을 훨씬 직접적으로, 그리고 개인적으로 경험한다. 윤
리와 도덕은 그런 개인적인 경험들을 규율과 금기로 '정리'한다.

> "이론들은 수미일관하고 엄격하며 도덕론들은 그것이 엄격하
> 게 들리는 경우에도 선동적이고 센티멘탈하지만, 칸트가 윤리
> 적 힘이라는 사태에 호소하는 데서 알 수 있듯이 도덕론은 도덕
> 의 추론 불가능성에 대한 의식에서 나오는 폭력행위다. 상호존
> 중의 의무를 이성의 법칙으로부터 연역해내려 했던 칸트의 시
> 도는 서구 철학사 전체를 통틀어 가장 사려 깊은 것이었지만, 이
> 를 지지해줄 어떤 근거도 『비판』에서 찾을 수 없다."(DA, p.92)

하지만 예술작품만큼은 이 '전복의 역학'이 거리낌 없이 자기를

전개하도록 허용한다. 전복과정이 흥미진진하게 펼쳐진다. 마음껏 자신을 드러내면서 왜 반듯하게 살지 못하고 전복되는 길로 접어들었는지 생각하느라 내면으로 침잠한다. 예술은 자기세련을 위한 반성의 장(場)이다. 그러면 지금부터 수세기 동안 박물관과 성당에 자리를 차지한 채 서구 기독교인들에게 살과 정신의 변증법적 운동과정을 '의식'하도록 자극하면서 내적 세련을 도모한 '공인된' 미술작품들을 살펴보기로 하자.

기독교 중심의 사회에서 르네상스시기를 거쳐 근대 시민사회에 이르는 기간에 인간의 자기세련 방식은 크게 변화하였다. 예술가들은 인간들이 사회적 규범으로 자기를 재단하지 않기를 바랐다. 스스로를 축소하지 말고 있는 대로 펼치기를 원했던 것이다. 예술가들이 작품에 남긴 자기세련 방식은 따라서 사회적 규범에 대한 새로운 해석이기도 했다. 사회내적 존재로서 생존의 거점을 현실세계에서 확보하기 위해 규범에 따라 생활하지만 동시에 인격적 차원에서는 기존의 규범에서 벗어나보려 했다. 예술작품은 정신이 감성과 관계를 맺는 방식에 나타나는 새로움을 규범화해내었다. 내부자연을 표상하는 방식에서 나타난 변화를 표출한 예술작품들은 문명사를 가로지르는 특출한 기록이다.

18세기 계몽주의 문화운동의 여러 단계를 거치면서 유럽인들은 시민사회 구성원리가 그다지 단단하지 못하다는 사실을 확인하였다. 언제라도 무너질 수 있을 만큼 허약한 까닭은 무엇보다도 그것이 인간의 본성에 큰 부담을 주기 때문이다. 핵심적 구성원리 중

하나인 일부일처제만 보더라도 타고난 '본성'을 잘 다스렸을 때에
만 작동된다고 할 수 있다. 괴테의 소설『젊은 베르테르의 슬픔』은
이 원리가 초래하는 고통스러운 결과를 잘 보여준다. 이 소설이 증
언하듯, 계몽의 '빛'은 여과장치 없이 순수하게 빛날 때 살마저도
파괴한다. 빛에 의한 살의 파괴과정은 우리가 예술작품에서 일상
적으로 접하는 주제이다. 그중에서도 미술작품들은 '계몽에 의한
살의 파괴과정'을 찬란하게 보고하는 거대한 저장소에 해당한다.

기독교의 초자연적 형이상학이 지배하던 시절, 다시 말해 인간
이 서로 모여 사회를 구성하지 않고 신께서 내리신 대로 삶을 꾸린
다는 생각으로 살았던 이른바 중세 봉건사회에서 감성은 개인이
처리할 대상이 되지 못하였다. 인간은 정신적인 존재로만 인정받
고 스스로도 그렇게 자각하였다. 정서담론에서 영원히 시들지 않
는 주제인 모자 관계를 중세의 성모상은 '정신화'된 형태로 양식
화했다. 여기에서 마리아는 아기예수를 세상에 내보낸 성모일 뿐,
정서적인 모친이 아니다. 마리아에게서 육친으로서의 의미조차
탈색시킨 이 성화들에서 어머니와 아들이 나눈 피와 살은 아무런
역할도 하지 못한다.

어린애가 아니고 이미 예수인 채로 이 세상에 등장한 아기는 어머니
의 무릎이 아니라 제단이 필요하다. 신도들의 경배하는 시선이 제단에
앉은 아기예수의 성장을 돌본다. 이 아기는 육친의 보살핌으로 크지 않

각각 치마부에와 지오토가 그린 아기예수와 마리아

는다. 아기예수는 어머니를 보지 않고 신도들이 있는 곳을 응시한다. 아기의 신성(神性)으로 자신의 존재를 정당화해야 하는 어머니도 아들과 함께 경배하는 그들을 본다. 지금 아기예수를 안고 있는 어머니 마리아는 함께 신의 나라에 드는 의식을 거행하는 중이다. 이 세상에서 아들과 어미로 맺어졌지만, 맺어짐의 의미가 저 하늘나라에 있음을 잊지 않은 마리아는 무릎을 제단으로 내준 채 앞을 응시하고 있다. 무릎에 앉힌 아기는 신의 부름이다. 육체적 접촉을 통해 신의 부름을 온몸에 체득한 마리아는 성모로 자신을 승화시킨다. 살의 만남은 살을 부정하는 의식이 된다.

기독교의 세속화와 더불어 차츰 마리아의 위상이 격상하고, 빛이 분화해내는 색채를 감지할 수 있을 만큼 지적 능력이 진보하였어도 성화는 여전히 '신성'을 강조하는 데 머문다. 아직 빛은 충분히 축적되지 않았다. 자연광으로 성당의 주랑과 천장을 걷어내는 르네상스시기가 올 때까지, 빛은 성당유리를 통과하면서 신성을 검증받아야 한다.

쟌 반 아이크가 그린 「교회 안에 계신 성모」

성당의 빛은 아이를 아이답게 만들면서 마리아에게 왕관을 씌워주었다. 왕관을 쓴 마리아는 제단 앞에 모여든 신도들에게서 시선을 거두어 자신의 내면을 주시한다. 빛을 통해 신성은 마리아의 마음속으로 들어왔다. 마음은 하늘나라와 통한다.

하지만 한번 자각된 빛은 계속 활동범위를 넓혀 인간의 타고난 속성들을 밝혀내었다. 제일 먼저 마음이 빛으로 밝혀졌다. 그 빛을 타고 마음에 들어온 신성은 인간의 행위에 신적인 의미를 부여했다. 이 세상에서 행하는 일들이 하늘나라의 그 화창함과 같을 수 있도록 육체와 정신이 서로를 겨루게 되었다. 르네상스기의 회화작품들이 전시하는 인간의 육체적 감성은 정신만큼 완벽해지기를 원하는 인간 마음의 산물이다. 이 세상에 육신을 입고 태어난 존재이면서도 하늘나라에 뒤지지 않기를 바라는 마음. 성당에 쏟아져 들어온 빛을 타고 마음에 들어온 신성이 천상을 향한 갈구를 용인하였다. 갈구하는 마음으로 행하면, 그 행위의 결과는 신성의 구현이 된다. 인간의 마음을 장악한 종교는 인간을 안심시킬 수 있었다.

예술가의 보는 일은 이제 신성에 형태를 부여하는 행위로까지 격상되었다. 빛의 효과는 하늘의 찬란함으로 빛났다. 신성한 빛 아래서 인간의 보는 일은 그 자체로 찬란하게 아름다웠다. 빛은 살을 확인하였다. 인간이 살을 타고났다는 사실을 새삼 환기하는 데서 이 모든 일이 비롯되었다. 손끝으로 신성을 직접 전수받은 아담은 우선 자신의 육체가 흠잡을 데 없는 살로 구성되어 있음을 확인했다. 신성한 빛은 살을 확인하면서 살이 속하는 몸에 깃들었다. 신은 아담에게 살을 타고난 정신적 존재임을 의식시킴으로써 인간을 에덴동산으로 돌려놓으려 하셨는지도 모른다.

보티첼리가 그린 「장미정원의 성모」

이제 마리아와 예수는 피와 살을 나눈 혈육으로 서로를 느낄 수 있다. 그렇다고 신성을 저버린 것은 아니다. 신은 마음 안에 있다. 마음의 신성이 살의 표면에 드러나 피부로 육화되었고, 엄마와 아들은 피부접촉으로 서로의 신성을 확인하고 있다. 확인하는 두 사람의 심장은 하나다. 신성으로 하나가 된 심장의 소리를 다른 이가 듣는다. 마음에 신성을 받아들인 사람에게는 타인의 심장 소리가 들린다. 신성을 받아들였다면 이제 마음만으로도 피부접촉 과정에 동참할 수 있다. 마음에 신을 영접했음을 다른 사람에게 알릴 길이 열렸다. 타인의 심장 소리에 귀 기울이고 함께 호흡하면 된다. 마음은 마음끼리 통하게 되어 있다고 신께서 빛으로 알려 주시지 않으셨던가. 신성이 살에 흘러들어오는 영광을 누린 아담이 지상에 가지고 온 복(福)이다. 하늘로 통하는 길이 마음에 있음을 아는 인간은 하늘나라를 지상으로 옮겨놓을 수 있다.

신성이 흘러든 아담의 몸에 피와 살이 들끓고 있음을 빛의 힘으로 확인한 르네상스는 그 무엇보다 앞서 여성에게 살을 돌려주었다. 그리고 '살의 발견'은 여성인물을 근본적으로 변화시켰다. 그런데 이 변화는 '빛에 의한 발견'이 초래한 것인 까닭에, 여성에게는 숙명 이상이 되지 못하였다. 발견자가 남성이고, 그 남성에게 발견된 살이 여성인물로 육화되는 구도가 만들어졌던 것이다. 이 구도는 계몽주의시절에 더욱 심화되었고, 지금까지 이어져 내려오면서 한층 세련되고 공고해졌다. 결국 남녀 모두 이 구도에서 벗어날 수 없는 운명이 되었다. 문명의 근간을 이루는 구도로 자리 잡았다.

　미술사의 흐름은 이 변천과정을 뚜렷하게 기록하고 있다. 남성화가들이 그린 여성은 정신적인 존재인 인간(남성)이 다스려야 할 대상으로서의 살(자연)을 어떻게 표상하였는지를 드러낸다. 빛이 아직 신성의 세례를 받기 이전인 중세동안 살은 심장의 소리를 듣는 마음에서 동떨어져 있었다. 육신은 인간이 신의 피조물임을 드러내는 수단에 불과하였다. 기독교의 형이상학이 이성의 빛으로 재조명되기 시작하면서 차츰 살이 자신의 권리를 주장하기 시작하였다. 살은 마음의 창이 되었다. 다빈치(Leonardo da Vinci)는 「모나리자」(1503~1505)를 통해 살에 정신이 조화롭게 드러난 여성인물을 창조하였다. 신성을 이성의 빛으로 전환시킨 복된 아담을 기억하는 동안 모나리자의 얼굴은 극락을 지시할 수 있었다.

「슬픔에 찬 성모」　　　「에스테 가의 공주」　　　「모나리자」

바우츠(Bouts, 1425~75)가 그린 「슬픔에 찬 성모」는 에덴동산에서 추방당한 인류의 죄를 속죄하는 여인네를 담았다. 인간이라는 종(種)의 죄를 자신의 육체에서 확인하는 여인네는 속죄의 순간으로서만 자신을 개별자로 드러낼 수 있다. 그래서 모두 가리고 그 순간에 집중하는 눈빛만 살렸다. 피사넬로(Il Pisanello)가 1436~38년에 그린 「에스테 가의 공주」는 이제 막 자신의 내면을 자각하기 시작하는 소녀를 담았다. 그림 속 소녀는 성당에서 나와 집으로 돌아가는 도중, 정원의 나무 옆에서 홀가분함을 느낀다. 제단의 은빛이 무겁게 감싸면서 억누르던 성당을 나와 열린 하늘 아래 서니 오히려 자신의 마음속 저 깊은 곳에서 묵직함이 솟아나온다고 느낀다. 그래서 입은 단호해지고 눈은 안으로 향한다. 다빈치의 「모나리자」는 정말 편안하다. 성당의 억눌린 분위기는 그저 기억할 뿐이다. 이미 회복하였다. 그래서 저 깊은 마음도 이제는 묵직하지 않다. 마음은 자신이 정말 독립했음을 확신하면서 표정을 갖게 되었다. 모나리자의 살은 마음을 반영한 것이다. 성당의 기억이 마음의 표정과 어우러진 그녀의 얼굴은 극락을 드러낸다.

‘조화로운’ 관계 속에서 일단 자신의 권리를 찾은 살은 갈수록 자신을 의식하게 된다. 그리고 자신을 의식할수록 정신이 자신을 구속하고 있음도 깨닫게 된다. 살은 속성상 독립하려는 의지가 강하다. 이 의지가 앞으로 인간성 회복 기획을 변증법적으로 전복하는 계기로 된다. 하지만 일단 무엇보다도 먼저 살은 지금까지 자신을 억압해온 정신으로부터 벗어나기로 한다. 벗어나오니 홀가분해서 스스로 빛을 발한다. 정신 대신 살이 빛의 근원지가 된다. 다시 찾아들어갈 곳을 물색하지 않고 정말로 독립하기로 작정한 살은 벗어남을 감행한 끝에 공기처럼 빛 속에서 부서지고 물처럼 형태가 흐트러진다.

프랑수아 부셰가 그린「멱을 감고 나오는 여신 다이아나」

프라고나르가 그린 「그네」와 「목욕하는 여인들」

목욕을 마치고 쉬는 「다이아나」는 살로 우주를 만들어내었다. 그녀의
살이 빛의 근원지다. 살에서 쏟아져나오는 빛으로 태양빛을 물리쳤다.
옷을 입고 들판에 나간 것은 두 남자와 유희하기 위해서다. 두 남자가
계산을 정확하게 했다면, 그네에 올라 멀리 내달아도 나뭇가지를 부러
뜨리지 않을 수 있다. 그 최초의 계산으로 조건을 갖춘 그네는 자체 발
광의 이력을 지닌 살을 빛으로 산화시킬 수 있다. 빛은 무게가 없다. 무
게를 방출한 살은 물속에서 본래의 형태를 간수하지 못한다. 물과 살은
경계가 없다. 물이 살로 채워졌다. '목욕'은 몸을 씻는 행위가 아니다. 가
벼워진 살의 외연확대다.

이처럼 살은 한번 가벼워지자 금방 경계마저 인식하지 않으려는 극단을 내보였다. 구성에 참여하기는커녕 육체로부터도 벗어나려는 살을 정신은 무질서로 인식한다. 정신은 새롭게 구성의 원칙을 환기하였고, 다시 살에 형태를 부여하였다.

앵그르가 그린 「오달리스크」와 「터키탕」

다시 형태를 갖추기 시작한 살은 옛날의 균형과 조화된 상태로 돌아갈 수 없다. 어찌되었든 한번 자신의 독립성과 힘을 맛본 살이 자기 주장을 굽힐 이유를 모르기 때문이다. 르네상스 시절 신으로부터 축복받은 아담의 살이 아니었던가. 그러다가 로코코의 발광체로 되는 호사도 누렸던 터. 살은 형태 속에서 자신의 존재감을 드러내는 법을 터득하였다.

하지만 한번 자신을 의식한 살은 자신을 빚어 형태로 구성하려는 정신의 압박을 고분고분하게 받아들이지 않는다. 구성의 형식을 뚫고 나오려는 의지를 버리지 않는 것이다. 구성하는 정신이 활발할수록 살의 독립의지도 강력해진다. 두 극단의 변증법은 경계를 넘어서는 순간을 표상 가능한 정점으로까지 끌어올린다. 여기서 살은 전복의 계기가 된다. 정신과 달리 현실에서 자신을 실현해야 하는 살의 본령에 충실한 결과다. 정신이야 저 혼자서도 비상할 수 있지만, 살은 관념일 수만은 없기 때문이다. 공간적 확산이 반드시 뒤따라야 하는 살은 정신의 지시가 자신의 물질적 속성을 부정한다고 느끼는 순간, 정신의 구성활동을 거부한다.

들라쿠르아가 그린 「민중을 이끄는 자유의 여신」

들라쿠르아가 그린 「사르다나팔의 죽음」

경계선 아래로 여신의 상의를 끌어내린 화가의 정신은 총을 들어 올린다. 총은 살을 파괴하는 도구다. 옷을 끌어내려야만 했던 넘어섬의 충동을 정신은 다스리지 못한다. 그리고 충동을 현실에서 실현하기 위한 도구로 총이 최고임을 깨닫는다. 충동의 실현은 파괴라는 개념을 낳는다. 개념의 적용을 완벽하게 보장하는 총을 든 정신은 결국 개념으로 독립한다. 개념이 목적론인 정신. 너무 완벽한 도구를 고른 탓이다. 개념과 파괴가 동의어가 된다. 완벽성은 정신의 존재론이다. 그런데 정신에 이끌려 경계를 넘어서 밖으로 튀어나와 자유를 맛본 살 역시 자신의 부피를 주장한다. 자기주장은 화해를 모른다. 정신과 살이 제각기 독립하여 피를 부른다. 인간 정신이 자신에게 충실한 결과다.

살과 정신의 불일치라는 깊은 심연에서 비롯된 격정이 한바탕 현실의 관계들을 뒤엎는 역사적 경험(낭만주의)을 하고 나자 살은 이제 스스로 자신에 대해 편안한 관계를 유지할 수 없게 되었다. 모두 같이 행복하자고 혁명도 하고 공장도 지었는데, 분란이 끊이질 않고 전쟁은 규모가 더 커지고 강도가 세졌다. 모두 먹고살기 위해서라고 했다. 지상에서 행복한 삶을 누리기 위해 살의 권리를 인정하였지만, 한두 차례 살의 반격을 경험하고 나서는 살에 대하여도 반성적인 태도를 취하기 시작하였다. 그러자 살은 자신을 거부하는 방식으로 정신에 반기를 들었다. 이러한 경향은 도시적인 삶의 조건들이 일반화되면서 살의 가능성이 점점 줄어들자 더욱 뚜렷해졌다.

은행에 거금을 넣어둔 사람들도 정말 먹을 것이 없는 사람처럼 '더 먹을 것'을 위해 필사적이다. 돈이 돈을 버는 자본주의 사회에서 은행은 더 높고 더 화려한 도시경관을 구축하는 토목공사에 집중적으로 돈을 쏟아 붓는다. 도시의 마천루가 한 층 높아지면 그 늘진 아래엔 노숙자들이 배회한다. 노숙자는 과거의 거지처럼 땅에서 잘 수 없다. 철근과 시멘트로 튼튼하게 기초공사를 한 초호화 건물의 주변을 무일푼의 사람이 배회할 때 은행에 돈을 넣어둔 사람은 초고층 빌딩에서 비인간적 규모의 공간을 점령한다. 맨땅에서 살지 않기는 둘 다 마찬가지다. 살은 자꾸 자연에서 멀어진다. 물성(物性)을 잃는다.

각각 세갈과 드가가 그린 「젊은 여인의 초상」과 「압생트 한 잔」

  고독하다. 당장 먹을 것이 없는 하층민이 아니면서도 이렇듯 쓸쓸하다니. 이런 표정과 자태로 등장하는 인물들은 더 이상 이전 회화작품의 주인공이 아니었다. 과거의 회화작품에서 귀족은 화려함을 과시하고, 하층민은 비참해하거나 고마워하거나 아니면 그 모든 고난에도 불구하고 삶의 생동감에 충만한 즉자존재로 등장했다. 하지만 이제 대도시 파리에 사는 그녀 혹은 그는 각자 자기 걱정거리가 있는 개인이 되었고, 그 개인의 자격으로 회화작품의 주인공이 될 수 있었다. 세갈과 드가의 작품은 이러한 변화상을 매우 잘 보여준다. 특히 드가는 다른 화가들과 달리 일상생활을 작품의 주요 주제로 삼았기 때문에 도시의 관찰자로서 그러한 변화에 민감했다.

피카소(Palo Ruiz Picasso)의 그림들은 문명의 현 단계에서 인간의 살이 어떤 운명에 처해 있는지를 극명하게 보여준다. 살은 문명의 도구들을 자기 안에 새겨넣었다.

피카소가 그린 「게르니카」

원근법도, 명암도, 구체냐 추상이냐의 구분도 모두 아예 머리에서 쓸어내버렸다. 살이 깊이 손상되었거늘, 그런 생각이나 하고 있을 한가함과는 손을 끊어야 한다. 정말로 이제는 더 이상 소망하면 안 된다. 살속으로 파편이 너무 깊숙이 파고들어와 그야말로 정신을 차릴 수 없게 된 정신. 살이 자기를 주장하면서 반기를 들 때는 그래도 같이 겨룰 수 있었다. 다스리고 누르려다가 끝내 피를 보고 말았지만 마지막 순간까지 살은 살아 있었다. 그래서 정신도 깨어 있을 수 있었던 것이다. 지금, 아프다고 아우성치는 살을 정신은 달랠 수 없다. 정신도 함께 병드는 수밖에 없다.

정신이 병든다는 말은 계몽된 정신에 대해서만 할 수 있다. 1814년 고야(Francisco José de Goya)가 그린 그림은 인간의 살을 파괴하는 무기의 자유주의적 단계라고 할 수 있다. 총을 쏘는 사람은 누구를 겨누는지 표정까지 살필 수 있으며 붉은 피가 흥건하게 괴는 것을 보면서 임무 완수를 확인할 것이다. 그러면 총을 거두고 자기 자리로 돌아가면 된다.

마음이 올바른 사람은 자신의 임무를 고통스럽게 여길 것이다. 어쩌면 그중에는 승리감에 취해 우쭐한 감정을 맛보는 사람도 섞여 있을 수 있다. 사정이 어떠하든 간에 자유주의적 단계에서는 '개인'이 실행자로서 살과 피에 감정이 실린다. 그런데 200년이 지난 뒤에는 한 마을이 쑥대밭이 되었는데도 무기를 휘두른 사람들을 볼 수가 없다. 2세기 만에 세상은 그만큼 달라진 것이다. 피카소의 「게르니카」는 대량살상무기의 파시즘 단계를 보여준다.

"재앙만이 승리를 구가하는"4 지구를 만든 계몽의 담당자는 누구인가? 고야의 그림에서처럼 봉기하는 자와 진압하는 자의 전선이 뚜렷한 구도를 피카소가 설정할 수 없었던 까닭은 무기를 휘두르는 주체가 이미 '집단'이 되었기 때문이다. '자유로운 개인의 해방'을 추구하는 계몽의 정신에 따르면 집단에는 도덕적 책임을 물을 수가 없다. 원인분석이야 이러쿵저러쿵할 수 있지만 무도덕의 파괴를 근절할 만한 힘을 발휘하지는 못한다. 파괴는 계속된다.

고야가 그린 「1808년 5월 3일 마드리드」
고야의 이 그림은 인간의 살을 파괴하는 무기의 자유주의적 단계라고 할 수 있다.
자유주의적 단계에서는 '개인'이 실행자로서 살과 피에 감정이 실린다.
그러나 피카소의 시대가 되면 상황은 달라진다.

변증법적 전복의 결과

자본주의는 몸을 디자인할 수 있는 과학기술을 발전시키는 한편, 디자인하는 과정에서 나타날 살의 저항을 다스릴 대책도 아울러 마련하였다. 고비용의 체중감량 프로그램은 성공한다. 이목구비를 고치는 것은 물론 살의 부위도 옮겨놓을 수 있다. 자본주의는 대중매체를 동원해 일반인들에게 자신이 얼마나 효과적으로 인간의 살을 지배하는지 계몽한다. 계몽의 결과는 문명이다. 21세기적 문명은 살에 대한 지배를 프로그램으로 내장한 채 질주하고 있다. 계산적 합리성이 자본주의적 이윤추구의 원리에 따라 피와 감정이 흐르는 따뜻한 살을 조작이 가능한 소재로 완전히 탈바꿈해놓은 결과다.

21세기의 살은 저항할 생각조차 하지 않는다. 자본주의적 계몽이 마지막 남은 자연적 속성마저 살에서 제거해버린 탓이다. 21세기의 살은 조작당하면서 고통조차 느끼지 않는다. 완벽한 계산 덕분이다. 이제 인류의 역사에서 질풍노도는 다시 찾아오지 않으려나보다. 고통과 감정이 제거된 살을 우리는 무어라 부를 것인가? 그냥 기능에 불과한 살을 계속 살이라 불러야 하나?

개인의 상품가치를 실현하는 기능에만 충실한 살은 더 이상 인간적인 그 무엇이 아니다. 인간에게는 없는 것과 마찬가지다. 노동자와 자본가 그리고 전문가는 제각기 노동하기 위해 필요한 도구로서의 몸은 가지고 있지만 인격적 보편성을 구현하는 자연으로서의 삶은 벗어버린 지 오래다. 21세기 고도자본주의 경제체제 속에서 살아가는 인간에겐 살이 없다. 우리의 살은 자본주의 시스템에 온전히 귀속되었다.

"이성의 형식화로 모든 목표가 필연성 그리고 객관성의 성격을 상실하게 되면서 불의, 증오 그리고 파괴 등과 같은 것들도 '추진업무'로 된다. 주술이 단순한 행동이나 수단, 한마디로 말해 산업으로 넘어가게 되는 것이다. 이성의 형식화란 그저 기계적인 생산방식에 대한 지적 표현에 불과하다. 수단이 물신화된다. 즉 수단이 기쁨을 삼켜버리는 것이다. 계몽은 이론적으로 목표를, 예전에는 지배가 자신을 장식하는 데 동원했던 그 목표라는 것을 환상으로 만들었다. 마찬가지로 그런 계몽은 잉여 생산의 가능성을 통해 목표로부터 실제적 근거를 박탈해버린다. 경제적인 힘이라는 형식을 취하고 지배는 자체 목적으로 살아남는다."(DA, p.111~112)

자연을 지배하기 위해 이성의 분석능력에 의지하였던 인간이 개명세상에서 맞이한 풍경이다. 자초한 결과다. 따라서 벗어나는 길이 아주 막혀 있다고 할 수는 없다. 아도르노가 사회비판서『계몽의 변증법』으로 비판이론 구상을 끝내지 않은 까닭이다. 인간이 만든 결과물이므로 인간의 손으로 다시 풀 수 있다는 확신이 있었던 것이다. 사회비판에서 이성비판으로 넘어갔다. 물론 사회비판이 길잡이 역할을 했기 때문에 가능한 길이었다. 고전철학의 비판 정신을 소환하여 변증법적 사유에 다시 불을 지피기 위해 골몰하였다. 파시즘 지배가 끝난 후 망명지 미국에서 돌아와 『부정변증법』을 쓴다.

부정변증법

철학의 대상은 시간의 흐름 한가운데 놓인 객관 세계다

"부정변증법이라는 표현은 전승되어 내려오고 있는 것을 거스른다. 플라톤에 서 이미 변증법은 부정이라는 사유수단 을 통해 실증자(das Positive)를 산출하려 했다. 이 실증자는 나중에 부정을 부정한 것이라고 간명하게 이야기되었다. 나는 변증법을 그와 같은 긍정적(affirmativ) 본질에서 해방시키고자 한다."

출구 없음

계몽의 빛이 아무리 밝게 비추어도 어떻게 해볼 도리가 없는 상태—계몽의 퇴행적 계기가 계몽을 자기파괴로 몰아가다가 자본주의 세계체제에 이르러 끝내 모든 사물을 계산 가능하게 만들어놓은 뒤 찾아온 현실이다. 아도르노는 계산하는 정신으로 세상을 유용하게 경영할 수 있다는 믿음에 사로잡힌 문명인이 이런 파국을 자초하였다고 사회비판서 『계몽의 변증법』에서 질타하였다. 그래도 새로 시작할 한 지점은 남겨놓아야 하는 것 아니냐면서 '세상에서 가장 어두운 책'을 쓴 스승에게 불만을 표한 하버마스의 지적대로 그야말로 꽉 막힌 상황이다. 어디에도 출구는 없다.

이렇게 해서 우리 모두가 사회비판서 『계몽의 변증법』을 읽고 느끼는 허탈감, 의아함과 그 속에서 꾸역꾸역 솟아오르는 역증의 실체를 간파하게 되었다. 프랑크푸르트학파의 강령서는 '이 출구 없음'을 직시하라고 독자들을 옥죄는 일을 목표로 삼고 있다. 지금까지 해오던 대로 계속하면 안 된다는 정언명령이다. 그렇다고 그냥 손 놓고 있으라는 뜻은 아니다. 아도르노 자신도 바로 이 '출구 없음'의 지점에서 다른 전망을 찾아 정력적으로 저술활동을 하고 학생들을 가르쳤다.

그러므로 우리도 일단 역증을 가라앉히고 새 출발의 자세를 가다듬어보자. 한 발 더 나아가면 아도르노가 "사유는 자체에 맞서서 사유할 수 있다. 자신을 손상시키지 않고도 말이다"라는 식의

게르하르트 리히터의「촛불과 해골」
빛을 받아 반짝이는 해골은 스스로 발광체가 되었다.
빛만 바라보다가 자신이 빛이 되어버린 인간. 살은 빛으로 빚어낼 수 없는
물(物)인 것을. 살이 없는 두뇌는 해골일 뿐이다.

'신탁' 같은 주문을 하면서 "변증법에 대한 정의가 가능하다면 이러한 것도 그 하나로 제시해봄직하다"[1]는 자기 확신을 체계화한 『부정변증법』을 만나게 된다. 어마어마하게 큰 산 같지만, 한 걸음부터 시작하면 어느새 정상에 오를 수 있다.

언어적 전회로 후퇴했다가 다시 변증법으로

그렇다. 출구는 없다. 사회비판서 『계몽의 변증법』에는 없다. 이 책은 아무리 찾아도 해결책이 안 나오는 지점까지 독자를 끌고 간다. 그리고 그 전망부재 상황에서 실질적으로 도움이 되겠다 싶은 것을 어떻게든 하나 찾아내 밝은 세상으로 나가려고 애쓰는 사람들을 좌절시킨다. 누구보다도 제자 하버마스가 제일 먼저 좌절했다. 하지만 곧 자신을 회복했다. 스승과 단절하고 새로운 길을 갔다. 이른바 '언어적 전회'를 수행한 것이다.

하버마스는 빛이 있으므로 계속해 나아갈 수 있다고 믿고, 이 믿음에 미래를 걸었다. 사물에서 물성이 증발해버렸다니, 할 수 없는 일이라고 여겼다. 물질이 꼭 있어야 할 필요가 없어 보이기도 했다. 그에 필적할 만한 대체재가 있다면, 서로 잘 상응되도록 논리를 구축해서 객관세계에 버금가는 틀을 주조해내면 될 듯싶었다. 태초에 말씀이 있었고, 그 말에서 세상만물이 풀려나왔다고 하니, 이 '말'에는 분명 객관세계에 조응하는 구조가 내장되어 있을 것이라는 점에 착안하였다.

하버마스의 새로움은 인간의 파악능력이 물질에 대해 무능력하게 되었음을 부정하거나 회피하지 않고 해결과제로 설정했다는 데 있었다. 직접 다가갈 수 없음이 무능력의 원인이라면 다른 차원에서의 매개로 보완하는 방법 역시 해결책일 수 있었고, 간접적인 방식으로 둘을 매개해서 새로운 차원을 열면 되었다. 그래서 매개체(Medium)를 찾아나섰는데, 바로 언어가 그의 시야에 들어왔던 것이다. 그는 언어의 매개능력을 확신했다. 정신성과 물질성을 모두 지니고 있는 언어라면 물질을 인간의 정신능력에 날라다줄 수 있으리라 확신했다.

하버마스의 탁월한 지적 작업으로 '의사소통'이라는 새로운 영역이 공론장에 정착되었다. 하버마스의 의사소통행위이론은 다양한 층위의 소통 가능성을 열었다. 그런데 그 결과로 나타난 것은 객관세계와 인간의 소통 가능성이 사라져버린, 인간들 사이의 자율적인 공론장뿐이었다. 소통은 사람들 사이에서만 활발했다. 이웃 사람과의 관계를 조율하는 데 몰두하다보니 객관세계 자체가 시야에서 사라져버리고 만 것이다.

합리적 공론장이 얼마만큼 자율적으로 작동하는 사회인지는 분명 구성원들의 행복추구권과 관련해서 진지하게 물어야 할 문제다. 하지만 객관세계 역시 엄연하다. 행복의 물질적 요건을 충족하는 데 결정적인 까닭이다. 그리고 소통에 몰두하는 사람들이 아무리 공을 들여도 객관세계가 언어로 탈바꿈되지는 않는다. 소통하는 사람들 눈앞에서 잠시 사라졌을 수는 있다. 소통하는 동안에는 말로 현실을 대신할 수 있다고 믿었지만, 그리고 서로 조정하는 과정에서 물질의 저항을 피할 수 있다고 착각했지만, 어느 순간 물질의 엄정함이 사람들 사이를 단절해놓는다. 제자를 넘어 스승으로 다시 돌아가야 하는 이유, '부정의 철학자' 아도르노에 새삼 주목해야 하는 이유가 바로 여기에 있다.

아도르노가 철학방법론으로 제시한 부정변증법은 후일 제자가 단행할 언어적 전회가 의식철학을 혁신하기는커녕 '소통'이라는 대체재를 통해 철학적 사명을 거세할 것임에 대한 사전경고이기도 했다. 객관세계를 언어로 대체하는 일은 철학 본연의 의무를 저버리는 퇴행이 아닐 수 없다. 철학은 어떤 경우라도 실천적인 함의를 저버려서는 안 된다. 철학의 대상은 객관세계다.

"왜냐하면 철학은―나는 단순한 것을 일단 확정하는 것이 꽤 중요하다고 믿는 편입니다 ―자기 안에서 자율적으로 거하는 형상이 아니라 대신 끊임없이 자기 밖에 있는, 자신의 관념 외부에 있는 내용적인 것, 현실적인 것에 관련한다는 바로 그 지점에서 예술과 구분된다고 할 수 있기 때문입니다. 바로 이 관념과 그리고 바로 이 관념의 입장에서 보면 그 자체로서는 관념이 아닌 것 사이의 관계, 예 그렇지요, 바로 이 관계가 철학의 핵심 주제를 이룹니다. 그래서 철학이 일단 현실적인 것과 관련을 맺게 되면, 그러면 이 현실적인 것에 대한 순전히 관조적인 관계, 그 자체로 자족적인 관계, 실천을 목표로 하지 않는 관계란 이미 그

말 자체로서 터무니없는 것이 되어버립니다."(『부정변증법 강의』, 105쪽)

이제 아도르노와 함께 철학본연의 임무에 충실하자. 언어의 거품을 걷어내고 정직하게 객관세계를 대하고 문제들을 직시하는 자세를 갖추자. 객관세계를 철학의 대상으로 다시 불러들여야 할 필요가 어느 때보다도 절박하다.

정직해지는 첫 단계는 그토록 암울한 진단을 내놓았던 『계몽의 변증법』이 그냥 한 권의 '책'일 뿐이라는 사실을 직시하는 작업에서 비롯된다. 『계몽의 변증법』 역시 특정한 관점, 즉 사회비판적 시각에 입각해서 저술된 책이다. 그리고 무엇보다 아도르노가 이 책으로 자신의 생각을 마무리 짓지 않았다는 사실을 잊어서는 안 된다.

아도르노는 정말로 많은 양의 저술을 남겼으며, 또 책들에서 같은 이야기들을 반복해 늘어놓지도 않았다. '계몽의 변증법' 테제로 인류의 문명에 파산선고를 내린 채 손 놓고 음악과 예술에 탐닉한 유미주의자가 절대 아니었던 것이다. 그는 오성의 분석능력이 자본주의 세상에서 가장 사랑받는 정신능력으로 되어버린 인류문명의 패착을 가슴 아파했으며, 그 '계산하는 정신'으로 행복해질 수 있다는 신념, 인간의 어리석은 믿음에 파산선고를 내렸을 뿐이다.

파산선고가 내려진 지점을 정확하게 확보하는 정신력이 새로운 출발의 동력이다. 계산하면 질서가 수립된다고 무조건 믿느라 한 치 앞을 내다볼 줄 모르게 된 인간이 계몽의 빛을 물질에 지속적으로 들이대어 마침내 물(物)이 다 날아가버리고 만 현재, 물질을 수량화 영역으로 이전시키는 계산 가능성 앞에서 인간의 삶마저도 물성을 잃어버렸다. 계몽의 빛을 받아 해골이 된 인간-이 표상이 『계몽의 변증법』에서 도출되는 논리적으로 수미일관한 결론이다. 이런 논리적 귀결은 정말로 모든 전망을 차단한다.

그런데 아도르노의 사회비판서가 하는 일은 이 '논리적' 전망부재를 확실하게 못 박는 데 그친다. 다른 대책을 강구하라고. 논리적으로 확인된 지점에 두 발 굳게 딛고 서서 인간의 정신능력이 논리능력으로 축소되지 않음을 직시하라고. 인간의 정신능력은 계산에 따른 논리적 완벽성을 얼마든지 능가할 수 있으며, 더구나 자신의 사유 자체를 사유대상으로 삼는 '메타' 차원도 마음껏 열어젖힐 수 있다. 이런 반성적인 차원의 사유를 독일 철학자들은 이어왔고, 변증법적 사유의 전통을 수립하였다. 아도르노 고유의 철학 방법론인 '부정변증법' 역시 독일 고전철학의 전통을 잇는다. 변증법의 자본주의적 판형에 해당한다.

이상주의적 문화지형의 형성

유용성을 금과옥조로 하는 계몽이 파탄에 직면할 조짐은 이미 18세기, 인류가 의식적이고도 체계적으로 계몽을 시작하던 초기 단계에서 드러나고 있었다. 초기 합리주의적 계몽 단계에서 위력을 발휘한 오성의 분석능력은 20세기에 들어 과학주의라는 패러다임을 형성하여 더욱 위세를 떨쳤다. 그래서 여러 차례 파국도 들이닥쳤다.

이 '과학주의적 편향'에 유독 예민하게 반응한 사람들이 있었으니, 바로 독일관념론자들이었다. 이른바 '후진적인' 사회경제적 상황으로 합리주의적 계몽이 사회의 합리화, 즉 근대 시민사회형성으로 결실을 맺지 못한 사회에서 근대화 과정을 겪었다는 사정에 무엇보다도 큰 원인이 있었다.

독일은 합리주의적 계몽과 그 계몽의 실천적 귀결 사이의 불일치를 가장 격렬한 형태로 겪은 사회구성체다. 파시즘 역시 불일치가 불러온 사회적 파국에 해당한다. 이런 '독일적' 상황은 철학자들을 움직였고, 독일 사회는 철학자들에게 지구상 그 어느 사회에서도 볼 수 없는 활동공간을 허용했다. 이미 칸트의 비판철학부터가 이 불일치에 대한 철학적 반응이었다. 오성의 분석능력이 인간과 사회의 모든 영역에 파고들면서 전권을 휘두르지 못하도록 하는 사상들이 백가쟁명식으로 등장했고, 여기에서 고전독일관념론이라는 인류의 지적 자산이 쌓여나갔다.

독일의 철학자들은 대체로 정신의 계몽을 좀 더 철저하게 수행함으로써 이 상황을 극복할 수 있다는 입장을 견지하였다. 정신능력이 제대로 구성의 결과물을 내놓을 수 없는 일차적 원인은 당연히 개념이 현실에 부합하지 않는다는 사정에 있었다. 따라서 개념의 한계는 어떤 식으로든 보완되어야 했다. 이 점을 보충하면 정신은 구성능력으로서의 위상을 다시 회복할 수 있을 것이다. 정신능력에 대한 회의는 들어설 틈이 없다.

칸트에서 헤겔에 이르는 독일 이상주의 철학은 개념과 현실의 불일치를 제3자를 도입함으로써 해결하려고 시도하였다. 칸트는 물자체를 설정하여 현상계를 상대화함으로써 개념에 질료로서의 자연이 직접 부합하지 않는 모순을 해결하였다. 현상계는 인간의 정신능력이 자의적으로 불러올린 것에 불과하고, 진짜 물성을 보유하고 있는 물자체는 정신능력이 사용하는 개념과 무관한 채로 남는 것이다. 칸트는 철저하게 분리함으로써 불일치를 소멸할 수 있었다. 헤겔은 절대이념이 강력한 힘으로 모든 것을 흡수하는 과정에서 사물이 자신을 실현할 수 있다는 구도를 제시하였다. 이 '통합하는' 과정을 철학화한 것이 변증법이다. 아도르노가 『부정변증법』에서 실증변증법(Positive Dialektik)이라 명명한 구성의 방법론이다.

아도르노는 칸트와 헤겔의 변증법에서 이 제3자를 제거한다면, 사물이 본래 모습 그대로 (즉 구성되지 못한 채로) 드러날 것이라고 생각하였다. 물자체나 절대이념이 개입하지 않는 상황에서는 개념의 경험적 무능이 그대로 현실화될 것이고, 그렇다면 형식과 질료의 통일은 수립되지 못할 것이기 때문이다. 사물은 구성되지 않는다. "개념은 자신의 사안과 모순을"[2] 이루고 있기 때문이다. 개념이 스스로 자기모순에 빠지고 있음을 직시하는 것이 진리에 이르는 첩경이다.

그런데 아니 그럼에도 불구하고 전통적인 변증법은 구성된 통일체를 만들어냈다. 제3자 개입으로 '억지로' 일치시킨 것이다. 헤겔의 실증변증법이 특히 강압적이었다. 칸트가 알 수 없는 영역이라고 치부하고 개념의 구성과정에서 분리한 물자체를 통일과정에 흡수시킨 것이다.

실증변증법의 강압은 개념을 보편자로 추상시킨다. 개별자가 보편자로 상승하는 과정에서 감성억압이 필연적으로 발생한다. 절대이념이 세상만물을 다 포괄하는, 완결된 어떤 '전체'를 상정하는 헤겔의 철학에서 사실 감성은 억압되어도 상관없는 요인이다. 감성의 요구를 정신이 충족해주면 된다는 논리일 수 있다. 하지만 감성 자체는 경험적 전개에 필요한 공간을 얻지 못한다. 감성에 제 부피가 허용되지 않고 추상화된 요구사항만 남는다. 감성의 요구가 정신 속에서 충족된다. 헤겔의 변증법에 힘입어 이상주의 문화지형이 완성되었다.

흐르는 시간 속에서 개념은 허위가 된다

아도르노의 이론에 따르면 과학주의가 승리한 자본주의 사회에서 사물의 '본래 모습'이란 구성불가능한 상태 그대로 남아 있는 것이라는 역설이 성립한다. 이처럼 아도르노의 이론이 요령부득인 결론으로 치닫는 까닭은 현재 우리를 둘러싸고 있는 사물의 상태가 그만큼 당착에 빠져 있기 때문이다. 그럼에도 우리는 아도르노의 '폭로'를 낯설게 여기고 가까이에 있는 사물의 상태를 '실증적'이라는 이유에서 있는 그대로 받아들인다. 그렇게 살면서 긍정하는 관성에 빠져버렸다. 이유는 간단하다. 우리가 자본주의 세계 체제를 삶의 기반으로 삼고 있으며, 현재가 요지부동이라는 생각에서 쉽사리 벗어나지 못하기 때문이다.

칸트와 헤겔을 비롯한 철학자들의 탁월한 업적에 힘입어 실증 변증법의 위력은 오늘날까지 계속되고 있다. 제3자 개입에 따른 거짓된 구성이 제대로 된 구성인 듯 수용되고 있는 것이다. 개념의 형식이 통일시킨 바가 실제 개념의 내용에 부합하지 않는 현재의 세계 상태에서 계속 개념을 통해 진리에 다가가고자 하는 철학은 '진리추구'라는 본연의 임무를 완수할 수 없다. 철학은 이 사실을 진지하게 확인해야 한다. 개념의 한계를 분명히 하고, 전통적인 변증법이 산출시키는 동일성을 허위로 선언함으로써 새로운 구성의 가능성을 열어주어야 한다.

"개념의 내재적 요구는 그 개념 아래 포착된 것의 변천에 맞서 개념의 질서를 형성하는 불변요인이다. 개념의 형식은 이 변천을 부정한다. 이 점에서 역시 '허위'다."[3](ND, p.156)

대상들이 불변적이라는 생각은 우리의 일상적 경험에도 직접 위배되지 않는가. 시간이 흐르면 사물은 변하기 마련이다. 개념의 논리적 동일성을 통해 사물의 대상화를 꾀하는 개념적 사유는 동일성 원칙을 실체화한다. 이에 반해 변증법적 사유는 "사유의 형식이 더 이상 그 대상들을 불가변적인 것, 곧 자체로서 동일한 것으로 만들지 않도록 사유하는 것"[4]을 추구한다.

변증법적 사유는 그러므로 현재처럼 당착이 일반화된 자본주의 세계체제에서는 일종의 '요청'이다. 개념의 형식을 불변적으로 고수할 것이 아니라 '개념을 통해 파악된 것'과 '개념의 형식'을 서로 직접 대질하는 사유라면, 이러한 요청에 부응할 수 있다. 그런데 전통적인 변증법은 이 요청을 외면하였다. 개념에 의해 직접 파악된 것을 등지고 개념의 형식에 집착하였다. 그래서 역동적인 운동이라는 '변증법'의 의미를 무색하게 만들었다. 운동을 했다고는 하나 처음의 형식적인 틀로 돌아가는 결과를 보였기 때문이다. 초기 형식으로 돌아간 결과는 운동의 무효로 나타났다. 사유는 정지되었다. 운동은 했으나 다시 원점으로 돌아온 것이다.

따라서 관건은 사유가 정지되지 않도록, 원점으로 돌아가는 운동을 하지 않도록 가로막는 일이다. 제3자 개입을 통한 진테제 구성이 바로 이 '되돌림'의 역학을 구축했으므로 되돌아가도록 압박하는 제3자 개입이 척결대상이다. 제3자의 강압에 굴복하지 않으면서 변증법적으로 계속 사유하는 프로그램이 제시될 필요가 있다. 하지만 제3자가 시작단계로 되돌리려는 강압을 행사한다고 해서 변증법 자체를 포기한다면, 이 또한 강압에 굴복하는 처사가 아닐 수 없다.

사유는 변증법적 운동 내부에 계속 머물러 있어야 한다. 이 '운동'만이 정신의 파악능력이 물질 자체에 다가갈 수 있는 가능성이다. 운동 내부에서 강압을 거스르는 방식으로 강압을 무력화하고 물질의 물성을 거머쥐어야만 하는 것이다. 제3자 개입으로 진테제를 도출하는 실증변증법이 사유를 정지시켰으므로, 제3자 개입을 가로막는 운동에 돌입해 들어가야 한다. 새로운 변증법이 해결해야 할 과제다.

이 과제의 충족 여부는 변증법적 운동 첫 단계에서 발생한 비동일성을 섣불리 놔버리지 않고 계속 정신적 각성상태를 유지하는가에 달려 있다. '비동일성에의 지향'이라고 할 만한 정신상태다. 이 지향을 끝까지 고수하는 것이 아도르노가 구상한 부정변증법의 핵심이다. 이러한 지향을 유지하는 사유라면 물화된 사유방식에 저항할 수 있다.

> "나는 물화된 의식의 이러한 경향이 갈수록 치명적으로 된다는 인상을 받습니다. ……무엇보다도 일단 각자가 자기 자신의 사유방식을 관리하는 것, 자기 자신의 사유에 대해 비판적으로 입장을 취하는 것이 철학의 과제가 될 터인데요, 물화된 사유방식에 저항하기 위해서이지요. ……부정변증법은 여러분이 이러한 경향을 의식하게 해주는 것이라고 하겠습니다. 그리고 이 사실이 여러분에게 의식됨으로써, 여러분이 물화의 경향을 따르고 그대로 행하는 일이 없도록 차단하는 것입니다."(『부정변증법 강의』, 56~57쪽)

그런데 철학은 여기까지만 할 수 있다. 개념의 한계를 철학적으로 보완하려는 시도를 하면 안 된다. 아도르노와 지적으로 가장 친밀했던 동학 벤야민이 시도한 직접성을 통한 개념의 보완은 철학적으로 무모했다. 그런 험난한 길을 가면서 여러 가지 성과를 내기는 했지만 변증법을 포기한 대가는 고스란히 벤야민 자신에게로 돌아왔다. 벤야민은『파사젠베르크』를 완성할 수 없었다.

"여기에서 신기루를 쫓아가면 안 된다. 벤야민이 말년에『파사젠베르크』텍스트를 순전히 인용들로 짜맞추려 마음먹도록 그를 유혹한, 개념 없이 철학하기의 함정에 빠져서는 안 되는 것이다. 방점이 찍힌 개념 없이는 디테일이 구축되지 않는다."(『부정변증법 강의』, 359쪽)

철학은 참된 구성을 구체적으로 실현할 수가 없다. 우선 동일성을 부정하기 위해서라도 철학에서는 여전히 개념을 사용해야 하기 때문이다. 개념을 떠나면 철학이 아니다. 예술이나 종교가 된다. 철학은 철저하게 개념에 묶여 있다. 묶인 채로 개념은 이념을 실현할 수 있다. 개념을 통해 개념을 넘어서는 이념. 아도르노가 밝힌 철학의 프로그램은 다음과 같다.

"철학을 할 때는 개념들로 개념에 대하여 이야기하도록 우리는 묶여 있습니다. 그리고 바로 이런 점 때문에 철학에서 문제가 되는 그것이―즉 개념들이 관련을 맺는 비개념자-철학에서 배제되고 맙니다. ……철학이 오직 개념들만을 다루는 이런 과정을 스스로 개념적으로 반성하고, 그리고 철학이 이 과정 자체를 개념으로 끌어올림으로써 이 과정을 점검하고 그리고 바로 개념이라는 수단들로 이 과정을 공략함으로써 다시 그 과정을 무효화시키는 것이 프로그램이 되겠습니다."(『부정변증법 강의』, 138쪽)

개념밖에는 동원할 수단이 없는 철학이 그 개념으로 비개념적인 것을 배제한다는 사실을 깨달을 것을 요청하는 이런 프로그램은 사실 철학의 자기반성에 다름없다. 개념으로는 객관세계를 온전하게 파악할 수 없음을 직시하는 것이 철학의 힘이다. 아도르노는 이 요점을 거듭 강조한다. 그리고 철학의 자기반성이 '사변'이라는 이름으로 본래 철학에 처음부터 결부되어 있던 요인임을 환기시킨다.

"철학은, 이것은 포기되면 절대 안 되는 요건인데요, 개념을 기관으로 가지고 하는 일입니다. 그리고 개념은 동시에 철학과 철학이 포기해서는 안 되는 열망 사이의 담장입니다. …… 난 감히 이렇게 정의해보려고 합니다. 철학의 이념이란, 개념으로 개념을 넘어서 나가는 것이라고요. 철학은 관념론을 거부한 후에도 역시, 여기에 대해서는 우리가 합의를 본 바가 있지요, 사변

없이 해나갈 수가 없습니다."(『부정변증법 강의』, 208쪽)

사변은 철학의 본령이다. 객관적 관념론의 완성자 헤겔이 워낙 탁월한 경지를 보여준 탓에 사변과 관념론이 동일시되고 있지만, 헤겔처럼 동일성에 결부되어 있는 사변만 사변인 것은 아니다. 그냥 일상적으로 이해하는 말의 뜻 그대로 "사람들이 동기부여되어-무작정이 아니라 동기부여된 채 수미일관하게-계속 사유하는 것"[5]을 말하는 의미에서의 사변은 어디까지나 철학의 사안이다.

'비동일성에의 지향'을 철학적 사유의 출발지점에서 요청받은 사유주체는 변증법적 운동과정 속으로 자신의 파악능력들을 넘겨야 한다. '지향'이 철학으로 결실을 맺으려면 이 운동이 수미일관하게 진행되도록 계속 동기가 부여되어야 한다. 유용성의 유혹은 강력하며 그래서 중단될 가능성이 상존한다. 왜 이 험난한 길로 사유가 접어들었는지, 문제가 발생한 상황을 계속 뚜렷하게 의식하고 있어야 한다. 각성을 위한 특정한 계기가 필요하다.

비동일자(das Nichtidentische)

아도르노 철학의 주 타격대상은 물화된 의식이다. 철학서『부정변증법』에서 동일화하는 사유(동일성 사유, Identitätsdenken)가 '체계라는 전체(das Ganze)'를 빌미로 개별인식들을 정당화함을 논증하고, 그 정당화의 논리적 구조가 강압에 근거하고 있음을 논증하였다. '전체는 참이 아니다'[6]라는 『미니마 모랄리아』의 유명한 테제는 이런 맥락을 요약하는 것이다.

헤겔철학에서 '전체'는 개별 단위개념이 그 지칭대상과 불일치하는 부분을 계속 상위개념 속에 흡수시켜 마침내 전체 속에서 모든 것이 어우러지도록 하는 역할을 떠맡는다. 모순이 지양된 한 차원 더 높은 지평에서 개념에 대한 정당화를 시도하는 철학인 것이다. 그리고 의식철학에서 이런 식의 정당화는 충분히 가능한 기획이다. 그래서 중단되는 법이 없다. 따라서 "올바른 관념을 사유하고자"[7] 하는 철학은 이런 식으로 꾸려지는 현재의 세계상태가 비진리임을 선언하고 여기에 저항해야 한다. 올바른 관념을 사유하기 위해서는 올바른 것을 원하는 일이 우선이다.[8] 그러므로 개념이 사안과 동일하지 않음을 직시하고 진테제 산출의 유혹에 빠져 '비동일성에의 지향'을 포기하면 안 된다.

"절대적 동일성의 원칙은 그 자체로서 모순적이다. 이 원칙은 비동일성을 억압받고 손상된 것으로 영속화한다. 그 흔적이 동일성 철학을 통해 비동일성을 흡수해 들이는, 비동일성을 통해 동일성을 규정하는 헤겔의 긴장에 스며들어 있다. 하지만 헤겔은 동일자를 긍정하고 비동일자를 필연적인 부정자로 내버려둠으로써, 그리고 보편자의 부정성을 오인함으로써 사태를 왜곡시킨다. 그는 보편성 아래 포박된 특수의 유토피아에 대한 공감을 가지고 있지 않다."(ND, p.312)

진테제를 빌미로 철학은 현재 동일성 사유의 관성에 빠져 있다. 헤겔철학의 프로그램이 특징적으로 구현하는 바대로 특수를 보편성 아래 그냥 놔두고 덮어버리기 때문에 발생하는 관성이다. 실증적인 무엇을 진테제로 구성해서 현실에 내놓아야 한다는 강압에 굴복하는 철학은 억압받고 손상된 것을 계속 그런 상태로 존속시킨다. 존속시키느라 긴장은 하면서도 결국은 동일성을 철학적 규정으로 거듭 정당화할 뿐, 특수가 구제됨으로써 방출될 '유토피아'의 희열을 맛보려 하지 않는다. 처음 변증법적 사유를 시작하면서 다짐했던 바를 중간에 잊었기 때문이다. 정신능력과 객관대상의 불일치를 한번 제대로 직시하고 매개하겠다는 '비동일자의 지향'을 끝까지 견지하지 않은 것이다. 그래서 이념적인 것과 물질적인 것이 제대로 결합되는 상태인 '도래하지 않는 미래'의 현재화 작업을 포기한 동일성의 철학이 되었다.

하지만 헤겔의 경우 개념과 사안이 일치하지 않음을 직시한 데서 비롯된 동일성과 비동일성 사이의 긴장은 변증법적 운동을 일으키기에 충분했다. 마지막 단계에서 특수의 구체화로 펼쳐질 유토피아에 공감하지 않았을 뿐이다.

"그래서 여러분에게 다시 한 번 간청하고 싶습니다. 변증법과 관련해 모쪼록 현학적이지 않은, 즉 도식―변증법적인 철학함에 결부되지 않은 개념을 일단 사안에 가져가보라고요. 만일 여러분이 변증법의 가능성이라는 물음으로 내가 무엇을 뜻하고자 하는지 이해하고자 한다면 말입니다. 철학에 이질적인 것, 철학의 타자, 조금 앞질러서 말하자면 비개념자라고 할 수 있겠는데요, 이것을 철학 안으로 함께 끌고 들어가는 시도라고 이해하면 되겠습니다.—헤겔로 말하자면 비동일자의 동일화가 되겠고요. 나의 문제제기 방식에서 보면 비개념자를 끌어들이기보다는 비개념자의 비개념성 안에서 비개념자를 파악하는 것이라 할 수 있겠습니다."(『부정변증법 강의』, 128쪽)

보편에 억눌린 특수의 구제는 이념적인 것과 물질적인 것이 서로 대립하고 있음을 그대로 드러내는 결과를 불러온다. 헤겔은 변증법이 목도할 이러한 진리가 두려웠던 것이다. 대립은 어떤 식으로든 해소되어야 한다는 철칙을 지니고 있었기 때문이다. 하지만 아도르노는 모순이 해소될 수 없음을 시인한다.

"무엇이 사물 자체라고 불리더라도, 그것은 실증적이지 않고 직접 현존하지도 않는다. 그것을 인식하려는 자는 가장 본질적인 면에서 보면 결코 사유라고 할 수 없는, 잡다의 종합이라는 연관지점에서 그 이상으로 사유해야지 그 이하로 사유하면 안 된다. 이때 사물 자체는 결코 사유의 산물이 아니며 오히려 동일성을 관통하는 비동일자다. 그러한 비동일성은 이념은 아니지만 일종의 부가된 것이기는 하다."(ND, p.189)

모순은 해소되지 않는다. 따라서 물질적인 것과 이념적인 것 모두 각기 자신의 무게와 부피를 가지고 엄존한다. 하지만 이 둘은 무슨 일이 있어도 서로 결합해야 한다. 그래야 우리의 삶이 제대로 유지될 수 있다. 그런데 물질과 이념의 모순은 해소될 길이 없다. 특수의 구제는 그래서 유토피아다. 이 유토피아는 철학에 없다. 철학은 개념에 묶여 있으므로. 개념 저 너머의 영역에서나 희구해볼 사안이다. 하지만 진리를 추구하는 철학은 이 유토피아에 공감해야 한다.

이런 '문제적인 상황'을 아도르노는 '비동일자'라는 용어로 맥락화하였다. '특수'라는 개념의 내포에 매우 근접하는 내용이라고 할 수 있다. 하지만 철학의 영역에서 벗어나 좀 더 복합적인 의미 맥락을 이어가기 위해 비동일자라는 개념을 도입하였다.

그런데 이 비동일자는 개념의 경험적 실현을 원천적으로 봉쇄하는 것이다. 비동일자의 활동이 구성으로 성사되는 경우는 개념의 형이상학적 지배에서 자유로운 예술뿐이다. 그중에서도 음악은 현재와 같은 세계상태에서 비관습적인 구성의 가능성이 가장 크게 열려 있는 영역이다. 기존의 화성법을 거스르는 음들을 조합하는 쇤베르크, 그리고 몰락의 정조를 듬뿍 풍기면서도 듣는 행위를 통해 아주 몰락하게 하지는 않는 말러의 음악을 들으면 개념을 부정하는 감성의 힘을 느낄 수 있다.

아도르노가 부정변증법을 구성한 목적이 여기에서 명백해진다. 이상주의 문화지형에서 희생당한 감성의 힘을 다시 소생시키는 일이다. 비동일자에 의한 감성회복의 구체적 과정은 다음 예술 항목에서 살펴보기로 한다. 무엇보다 인류가 개념 너머의 세계도 계속 관리해왔음에 아도르노는 기대를 건다. 개념의 전일적 지배는 근대 이후 문명이 과학주의로 기울면서 드러난 폐해에 불과하다. 아직은 예술이 그래도 명맥을 유지하고 있으니 진리를 다시 살려낼 방도가 아주 없어진 것은 아니다. 여기에서 다시 시작해야 한다.

『부정변증법』
체계의 자기복제 회로를 폭파하는 사유

『부정변증법』에서 핵심을 이루는 '비동일자'의 요체는 인간존재의 분열이다. 정신과 감각이 즉자적으로 통일되지 않음은 근대 철학의 주요 고민거리였지만, 고전관념론은 이런저런 계기들을 동원하여 '통일될 수 있음'을 증명하였다. 아도르노는 이 '할 수 있음'이 후기 시민사회로 접어들면서 '해야 함'으로 변질되는 과정을 분석하였다. 현대인이 실증변증법을 통해 자신을 주체로 구성할 수 없는 까닭은 그가 동일화하는 사유를 함으로써 물질을 구성과정에서 배제하기 때문이다. 사유와 존재의 불일치, 정신과 육체의 괴리 등으로 표현될 수 있는 상태가 인간에게서 '보편적'인 상태로 된 것이다.

어떤 식으로든 불일치를 해소하는 전통적인 관념론자들과 달리 아도르노는 이 불일치 상태를 계속 사유의 중심에 두었다. 그는

『부정변증법』의 머리말 첫 줄에서부터 이 점을 명확하게 밝히고 시작한다.

> "부정변증법이라는 표현은 전승되어 내려오고 있는 것을 거스른다. 플라톤에서 이미 변증법은 부정이라는 사유수단을 통해 실증자(das Positive)를 산출하려 했다. 이 실증자는 나중에 부정을 부정한 것이라고 간명하게 이야기되었다. 이 책은 변증법을 그와 같은 긍정적(affirmativ) 본질에서 해방시키고자 한다. 그렇다고 규정성에 어떤 유예를 허락하지는 않을 것이다. 이 책 제목의 역설을 펼쳐 보이는 것도 책의 의도에 속한다."(ND, p.9)
>
> "필자는 자신의 정신적 충동들을 신뢰하게 된 이래로 구성하는 주관성이라는 미망을 주체의 힘으로 분쇄하는 일을 감당해야 할 과제로 느꼈다."(ND, p.10)

부정변증법의 화두인 '불일치'는 '분열', '자기소외' 등의 개념으로 이전되면서 현대철학의 여러 조류에서 '극복대상'으로 설정되었는데 그중에서도 실존철학은 과제해결의 선두주자임을 자처했다. 이에 대한 아도르노의 비판은 제법 날카롭다.

> "요즈음 철학에서 구체화는 대체로 그저 사취되었을 뿐이다." (ND, p.9)
>
> "사르트르의 철학은 극단적 유명론임에도 불구하고 가장 영

향력 있는 국면에서는 주체의 자유로운 행위라는 낡은 관념론 범주에 따라 조직되었다. 피히테에게서처럼 실존주의에서도 그때그때의 객관적 상황은 아무래도 좋은 것이다. ……결단을 내리는 절대적 자유라는 관념은 자기 자신으로부터 세계를 도출해내는 절대적 자아라는 예전의 관념과 마찬가지로 환상이다."(ND, p.59~60)

시공간 속에 구체적으로 위치하는 인간에 대한 파악은 아래와 같이 '분열'을 직시할 때 진리에 다가갈 수 있다.

"주체와 객체의 구분은 인간 본질로의 환원을 통해-그것이 절대적 개별화일지라도-지양될 수 있는 것이 아니다. ……있는 그대로의 인간은 언제나 단지 과거의 인간을 의미할 뿐이다. 말하자면 인간은 과거라는 암벽에 고정된 채 만들어져 나온다. 그러나 인간은 과거나 현재 상태의 인간일 뿐 아니라 가능성으로서의 인간이기도 하다. 어떠한 규정도 이를 예측하기에는 충분하지 않다."(ND, p.61)

그렇다면 정신과 육체의 통일체로서의 인간은 어떻게 '삶'을 꾸려가야 하는가? 예측 불가능성에 그대로 자신을 내버려두어야 하는 것일까? 아니다! 정신능력인 이성의 활동가능성에 대한 신뢰를 잃지 않으면 새로운 전망을 개척할 수 있다.

"이성이 자연과는 다른 어떤 것이면서 또한 이 자연의 한 계기라는 사실은 이성의 내재적 규정으로 된 이성의 전사(前史)이다. 이성은 자기보존을 위해 분리된 영적 힘으로써 자연의 속성을 가진다. 그러나 일단 분리되어 자연과 대조를 이루게 되면, 이성은 또한 자연의 타자로 된다. 자연으로부터 일시적으로 떨어져나옴으로써 자연과 동일하기도 하고 동일하지 않기도 하게 된 이성은 그 자체의 개념상 변증법적이다. 그러나 이 변증법에서 이성이 거리낌 없이 자신을 자연의 절대적 대립물로 설정하고 자기 속에 갇혀 이 자연을 잊으면, 그럴수록 이성은 자기보존을 하느라 거칠어져서 자연으로 퇴행한다. 이런 자기보존에 대한 반성으로서만 이성은 자연을 넘어선 것이 되리라."(ND, p.285)

이성의 변증법적 운동은 이성의 생래적인 조건상 발생하게 되어 있다. 이 변증법을 개별주체는 현실에서 자유와 필연의 분리 불가능한 뒤엉킴으로 체험한다.

"……자유와 결정론의 모순은 독단론과 회의론 사이의 이론적 입장차에서 발생하는 것이 아니다. 주체의 자기경험에서 나오는 모순인바, 주체는 자신을 때로는 자유롭다고 경험하고 때로는 자유롭지 않다고 경험하는 것이다. 자유의 관점에서 보면, 주체들은 자신과 일치하지 않는다. 왜냐하면 주체가 아직 주체가 아니기 때문인데, 더구나 주체가 자신을 주체로 복구시켜놓은 순간이기에 아직 아닌 것으로 되는 것이다. ……칸트의 모델에 따르면 주체들은 자기 자신과 동일한 한에서—주체들이 자기 자신을 그렇게 의식할 때— 자유롭다. 그리고 이런 동일성 속에서 다시 또 자유롭지 못하게 되는데, 주체들이 이 동일성의 강압에 종속되고 강압을 영속화한다는 측면에서 그렇다. 비동일적 자연으로서, 산만한 자연으로서 주체는 부자유이며, 하지만 또 그런 한에서 자유인데 -주체의 자기 자신과의 비동일성에 다름 아닌-자신을 압도하는 충동들 속에서 동일성의 강압적 성격으로부터 벗어나기 때문이다. 인성(Persönlichkeit)은 자유의 캐리커처다. 이런 난관에는 근거가 없지 않은데, 동일성 강압의 피안에 있는 진리가 이 강압의 단순한 타자가 아니고 그 강압에 의해 매개되어 있는 것이라는 점에서 그렇다."(ND, p.294)

유물론과 관념론이 '독창적으로' 결합된 것이다. 관념론에서 제출한 주체구성 기획이 물질의 거부로 실현되지 못함을 확인한 아도르노야말로 유물론을 자본주의적 세계상태에서 참되게 계승한 철학자가 아닐 수 없다. 관념론적 주체구성 기획에 포섭되지 않은 '원형의 물질'이 현대인에게는 끊임없는 도전이다. 우리는 비록 동일화하는 사유에 의지하여 살아가지만, 포섭되지 않은 물질을 고통의 형태로 인지한다.

이 불일치의 상태를 어떻게 새로운 전망을 모색하는 힘으로 전환하느냐가 아도르노 미학의 요체다. 거짓된 화해로 고통을 경감하는 일이야말로 가장 경계해야 할 일이다. 진통제든 유흥이든, 고통의 완화로 불일치의 자각을 모면하려는 시도가 잘못된 해법인 까닭은 통증이 완화되는 순간 통증의 원인을 잊게 만들기 때문이다. 이런 오류는 반복의 덫에서 헤어나지 못하게 한다. 여기에서 벗어나려면, 인간이란 감각과 정신을 통일하여 자신을 온전한 주체로 정립하는 과제에서 소홀하지 말아야 함을 당위로 내세울 필요가 있다. 아도르노가 '전통적인' 주체구성기획을 포기하지 않은 까닭이 여기에 있다.

통일. 아도르노에게 독일 태생의 철학자로서 끝까지 사라지지 않는 '관성'이 있다면 그것은 바로 이 '통일'에 대한 열망일 것이다. 그는 자신이 고수하는 전통적인 구성의 기획이 실현 불가능함을 직시하고도 이 열망을 포기하지 않았다. 진리추구를 철학의 본령으로 생각하였기 때문일 것이다. 여기에서 아도르노 특유의 '비동일자' 개념이 산출되었다. 이웃한 프랑스 철학에서 동일한 현상을 두고 '차연' 개념이 발전된 것과 비교해보면, 진리가 있어야 한다는 '형이상학적' 전제가 비동일자 개념의 모태임이 뚜렷하게 드러난다.

사유와 물질이 통일되지 못한 채로 우리를 구속하고 있음을 깨닫는 것이 현 단계로서는 '주체구성'에 버금가는 인간적 활동이다. 하지만 자본주의는 우리가 이러한 고통스러운 깨달음에 이르지 못하도록 방해한다. 자본주의는 우리에게서 사유는 동일자로 포섭해 들이고, 물질은 '말초감각' 상태로 '소비'하도록 만든다. 그래서 정신은 (그릇된) 보편의 상태로 되고, 감성은 개별자로 머문다. 아도르노는 현대인이 먼저 이 상태에서 벗어나야 한다고 역설했다. 그래서 바로 특수를 구제하는 일에 몰두하였다.

아도르노는 언제나 기존의 개념들을 사용하여 자신의 논지를 발전시키므로, 특수를 구제하는 과정에도 양면전략이 동원되었다. 개별화된 감성에 대응할 때는 객체의 우위를 내세우고, 체계에 귀속된 정신을 논박할 때는 주체의 우위를 강조하였다. 이는 이중적인 태도가 결코 아니다. 자신의 사상체계를 완성하는 데 목적을 둔 것이 아니라 이론의 파편화를 감수하면서도 우리가 어떻게 하면 고통스러운 현실에서 벗어날 수 있을지를 고민한 끝에 나온, 그래서 통일된 견해다.

고전관념론과 마르크스주의를 결합하려는 노력과 긴장으로 점철된 이론구성이 아닐 수 없다. 이처럼 독일의 지적 전통에 내재된 매우 이질적인 요인들을 서로 결합해 독특한 조합을 만들어내는 까닭에 아도르노 앞에서는 좌/우 혹은 진보/보수 등 일반적인 평가의 틀이 무기력해진다. 아도르노의 지적 작업이 고전관념론이 탐구해온 인간의 정신능력을 다시 활성화할 방안을 모색하는 데 집중되는 한편, 그처럼 정신능력을 다시[9] 소환한 까닭이 마르크스주의가 표방하는 실천적 전망을 더 이상 유지할 수 없다는 현실진단에 있었기 때문이다. 아도르노는 마르크스주의의 '전망부재'를 위기극복의 출발점으로 삼았다. 그의 사상은 마르크스주의의 전제들을 재검토하는 작업과 궤를 같이하며, 이를 위해 정신능력의 활성화를 요구했다.

이와 같은 아도르노 이론구성의 독특성은 각 요인들이 이질성을 기반으로 통일된 이론구성에 참여할 수 있도록 하는 데 있다. 그리고 이 '통일'의 과정을 주도하는 것은 바로 '초월 철학적' 접근방식이었다. 인간의 사유능력에 대상이 어떤 방식으로 파악 가능한 조건들을 제공하는지를 묻는 태도다. 여기에서 그는 철저하게 변증법적으로 사유한다. 그리고 현실적인 모순을 사유에 직접 끌어들이기 위해 전통적인 변증법마저도 변증법적 사유의 대상으로 삼는 경지로까지 나아간다. 그런 작업의 결과로 칸트와 헤겔에 의해 완결된 구조를 얻게 된 전통적인 변증법은 더 이상 변화된 현실을 '변증법적' 운동 속으로 끌어들일 수 없다고 선언하는 것이다. 전통적인 변증법이 사유대상인 현 세계에 조응할 수 없게 되었으므로, 사유의 방식을 바꾸어야 한다는 것이 아도르노 변증법의 핵심이다.

"그러한 원칙 (부정에 대한 실증적 부정-필자) 없이는 헤겔의 체계구상이 와해된다는 사실에는 의문의 여지가 없지만, 변증법은 자신의 체험내용을 원칙에서 찾지 않고 동일성에 대한 타자의 저항에서 끌어올린다."(ND, p.163)

전통적인 변증법과 아도르노의 '부정변증법' 사이에는 19세기에서 20세기로 넘어온 세계상태의 변화가 가로놓여 있다. 아도르노는 변증법이 계속 변증법적 효력을 발휘할 수 있으려면 자기 스스로에 대하여도 가능성과 한계를 점검하는 비판활동을 수행해야 한다고 생각하였다. 그래서 헤겔 변증법에 '비판의 잣대'를 들이대었던 것이고, 정신능력의 오작동 구조를 밝혀내었다. 잘못된 프로그램을 버리지 못해 계속 오류를 범하는 전통적인 변증법은 현실에서 동떨어진 '이념'의 세계에만 머문 관념론 체계를 구축하였다. 그러다가 이념의 자기실현 가능성에 대해서도 스스로 회의하는 단계로까지 나가버리고 만 것이다. 이제 변증법은 어떻게 다시 본연의 역할에 충실할 수 있는가? 무엇보다 먼저 그동안 현실이 근본적으로 변화되었음을 인정해야만 한다.

철학서『부정변증법』이 거둔 인문학적 성과는 현실사회의 문제를 분석하고 더 나은 삶을 모색하는 과정을 철학의 영역으로 직접 옮겨놓았다는 데 있다. 아도르노는 이 책에서 사회적 불의, 체계의 무능 등 그동안 사회학적 용어로 파악되던 문제들을 보편과 특수의 관계문제로 번역하였다. 이러한 추상화 과정을 거쳐 문명화의 문제가 공동체 단위별로 안고 있는 역사적·현실적 조건들을 넘어전 지구적 호소력을 지니는 공통된 화두로 제기될 수 있었다. 지나친 물량주의, 정신적 공허함으로 갈수록 피폐해가는 우리의 삶을 진단하고 분석하는 거점이 바로 이 책에서 마련된 것인데, 특히 철학서가 제공하는 거점이라는 점에서 남다른 새로움을 과시한다.

『부정변증법』은 현재 우리의 삶이 정신적 공허함에서 비롯되는 파탄에 직면해 있다면, 정신적 실체를 뚜렷하게 보여주는 이론을 구성해 대안을 모색할 수 있다는 확신을 전면에 내세운다. 이런 견지에서 이 책을 독일관념론 전통에 귀속시킬 수 있다. 아울러 이상과 현실을 극명하게 대비해 현실을 부정할 수 있는 힘을 준다는 전략 역시 이상주의 문화지형에서 도출되었다고 할 수 있다. 독일관념론의 미덕을 물질의 세기인 21세기에 '다른 방식'으로 발휘할 수 있을지 주목되는 대목이 아닐 수 없다.

『부정변증법』그리고『부정변증법 강의』

이렇게 하여『부정변증법』이라는 험준한 산에 오르는 첫발을 뗀 때였다. 아도르노의 의도를 넘겨짚어 언어유희를 해본다면 '첫 발걸음'이 '마지막 발걸음'일 수도 있고 정상에서 내쉬는 큰 심호흡일 수도 있다. 제대로 된 길로 접어들었다는 전제를 충족한다면 진리 자체의 막강한 흡인력에 빨려들지 않을 수 없다는 이야기다. 그래서 '제대로 된' 전제에서 시작하는 일이 또 우리에게 과제로 되는, 현기증 나는 덫에 다시 걸려들고 말았다. 이런 견지에서 그가 남긴『부정변증법 강의』가 반가울 수밖에 없다. 이 강의록은 아도르노가 자신의 철학체계 구상에 몰두하면서 핵심개념들을 학생들에게 설명하는 기회로 개설한 강의를 녹음했다가 2003년에 녹취록을 책으로 펴낸 것이다. 두 책을 같이 나란히 펴놓고 읽으면 한결 수월하다.

물론 이 말은 독일의 독자들에게나 제대로 호소력을 지닐 뿐, 한국의 독자들과는 별로 상관이 없을 수도 있다. '독일어'가 주는 중압감이 여전하기 때문이다. 아도르노 저술을 번역본으로 읽는 일이 얼마나 유쾌하지 못한지, 필자는 누구보다도 잘 알고 있다. 그러면서도 종종 번역작업을 수행하며『부정변증법 강의』도 번역했다. 번역 불가능한 어휘들과 문맥들 앞에서 포기하고 싶은 충동과 싸워야 했다. 그래도 책으로 묶어 내놓은 까닭은 인간 두뇌의 보편성을 신뢰하기 때문이다. 글자들과 씨름하면서 추론하는 동안 글자들 너머의 진짜 내용이 두뇌에 포착될 수 있다고 믿는다. 필자 스스로 그런 과정을 통해 독일 인문학을 연구하였다. 번역본을 읽는 한국의 독자들이 감당해야 하는 진짜 어려움은 두 책의 역자가 매우 다른 언어로 아도르노의 저술을 번역하였다는 데 있다. 본 책『부정변증법』은 아도르노 문체의 분위기를 많이 살린 번역으로 흐름이 압축적이다.『강의록』을 번역하면서 필자는 단어 하나라도 더 풀어서 늘어놓는 방식을 택하였다. 또 두 역자의 역어선택이 크게 다른 경우도 적지 않아 독자들이 혼란을 느낄 수 있다. 앞으로 아도르노 연구자들이 학문공론장을 통해 보완해나가야 할 부분이다.

비동일자의 예술

헤겔을 등에 업고 칸트를 통해 칸트를 넘어서다

"관념론이 그렇게 믿도록 만들려 했지만, 예술은 자연이 아니다. 하지만 자연이 약속한 바를 예술은 이행하고자 한다. 예술은 그 약속을 깨뜨림으로써만, 즉 자신에게 되돌아감으로써만 그 일을 해낼 수 있게 된다. 자연이 원하면서도 이루지 못하는 일을 예술작품들은 실현한다. 예술작품들이 눈을 열어주는 것이다."

칸트 없이는 아도르노도 없다

『부정변증법』이라는 험준한 산을 한번 올라가본 사람은 '아도르노의 사상'이라는 망망대해 앞에서 크게 걱정하지 않게 된다. 산을 오르느라 땀을 흘리고 난 뒤의 홀가분함을 유지하면, 물의 잔주름이 눈에 들어오면서 '아름답게' 보이기 시작하기 때문이다. 망망대해는 내 속에 담을 수 없다. 내가 그 잔물결 속으로 빠져드는 것이 망망대해를 제대로 향유하는 법이다. 멀리서 보면 끝없이 아득하기만 한 자연이지만 가깝게 가보면 다 고만고만한 출렁임의 연속으로 나의 생체리듬을 닮았다. 먼발치에 서서 전체를 조망하려는 사람에게는 향유의 기회가 오지 않는다. 바로 손에 잡히는 곳으로 가까이 가야 즐거움의 순간을 누릴 수 있다.

『미학이론』에서 전개하는 아도르노의 예술론은 즐거움의 대상으로 대할 때 제일 가까이 온다. 하지만 험준한 산을 오르고 난 뒤의 뿌듯함은 늘 함께 있어야 한다. 아도르노의 예술론을 소개하는 이 장은 따라서 어쩔 수 없이 험준한 산의 그늘 아래서 진행될 수밖에 없다. 한번은 통과해야 할 의례쯤으로 생각하고 진정한 향유는 다음 기회로 미루어보자. 뿌듯함의 호흡으로 앞으로 누릴 향유를 숨 가쁘게 정리하면 다음과 같다. 요약정리 후에는 어쩔 수 없이 칸트미학으로 돌아가 새로 시작해야 한다. 아도르노가 전통주의자라는 사실은 이미 여러 번 지적하였다. 칸트 없이는 아도르노도 없다. 좀 장황하지만, 그래도 건너뛸 수 없는 내용이다.

인간이 천부적으로 타고난 인식능력들을 최대한 발휘하면 신적 이념의 세계를 지상에 수립할 수 있으리라는 전제에서 출발한 독일관념론은 헤겔철학이 대표적으로 보여주듯 체계화에 심혈을 기울였다. 따라서 전체와 개별 사이의 관계를 집중적으로 논구하였다. 관념론의 논리적 구조를 개인(das Individuum)과 그 개인들 모두를 아우른 전체(das Ganze)로서의 사회(die Gesellschaft)의 관계로 이전시켜 새롭게 조명한 아도르노는 전통적으로 철학이 개별과 특수를 늘 보편으로 상승 통합해온 점을 비판하였다.

철학자들이 현실에 존재하는 개별자를 보편과의 관련 속에서 파악하려고 시도하는 동안 '변증법'이라는 독일철학 특유의 역동적인 사유가 가다듬어졌음은 물론 부인할 수 없는 사실이다. 변증법은 인류의 지적 자산이다. 그런데 그 변증법이 제6장에서 설명한 것처럼 자본주의 세계체제에서 역동성을 상실하고 오작동의 메커니즘에 빠져버리고 만 것이다. 이 오작동에 빠진 관념론적 변증법의 역사철학적 귀결이 파시즘이라는 아도르노의 테제는 고전 독일관념론이 개별에서 보편으로의 논리적 상승을 처음부터 전제하고 시작한 철학이라는 점에 주목한다.

이러한 독일관념론의 전통을 보편이 특수를 지배하는 동일성 사유의 폐해라고 비판하면서 아도르노는 보편이 이념의 강제를 동원하여 이끄는 거짓된 진테제로의 상승과 그 덕택에 실행되는 모순의 지양을 모두 거부하는 부정변증법을 구축하였다. 특수의 다양성을 억누르지 않으면서도 보편이 '전망제시적'으로 남아 있을 수 있는 영역을 탐구한 그는 바로 예술에서 그러한 능력을 짚어 낸다. 세계와 인간영혼이 탈주술화되는 고도문명사회에서 우리에게 참된 삶에 대한 기억을 일깨워주는 예술이야말로 사회가 전체라는 이름으로 개인의 감성을 억압하고 합리적 효율성에 따라 관리하는 이른바 총체화 과정에 저항하는 거점이 아닐 수 없다. 예술은 전체라는 명목으로 특수를 억압하는 총체화된 사회의 안티테제다.

주관적 체험과 객관세계의 어긋남

파시즘 지배라는 시대적 현실에 철학적으로 대응하면서 아도르노는 철학적 완결성을 포기하고 자본주의 현실이 안고 있는 모순이 이론의 영역으로 넘어오도록 하였다. 이념과 현실의 경계를 현실을 이념에 접근하도록 구조화함으로써 넘어서려는 독일관념론 전통에 충실한 태도가 아닐 수 없다. 칸트가 인간의 인식능력을 가능성과 한계에 따라 조건 짓고 활성화함으로써 이 구조화 작업의 기초를 마련하였다면, 아도르노는 인간 정신활동의 현재적 대상인 자본주의 세계체제를 구조화 작업에 직접 끌어들여 고전철학 전통을 현대화하였다고 할 수 있다.

그런데 이처럼 자본주의 현실이 관념론에 직접 개입하자 매우 독특한 결과가 나타났다. 예술론으로 마무리되는 사상이라는 좀처럼 보기 드문 사유체계가 등장한 것이다. 아도르노의 사상은 예술이라는 가상의 영역을 통해 체계로서의 위상을 획득한다. 그 자신의 화법을 빌리면, 칸트를 통해 칸트를 넘어서는 것인데 이 넘어섬 자체가 체계를 불러들이는 식이다. 물론 아도르노가 '넘어서는' 의식활동을 할 수 있었던 것은 두말할 나위 없이 변증법적 사유의 전통에 통달한 덕택이었다. 이런 견지에서 아도르노는 헤겔 철학의 상속자이기도 하다.

오늘날 인간의 인식능력은 이성의 처분을 바라면서 온순하게 머물러 있는 '자연계'를 대상으로 활동하지 않는다. 우리 인식활동의 대상은 이미 사회적으로 틀지워진 구성물이며, 자본주의 사회의 구성방식에 따라 배열된 자연사물은 우리의 인식능력이 '본래적인' 방식으로 활동하기에 매우 부적합한 상태다. 앞장에서 살펴보았듯이 인식능력과 사물은 서로 대립하면서 상대방에 대한 무능을 적나라하게 드러내고 있다.

물론 칸트의 비판철학 역시 우리의 인식능력과 자연사물이 서로 편안하게 조응하지 않음을 인식하는 데서 출발한다. 칸트는 즉자적인 조응상태는 불가능하지만, 판단력의 의식활동을 통해 인식 주체가 세계를 통일할 수 있다는 전제를 고수하였다. 그 결과 입체적(이른바 건축학적)인 체계를 구축할 수 있었다. 아도르노는 자본주의 세계체제를 적극적으로 사유하는 가운데 이 체계를 무너뜨렸다. 칸트와 마찬가지로 '가능성과 한계'를 짚어가는 중에 칸트의 체계구상이 현실에서 힘을 발휘할 수 없음을 밝혀낸 것이다. 따라서 비판철학의 근본구도가 아도르노에게서도 그대로 유지된다. 체계만 무너진다.

그런데 칸트가 물자체와 현상계의 이원구조를 통일된 하나의 체계로 엮어낼 수 있었던 것은 『판단력비판』의 「조화미 분석론」을 통해서였다. 예술에 문외한이었던 칸트가 이 세 번째 비판서를 쓴 근본동기가 자신의 철학체계를 완성하기 위함이었던 데서도 알 수 있듯이 체계구상은 칸트철학의 요체다.

그런데 바로 이 체계구상이 동일성 사유의 발원지였고, 『조화미 분석론』에서 논증된 감식판단[1]은 이후 독일 시민사회 구성과정에서 동일성 사유를 대중화한 주범이 된다. 감식판단의 내부구조가 사회통합을 위한 일종의 '매뉴얼'로 도식화되어 사회화된 결과였다. 체계를 완성하기 위해 '감성의 정신화'를 '반성된 쾌감'의 형태로 요구하는 감식판단에 책임을 물을 수 있는 사안이었다. 아도르노가 『미학이론』에서 칸트 미학 이후 독일철학적 미학이 발전시켜온 조화미 범주의 예술적 실천을 불신하는 이유다. 예술이 감성의 요구를 감당하지 못하는 궤도로 빠져들어 추상화, 관념화의 폐해가 갈수록 심해졌는데, 그 싹을 틔운 당사자가 바로 조화미 범주였던 것이다.

그러면 여기에서 이 동일성 사유의 '싹이 트는 과정'을 잠시 살펴보기로 하자. 앞에서 지적했듯이 형이상학적 이원론을 극복하려는 '체계에 대한 충동'이 사태의 진원지다. 원래 이 충동은 사유를 사유답게 하는 철학적 충동이다. 중간에 변질된 것뿐이다.

"전자(오성)의 법칙수립 아래 있는 자연개념의 관할구역과 후자(이성)의 법칙수립 아래 있는 자유개념의 관할구역은 그것들이 각기 (각자의 기본법칙에 따라) 서로 미칠 수도 있을 모든 교호적인 영향에도 불구하고 초감성적인 것(das Übersinnliche)을 현상들(Erscheinungen)과 분리시키는 커다란 심연(Kluft)에 완전히 분리되어 있다. 자유개념은 자연의 이론적인 인식과 관련해서는 아무것도 규정하지 않으며, 자연개념 또한 마찬가지로 자유의 실천적 법칙과 관련해서는 아무것도 규정하지 않는다. 그런 한에서 한 구역에서 다른 구역으로 건널 다리를 놓는 일은 가능하지 않다."(KdU, p.33)

형이상학적 근거로 마무리된 굳건한 다리는 놓을 수 없다. 그런데 칸트의 문장은 여기에서 끝나지 않는다. 후속되는 그의 논증을 계속 따라가보면 전혀 다른 전망이 제시된다.

"그러나 비록 자유개념(및 자유개념이 함유하는 실천적 규칙)에 따르는 인과성의 규정근거들이 자연 안에 있지 않고, 감성적인 것이 주관 안의 초감성적인 것을 규정할 수 없다고 해도, 그 역은 (물론 자연의 인식에 관련해서가 아니라, 자연에 대한 자유개념으로부터 온 결과들과 관련해서이기는 하지만) 가능하고, 그것은 이미 자유에 의한 인과성의 개념에 함유되어 있다. 즉 자유에 의한 인과성의 결과는 이 자유의 형식적 법칙들에 따라서 세계 안에서 일어나야만 한다. ……자유개념에 따른 결과는 궁극목적으로서, 이 궁극목적은(또는 감성세계에서 그것의 현상은) 실존해야만 하며, 이렇기 위해서는 이 궁극목적을 가능하게 하는 조건이 (감성존재자 곧 인간으로서 주관의) 자연본성 안에 전제되는 것이다. 이러한 조건을 선험적으로 그리고 실천적인 것에 대한 고려 없이 전제하는 것, 즉 판단력이 자연개념들과 자유개념 사이를 매개하는 개념을 자연의 합목적성 (Zweckmäßigkeit der Natur) 개념 안에서 제공하는바, 이 매개 개념이 순수이론(이성)에서 순수실천(이성)으로의 이행, 전자에 따른 합법칙성에서 후자에 따른 궁극목적으로의 이행을 가능하게 한다. 왜냐하면 이 매개개념에 따라 자연 안에서만, 그리고 자연의 법칙들과 일치함으로써만 실현될 수 있는 궁극목적의 가능성이 인식되기 때문이다."(KdU, p.33~34)

앞에서 칸트는 자연계에서 자유의 왕국으로 넘어가는 다리를 놓을 수 없다고 못 박았다. 그런데 곧 뒤이어 '전자에 따른 합법칙성에서 후자에 따른 궁극목적으로의 이행'을 가능하게 하는 매개개념을 거론한다. 다리를 놓지 않고 넘어가는 '매개'란 대체 어떻게 이행하는 것일까? 칸트의 설명을 계속 따라가보기로 하자.

"자연에 대해 선험적으로 법칙들을 세울 수 있는 가능성에 의해 오성은 우리에게 자연은 단지 현상으로서만 인식됨을 증명한다. 그럼으로써 동시에 자연의 초감성적 기체(基體)가 있음을 알려주기도 하는 것이다. 그러나 이 기체는 전적으로 무규정인 채로 남겨둔다. 판단력은 자연의 가능한 특수법칙들에 따라 자연을 판정하는 그의 선험적 원리에 의해 (우리 안에, 그리고 우리 밖에 있는) 자연의 초감성적 기체에 지성능력에 의한 규정가능성을 부여한다.[2] 그러나 이성은 똑같은 기체를 그의 선험적 실천법칙으로 규정한다. 그리고 그렇게 해서 판단력은 자연개념의 관할구역에서 자유개념의 관할구역으로의 이행을 가능하게 만든다."(KdU, p.34)

이 상태를 우리는 양쪽에 탄탄한 받침대로 고정된 콘크리트 다리를 놓을 수는 없지만 마음속에만 남는 구름다리는 걸쳐놓을 수 있다는 뜻으로 해석할 수 있다.

이 구름다리를 타고 아름다움의 제국이 펼쳐질 것이다. 마음속의 구름다리는 현상계의 무지개를 닮았다. 구체적인 사물로 손에 잡히지 않지만 실체를 부인할 수도 없는, 비온 뒤 맑은 하늘에 현란하게 걸쳐 있는 무지개다리인 것이다. 장미꽃을 꺾어 화병에 꽂아 놓으면 빨간 꽃잎과 초록의 이파리는 조만간 시든다. 식물은 자연법칙에서 벗어날 수 없다. 나날이 시드는 꽃병의 꽃을 우리는 본다. 자유개념의 관할구역인 물자체의 세계는 우리에게 알려져 있지 않으므로 도통 알 수가 없다. 하지만 그 꽃을 보면서 우리는 자연개념의 관할구역이 우리 삶의 전부가 아님을 터득하게 된다. 장미꽃이 선사하는 쾌감을 맛보기 때문이다.

세상에 장미꽃이 존재하는 이유는 이 '다른 구역'이 실재함을 우리에게 알려주기 위해서다. 우리는 쾌감을 경험함으로써 자연의 의도를 충족시킨다. 비록 전적으로 경험세계에 종속된 상태에서 목숨을 부지하고 살지만, 우리는 장미꽃을 보고 먹겠다는 욕심을 내지 않을 뿐 아니라 꽃잎이 빨갛다는 판단 이외에 '아름답다'는 판단을 내릴 줄도 안다. 이 감식판단을 내릴 때가 자연계의 법칙성에서 벗어나는 순간이다. 이 순간을 확보함으로써 판단자는 자율적인 주체로 자신을 정립할 수 있다.

주체란 한마디로 이 '벗어남'으로 자유[3]개념의 관할구역이 있음을 몸소 확인하는 경험계의 인간이다. 개인이 주체로 우뚝 설 수 있게 되는 것은 판단을 내리는 순간이 꽃의 빨갛고 파란 식물성에서 벗어나는 찰나로 고정된 결과다. 고정됨으로써 그 '벗어남'은 영원하게 된다. 자연계의 꽃은 시들어 사라지지만, 아름답다는 판단을 내리게 한 그 고정된 순간의 표상은 뇌리에 남는다. 이 벗어나는 순간의 표상은 자연계에 형이상학적 작용력을 행사하는 대신에 미적 주체의 마음을 움직인다.

"자연의 합목적성이라는 판단력의 개념은 여하튼 자연개념들에 속하는데, 단지 인식능력의 규제적 원리로서만 그렇다. 이 개념을 유발하는 (자연 또는 예술의) 어떤 대상들에 관한 미적 판단이 쾌 또는 불쾌의 감정과 관련해서는 구성적 원리이지만 말이다. 인식능력들의 상호부합(Zusammenstimmung)에 이 쾌의 근거가 들어 있는데, 이처럼 인식능력들이 유희에 참여하는 자발성이 사유된(gedchten) 개념을 자연개념의 관할구역들을 자유개념의 관할구역과 그 결과들에서 연결되도록 매개하는 역할을 하게 한다. 이 자발성이 동시에 도덕 감정에 대한 마음의 감수성을 촉진하기 때문에 그렇게 된다."(KdU, p.35)

쾌감은 현실에서 대상을 구성해내지 못한 표상의 실재성을 증명한다. 이 '실재하는' 벗어남의 순간은 이념으로 비상한다. 그런데 이 순간은 식물로서의 꽃을 바라보는 인간의 인식능력에 종속되어 있다. 따라서 벗어남의 이념은 자유영역으로 완전히 넘어가지 못한다. 양쪽에 걸쳐 있게 될 뿐이다.[4] 구름다리를 이루는 아름다움의 제국은 자연강제와 자유의지를 형이상학적 작용력은 배제한 채 매개한다. 그런 구름다리는 미적 주체의 마음속에만 있다. 경험세계로 나오는 법이 없다. 나오면 구름은 걷힌다. 그러면 다리는 흔적도 없이 사라진다.

칸트의 초월철학 체계가 인간에게 선사한 조화미 범주의 내용이다. 칸트철학을 열심히 연구한 실러는 극작가답게 이러한 조화미 이념이 등장하는 배경을 당대 인간의 삶 속에서 간파해내었다. 계몽주의 문화운동 단계를 막 지나온 독일에 프로이센의 계몽절대주의를 필두로 권위주의 국가가 들어서기 시작하던 시기, 개인의 주관적 체험은 사회의 객관적 발전전망을 따라잡을 수 없는 처지에 빠졌고, 이러한 경향은 갈수록 심화되고 있었다.

실러는 사회조직들의 '객관화' 과정을 개인의 자유가 억압되는 현실에서 실존적으로 감당해야 했다. 이미 문명은 개인의 내면과 독립된 객관세계를 구축하는 단계로 접어들었고, 그럼에도 개인은 그 전체를 이루는 구성원의 지위를 유지해야 했다. 시민사회 구성이 문명의 과제로 설정되던 시기였다. 따라서 통일은 당위였다. 그리고 아직은 주체의 내면과 객관세계의 분화를 통일할 여지가 있어 보였다. 하지만 이 '통일'에 대한 표상은 매우 다양하게 드러났다. 미학논의에서뿐 아니라 예술적 실천에서도 여러 방면에서 통일을 이루려는 시도가 일어났고, 그 결과 조화미 범주의 외연이 확대되었다. 철학적 미학은 두 세기 가까이 이 '통일'의 지향을 유지하였고, 예술가들은 온갖 사조를 등장시켜 예술사를 풍성하게 하였다.

진작부터 혁신을 감행하던 예술가들은 양차 세계대전을 겪으면서 비로소 직접적인 매개 가능성과 결별하였다. 아도르노는 이 '결별'을 실천한 일부 아방가르드 예술에 기대를 거는 한편, 전통적인 철학적 미학을 갱신하는 작업에 몰두하였다. 감성의 즉자성을 분출하는 초기 아방가르드의 실험성이 새로운 요인임은 분명했지만 그렇다고 이론구성에서 전통적인 구도와 결별할 이유는 없었다. 역사는 축적된 과거로서 현재가 임의로 추방하거나 또 전격적으로 동일시할 대상이 못 된다. 그보다는 옛 구도에서 새로움을 길어올리는 방식이 현명할 것이다. 아도르노는 칸트가 체계밖에 위치시킨 숭고를 소환한다. 그의 『미학이론』은 칸트를 통해 칸트를 넘어서는 이론적 혁신을 감행한 저서다.

화해의 이념을 구현하는 자연조화미

조화미 범주 논의에서 탁월한 성과를 남긴 칸트와 헤겔과 달리 20세기 후반의 미학자 아도르노는 철학체계가 아닌 예술작품 자체에 대한 관심으로 논의를 시작하고 "예술에 관한 한 이제는 아무것도 자명한 것이 없다는 사실이 자명해졌다"(ÄT, p.11)라면서 거짓된 화해를 질타하는 장으로 책을 마무리한다.

"그러나 좀 더 훌륭한 시대가 되더라도 예술의 표현이기도 하고 또한 형식의 기반이기도 한 고통을 예술이 망각하느니 차라리 예술이 아예 사라지는 편이 더 바람직할 것이다."(ÄT, p.402)

예술은 무어라 개념정의하기가 무척 곤란한 대상이지만, 그래서 아도르노 역시 이런저런 시도를 하지만, 예술이 고통을 기억하는 장소라는 사실만큼은 명백하다. 왜냐하면 아름다움의 제국이 우리 앞에 등장한 까닭이 애초에 자연법칙을 딛고 물자체의 세계로 넘어가보려는 자유의지의 발로였기 때문이다. 20세기 자본주의 세계체제에서 자유는 두말할 나위 없이 아래와 같이 정의된다.

"또한 자유는 소유의 원칙으로부터의 자유일 텐데, 이는 결코 소유할 수 있는 것이 아니다."(ÄT, p.387)

'자유'가 '소유의 원칙에서 벗어나'는 것으로 '규정'되는 사회에서 자연계와 물자체를 잇는 구름다리를 인간은 쏘아 올릴 수 있는가? 19세기 내내 그리고 20세기 초반까지 예술가들은 구름다리를 놓을 수 있다는 믿음으로 천재성을 발휘하였지만, 그처럼 통일된 순간의 희열은 고통의 직접성으로 다가오기 십상이었다. 아직 자유의지가 소유의 원칙에서 벗어나는 보편성에 구속당하기 이전인데도 말이다. 실러나 베토벤만 하더라도 벗어나야 할 객관세계는 아직 외부에 있다고 할 만했다. 이미 물신화가 상당히 진전되었어도 물화 경향은 여전히 객관세계에서 더 강력하게 감지되는 편이었다. 사회조직은 군주나 국가로 대변되었다.

하지만 자본주의 물신인 '소유의 원칙'은 개인 속으로 파고든 물신이다. 객관세계가 주체의 내면에 들어온 상태인 것이다. 개인은 항상 사회적 분화를 실존적인 차원의 분열로 겪으며 살아야 했지만, 20세기 중반이 되면 더 이상 사회적 분화가 개인의 외부에 객관적으로 머물러 있지 않은 상태가 된다. 개인은 이미 사회의 분화를 체화한 상태다. 아도르노가 그래도 예술이 여전히 어떤 힘을 발휘할 수 있어야 하지 않겠느냐는 '당위'를 전면에 내세우고 철학적 미학의 전통을 잇는 작업을 하던 단계의 상황이다.

우리에게는 좀 낯선 이런 '당위'를 제기하는 아도르노의 이론을 이해하기 위해 철학적 미학의 초기 발생단계부터 살펴볼 필요가 있다. 이는 조화미 범주에 대한 역사적 고찰이 될 것이다. 처음 출발은 역시 칸트다.

"만약 조화미 예술의 산물들에 대해 매우 정확하고 섬세하게 판단할 수 있는 감식안(Geschmack)을 충분하게 가진 어떤 사람이 허영과 어쨌든지 사회적인 기쁨들을 담소하며 나누는 아름다움들을 만날 수 있는 방에서 주저 없이 나가 자연의 아름다움으로 몸을 돌려 거기서 자기 스스로는 결코 온전히 발전시킬 수 없는 사유과정에 접어든 자신의 정신에 대한 희열을 발견한다면, 그렇다면 우리는 그러한 그의 선택 자체에 경의를 표할 것이고 그 사람을 어떤 아름다운 영혼의 소유자로 전제할 것이다. 이런 아름다운 영혼은 자신들이 관심을 가지고 대하는 대상들에 대해 잘 알고 있는 예술전문가나 애호가들은 내세울 수 없는 것이다."[5](KdU, p.151~152)

감식안을 지닌 사람이 사교장소를 떠나 자연의 아름다움으로 몸을 돌리는 것은 자신의 정신을 활짝 펼치기 위함이다. 그가 사람들이 모인 장소를 떠나는 것은 단지 자신의 정신적 발전을 위한 조건이 썩 좋지 않다는 그 이유에서뿐이다. 결국 이 자연의 아름다움을 논하면서 칸트가 정작 주목하는 사실은 인간의 정신이 자신을 충분히 전개하고자 하는 독자적인 이해관심이 있다는 것이다. 이를 칸트는 '조화미에 대한 지적 관심'이라고 정리했다.

"현상으로 나타나는 조화미[6]로서의 자연은 행위객체로 지각되지 않는다. 특히 예술에서 그러하지만 자연에 대한 미적 체험에서도 인간은 자기보존의 목적에서 벗어난다. 그런 견지에서 자연체험과 예술체험 사이에 그리 큰 차이가 있는 것은 아니라고 할 수 있다. 양자가 매개된 정도는 자연에 대한 예술의 관계나 예술에 대한 자연의 관계에서 마찬가지다. 관념론이 그렇게 믿도록 만들려 했지만, 예술은 자연이 아니다. 하지만 자연이 약속한 바를 예술은 이행하고자 한다."(ÄT, p.103)

아름다운 대상을 마주하고 있을 때 우리의 지적 능력은 고양된다. 결국 인간은 정신적 존재라는 사실이 철학적 미학에서 재확인되고 있다. 그런 한에서 예술은 '어떤 정신적인 것(ein Geistiges)'이다. 그리고 이런 지적 능력이 수행해야 할 과제 역시 분명하게 제시된다. 처음의 약속을 잊지 않고 이행하는 일이다. 문명은 인간에게 심어져 있는 인식능력들 중 분석능력을 과도하게 사용하도록 몰아간다. 그래서 본래는 인식능력들이 상호연관 속에서 '통일[7]'을 이루도록 되어 있다는 사실을 인간 스스로 잊는다.

이를 교정하는 지적 능력이 요구된다. 더 활성화된 지적 능력. 문명이 인간을 자기보존의 강압으로 밀어넣었다면, 이 자기보존의 강압에서 벗어나는 체험이 필요하다. 그러면 인간의 지적 능력은 더 활성화된다. 예술이 그 기회를 보장한다. 이 '기회보장'은 아도르노 미학의 독특한 논리구조로만 개념화될 수 있다. 앞의 인용을 이어가는 아도르노의 현란한 지적 곡예를 한번 따라가보자.

"관념론이 그렇게 믿도록 만들려 했지만, 예술은 자연이 아니다. 하지만 자연이 약속한 바를 예술은 이행하고자 한다. 예술은 그 약속을 깨뜨림으로써만, 즉 자신에게 되돌아감으로써만 그 일을 해낼 수 있게 된다. 이런 견지에서 예술이 일종의 부정자를 통해, 즉 자연조화미의 결함에 의해 영감을 받는다는 헤겔의 이론에 참인 일면이 있다고 할 수 있다. ……자연이 원하면서도 이루지 못하는 일, 그것을 예술작품들은 실현한다. 예술작품들이 눈을 열어주는 것이다. ……예술은 형상을 통해 자연을 없애는 가운데 자연을 대변한다. 반면 자연주의적 예술은 모두 자연과 기만적인 방식으로 가까운데, 산업이 그러하듯이 자연을 원료로 격하시키기 때문이다. 자율적인 작품에서는 경험적 현실에 대한 주체의 저항이 직접적으로 현상하는(erscheinende) 자연에 대한 저항으로도 된다."(ÄT, p.104)

그리고 정신은 결코 자족적일 수 없다는 속성을 지닌다. 정신은 항상 팽창 욕구에 휩싸여 있다. 그래서 자기전개의 조건을 마련해준 자연조차 떠나려고 한다. 독립의 욕구가 발생한다. 이 '진전'과정을 아도르노는 자연조화미와 예술조화미의 복합체로 설정한다.

"자연에서는 자구 그대로 그곳 그 장소에 존재하는 것 그 이상으로 나타나는 것이 아름답다. 만일 그것을 수용하는 자가 없다면 아름답다는 그런 객관적 표현도 있을 수 없을 것이다. 그러나 이 객관적 표현은 주체로 환원되지는 않는다. 자연조화미는 주관적 체험에서의 객체의 우위를 지시한다. 그것은 물음을 던지면서 해답을 기대하는 어떤 이해하기 힘든 것으로, 구속력 있는 것을 강요하는 것으로 지각된다."(ÄT, p.111)

"예술의 역사적 진보는 자연조화미로부터 자양분을 취해왔다. 자연조화미가 초기 시민사회 시절, 역사진보라는 움직임에서 생성된 것과 같은 맥락이다. 헤겔이 자연조화미를 경시한 데에는 이러한 정황의 그 무언가가 비록 왜곡된 형태이기는 하나 나름대로 선취되어 있다고 할 수 있다."(ÄT, p.112)

예술은 이상과 현실의 불일치를 창조적인 에너지로 변환시킬 것이다

아도르노의 『미학이론』을 통해 칸트가 체계를 완성하면서 체계에 포함시킨 조화미(das Schöne)에 '현실추수적(affirmativ)'이라는 낙인이 찍히고 말았다. 철학논의에서는 '실증적(positiv)'이라는 용어가 적용되는 이 맥락은 칸트에게서 시작된 조화미가 시민사회를 구성해야 한다는 시대적 사명에 부응하면서 갈수록 체계통합 역량을 발휘한 19세기 독일 시민사회 발전과정을 아우른다.

"예술이 전적으로 비이데올로기적인 경우는 결코 가능하지 않다. 경험적인 현실에 대한 순전한 안티테제로 정립한다고 해서 예술이 비이데올로기적으로 되는 것은 아니다. 사르트르가 지적한 다음 사항은 그래서 옳다. 프랑스에서는 보들레르 이래로 예술을 위한 예술 원칙이 우세해졌는데 이는 독일에서 예술의 미적 이상이 도덕적인 강압기구로서 힘을 발휘한 것과 마찬가지라는 것이다. 또 예술을 위한 예술의 원칙이 시민계층에 의해 예술의 중화수단으로서 기꺼이 받아들여진 사실은 독일에서 예술이 질서를 사회적으로 통제하는데 함께 작용한 점에 필적한다고 사르트르는 힘주어 말했다. 예술을 위한 예술의 원칙에서 이데올로기가 되는 지점을 찾는다면, 안간힘을 다해 경험계의 안티테제로 예술을 위치시키는 데 있지 않다. 그 안티테제의 추상성과 사근사근함이 이데올로기다."(ÄT, p.351)

'아름다움'을 이데올로기로 만든 이는 역시 헤겔이다. 헤겔은 칸트의 구름다리를 시멘트 다리로 개조해서 절대정신에 선사했다. 정신은 필요할 때마다 지상으로 다리를 내려 사람들을 불러올릴 수 있었다. 예술이라는 사다리를 타고 오르면서 사람들은 자연이 정신에 재통합되는 과정을 추체험할 수 있다. 그리고 그런 작품들이 실제로 많이 창작되었다. 여기에 '통속'이라는 이름을 붙일 수 있을 것이다. 특히 통속소설들은 여성을 전통적인 여성적 표상에 묶어두면서 사회로부터 배제하는 방식으로 남성중심적인 시민사회구성에 탁월하게 기여하였다.

예술론에서 아도르노의 주타격 대상은 헤겔의 철학체계에서 '정신을 감각적으로 드러내는' 특사로 지목된 예술조화미(das Kunstschöne) 범주를 구현하는 예술작품들이다. 앞에서도 밝혔듯이 하지만 그 싹은 이미 칸트의 구름다리에 들어 있었다. 따라서 조화미 범주 전체가 논의대상으로 부각되었다. 시민예술을 자연조화미(das Naturschöne)에서 예술조화미로 발전시키는 과정에서 정신의 진보를 구현한 역사적 산물로 파악한 헤겔미학을 논박하였다. 정신의 자기실현이 확대되는 과정은 바로 자연이 정신화되는 과정이기도 하다. 정신의 자연지배라는 계몽의 억압 프로그램이 강도를 높이면서 실현되는 역사였던 것이다.

조화미 중에서는 초기의 자연조화미에 그나마 구출할 만한 무언가가 남아 있다. 이념이 초기의 형태로 보존되어 있기 때문이다. 아도르노는 조화미 범주가 왜 도출되었는지, 무엇 때문에 칸트가 그런 복잡한 사유체계를 구상하였는지 그 이념을 되돌아보자고 호소한다. 문명화 과정에서 사회적 분화를 내적 분열로 감당하고 살아가는 인간의 자기회복이 관건이지 않았던가. 칸트와 다른 점은 구체적 생산물로서의 예술이 인간의 자기회복에 큰 힘을 발휘할 수 있으리라는 믿음을 지녔다는 사실이었다. 따라서 칸트의 초월철학적 구도를 계속 유지하면서 비판적으로 문제에 접근하였다.

조화미 범주가 시민사회라는 구체적 토대 위에서 실현되어온 과정은 그 한계를 규명하는 데 구체적인 자료가 된다. 구름다리를 시멘트 다리로 강화한 헤겔의 역량은 거의 신적인 경지였지만, 구름다리 자체에 이미 설계도가 있었다. 따라서 구름다리라고 해서 걷어내지 않을 수 없었다. 구름다리에서 통합의 이념만 살려내고 다리 자체는 물려야 한다. 추출해낸 이념만 거머쥐고 다리가 사라진 심연을 직시해야 한다. 이런 현대인을 예상이라도 한 듯 칸트는 구름다리 저편에 숭고를 마련해두었다. 아직 매뉴얼은 없다. 따라서 가능성은 더 크다. 그동안 예술은 진정한 작용력을 발휘할 수 있음을 보여주었다. 예술은 별도의 역사를 가지고 있다. 역사적으로 증명된 예술의 작용력을 믿고 자연조화미의 이념인 통합에 대한 의지를 가지고 심연을 건너 뛰어볼 수 있는 것이다.

이러한 신념을 가지고 아도르노는 사망 직전까지 『미학이론』집필에 매진하였다. 헤겔미학을 칸트미학의 이념으로 뚫고 나감으로써 독일철학적 미학 전통의 전체를 아우르고 재편하는 아도르노 특유의 미학이론이 구성되었다. 여기에서 아도르노의 미학이론에 대해 본격적으로 살펴볼 수는 없지만 궁색한 대로 『미학이론』의 한두 단락을 살펴보기만 해도 윤곽은 드러난다.

"진리내용의 압력으로 미적 형태가 자체를 초월하는 작품들은 한때 숭고함의 개념이 뜻했던 지점들을 보존하고 있다. …… 숭고한 감정에 대한 칸트의 이론은 비가상적인 진리내용을 위해 스스로 중단되면서도 예술이기 때문에 그 가상적 성격을 없애버리지 못하고 자체 내에서 전율하는 예술에 대해 특히 잘 말

해주고 있다."(ÄT, p.292)

  "숭고의 내력은 잠재적인 모순들을 은폐하지 않고 자체 내에서 철저히 극복하려는 예술이 보이는 절박함의 내력과 동일하다. 갈등의 결과 모순들이 화해되는 것이 아니다. 그렇지만 갈등은 그래도 언어를 얻게 된다. 이렇게 하여 숭고는 잠복된 상태로 남게 된다. 제반 모순의 조정되지 않은 요소들이 침투된 진리내용을 강력히 요구하는 예술은 부정의 실증성에 걸맞지 않는다. 바로 이 실증성이 전통적인 숭고개념을 일종의 현재적 무한자로 살려놓았다."(ÄT, p.294)

  리오타르(Jean François Lyotard)는 칸트의 숭고를 부정의 실증성으로 변용시켜 포스트모더니즘 예술을 촉발했다. 그의 칸트 오독은 거의 만행에 가깝다. 칸트가 왜 '조화미'로 구축되는 체계 밖에 '숭고'를 그대로 두었는지 조금이라도 고민을 했야 했다. '조화미'가 오래되어 낡았다고 해서 신상품을 고르듯 숭고를 집어 들어 새로운 소비재로 둔갑시켜선 안 된다. 숭고 개념이 예술사에 등장한 연원을 살펴 다시 처음으로 돌아갈 필요가 있다.

철학적 미학

재산소유권과 자유의지의 충돌을 지양하는 미적 특수성

"자유는 소유의 원칙으로부터의 자유
일 터인데, 이는 결코 소유할 수 있는
것이 아니다. 만일 축적된 고통에 대한
기억을 떨쳐버린다면 역사기술로서의
예술이라는 것이 무슨 의미를 지닌단
말인가."

교양시민의 빈곤

부정사유와 비동일자의 예술을 주창한 아도르노를 전통주의자로 분류하면서 서술하는 이 책은 '전통'이라는 개념을 매우 엄격한 의미에서 사용하고 있다. 이 부분에 대한 이해를 돕기 위해 여기에서 필자가 사용하는 '전통'이라는 개념의 내포를 진술할 필요가 있다고 생각한다. 아울러 아도르노가 전통주의자로 남을 수 있었던 시대적 배경도 잠깐 언급하겠다.

필자는 학술적인 논의에서 '전통'이란 과거를 답습하는 태도를 지칭하지 않는다는 이해를 가지고 있다. 아도르노를 전통주의자로 분류하면서 별다른 고려를 할 필요가 없다고 생각한 이유다. 당연히 아도르노는 전통에 머물지 않았다. 하지만 그가 사용하는 개념들은 대부분 고전독일철학의 모태에서 배양되고 일반화된 것들이다. 그는 동시대의 그 어떤 철학자들보다도 강하게 전통으로부터 철학적 힘을 끌어올리고 변화된 상황과 지적 대결을 하면서 전통적인 개념들을 사용하기에 거리낌이 없었다.

철학적 전통으로 말할 것 같으면 독일은 지구상 그 어느 나라보다 자부심이 강하지만 아도르노가 활동하던 당시에는 약간 예외적인 상황에 처해 있었다. 파시즘이 발흥하자 독일의 과거에 대한 반성의 일환으로 고전관념론과 교양시민에 책임을 돌리는 목소리가 자못 컸던 것이다. 이 역시 '자기비판'이라는 독일 계몽전통에 뿌리를 둔 학계와 지식인들의 자기계몽운동의 일환이었지만 급진적인 청산을 요구하는 한편으로 교묘한 천박화의 경향도 난무했다.

아도르노를 비롯한 프랑크푸르트학파의 지식인들은 유대인이라는 출신배경 때문에 이러한 시대적 분위기에서 비교적 자유롭게 독일철학 전통에 접속할 수 있었다. 독일식 계몽전통인 '자기비판'이 독일 지식인들로 하여금 '자괴감'이라는 심리적 파행으로 치닫게 하던 시절에 그런 시대적 일반화를 답습하지 않게 해준 계기가 박해받은 이의 '손상된 삶'이었다는 사실은 역사의 아이러니가 아닐 수 없다. 여하튼 1960년대 독일에서 칸트와 헤겔의 텍스트를 르상티망의 감정 없이 읽을 수 있었던 것은 아도르노를 비롯한 프랑크푸르트학파 덕분이었다. 이 학파가 없었다면 한국에서 성리학과 실학연구가 단절된 것과 같은 전통의 단절이 독일에서도 발생했을 공산이 크다.

독일 교양시민은 전통의 단절과 부활을 좀 더 극적으로 보여주는 사례다. 교양시민은 철학적 기반 위에서 진행된 문예운동을 주도했던 사람들이었던 까닭에 철학적 미학 전통이 유지되는 한 전통의 부활 가능성은 늘 있었다고 할 수 있다.

하지만 종전 직후의 가난한 시절을 '라인 강의 기적'으로 눈부시게 극복하고 서독에서 자본주의가 꽃을 피우자 독일인들 역시 '교양' 대신 '소비'를 택하였다. 그런데 21세기에 들어와 독일에 18세기식 '문예 살롱'이 활발하게 부활하고 있다. 언론은 이 사실을 매우 '의아한' 일로 보도한다. 디지털 시대에 자율예술을 애호하는 교양시민으로 자신의 정체성을 정립하는 사람들의 등장은 독일에서만 볼 수 있는 현상일 것이다.

최근 한국에서도 '교양시민'에 관한 언급들을 볼 수 있다. 앞으로 이 독특한 계층에 관한 논의가 더욱 활발해지기를 바라는 것이 이 책을 집필한 의도 중 하나다. 그런데 독일과 비교했을 때 한국에서 사용되는 '교양시민'은 의미가 좀 많이 다른 것 같다. 일례로 사회학자 송호근은 현재의 당면한 문제인 '우리는 왜 불통사회인가'를 묻는 글에서 교양시민의 미성숙을 문제로 지목한다. 중요한 지적이다.

하지만 그는 "공론장의 왜곡과 억압은 '교양시민의 빈곤'이라는 누구도 예상하지 않았던 무서운 결과를 초래했다"[1]라는 견해를 피력함으로써 본말을 전도시키는 편향을 노정했다. 공론장이 왜곡되어 교양시민이 모습을 드러내지 않은 것이 아니라 교양시민의 부재 때문에 공론장이 왜곡되었다고 보아야 할 것이기 때문이다. 앞으로 이 문제를 두고 좀 더 활발한 논의가 이루어지기를 희망한다. 독일철학적 미학 발전과정을 둘러싼 몇 가지 요점에 대한 서술을 여기에서 이어가는 이유가 그런 희망 때문이다.

민주사회로 가는 독일적 특수경로(Deutscher Sonderweg)

자유로운 개인의 해방은 서구계몽이 염원했던 이상(Ideal)이다. 초자연적인 형이상학 아래서 살던 중세인은 신분에 종속된 존재였다. 신분에 존재를 일치시키지 않는 것이 더 나은 삶을 보장한다고 생각하는 중세의 신민(臣民)들도 당연히 많이 있었을 것이다. 하지만 신분과 존재의 분리 가능성을 백일하에 드러낸 것은 '이성의 빛'이었다.

그리고 새로 등장한 경제시민(Bourgeois)에 의해 이 가능성이 처음으로 현실이 되었다. 경제시민의 경제력 역시 합리화의 사회적 결과라는 점에서 '자유로운 개인'의 출현은 18세기 합리주의 계몽의 소산임이 분명하다. 그런데 계몽은 자기실현 과정에서 다양한 '경로'들을 인류역사에 등장시켰고, 그중에서도 프랑스와 독일의 차이가 현격하다. 혁명을 통과한 프랑스는 '개인'이라는 개념에 '경제시민'의 내포를 제공하는 구체적인 성과를 보였지만, 자유주의 개혁에 실패한 독일은 '자유'를 이상화할 수밖에 없었다.

칸트와 헤겔의 철학적 작업은 현실에서 실현불가능하게 된 개인의 자유를 관념의 세계에서 이념형으로 보존하는 것이었다. 프랑스 모델을 국민국가 수립의 '일반경로'라고 내세우는 역사철학이 우세하던 지난 시절, 관념론은 실패한 자유주의자들이 자기위안 삼아 몰입한 관념의 유희로 치부되었다. 그런데 세상이 신자유주의에 휩쓸리자 '경제력으로 실현되는 자유'가 체계로부터의 '해방'이 아니라 체계에의 '종속'을 강화하는 추진체로 되고 말았다. 계몽의 이상은 흔적도 없이 사라졌다.

사정이 이렇다면 자유주의 개혁에 대해 이전과는 다른 관점에서 접근해야 하지 않을까? 자유주의 개혁을 반드시 통과해야 할 역사철학적 당위로 받아들이는 강박을 우선 재검토 대상으로 삼을 필요가 있다. 관념론이 혁명부재의 전통에서 낙후된 현실을 극복하기 위해 벌인 사투의 결과라는 사실에 새삼 주목하면, 관념론 자체가 이전과는 다른 전망에서 '새로운 빛'으로 떠오른다.

독일 이상주의는 개별과 보편 사이의 긴장 위에 구축된 패러다임이다. 18세기 독일에는 계몽의 이념을 실현할 토양이 성숙되어 있지 않았다. 그렇다고 자유로운 개인으로 자신을 해방시키는 과제를 외면할 수는 없었다. 과제를 감당하겠다는 의지만큼은 확고했다. 이러한 사회적 맥락에서 계몽의 과제를 수행하겠다고 선언하는 '용기'를 발휘하라는 요청이 나왔던 것이다.

자유를 현실에서 실현해줄 경제력의 부재가 이 요청의 현실적 작용력을 박탈할 것임은 누구보다도 「계몽이란 무엇인가라는 물음에 대한 답변」 논문에서 이 요청을 제기한 칸트 자신이 잘 알고 있었다. 칸트는 이 난제를 정면으로 돌파한다. 좌절하여 손상되기 전에 현실로 향하던 자유의지를 내면으로 거두어들이자고 새롭게 요청하고 나선 것이다. 이상주의 문화지형의 기틀이 마련되는 순간이었다. 내면화된 자유는 이념의 세계로 나아가는 길을 열어주었다. 불완전한 현실에서 계몽의 용기를 발휘하여 자신에게 자유의지가 있음을 확인한 개인은 현실을 자유주의적으로 개혁하는 대신 이념의 세계를 개척하면서 보편인이 되었다. 현실의 한계를 확인했다가 그 한계를 이념의 세계에서 부정하면서 내포를 온전히 보존하는 보편인의 긴장이 자유의지를 지켜낸다. 긴장을 견뎌낸 자유의지의 소유자는 자율적인 개인으로 우뚝 선다.

두 번째 요청을 체계적으로 추진하기 위해 입안된 비판기획은 이념적으로 자유로운 개인의 자율성을 보장하기 위한 시도였다. 물론 칸트의 구상대로 현실에서 개인이 '이념적으로나마' 자유와 자율을 누린 적은 없었다. 하지만 그의 구상은 '자유' 개념이 자유주의 전통의 전유물이 아님을 환기해주는 강력한 계기다. '이상주의적 자유'라는 개념으로 실질적인 자유를 확대하기 위한 전투를 개시할 수 있음을 납득시키기 때문이다.

고전독일철학은 자유주의 개혁에 실패한 공동체가 국민국가를 형성하는 과정에서 통과한 '특수경로'를 이념적으로 뒷받침하였다. 관념론의 현실적 영향력은 프랑스 계몽사상가들의 경우와 완전히 다른 것이었다. 이 '다른 방식'에서 현재의 난맥상을 돌파할 새로운 계기를 도출해낼 수도 있을 것이다.

비정형화된 사회기구로서의 예술

독일의 사회철학자 하버마스는 「근대성, 미완의 기획」이라는 논문에서 18세기 계몽의 기획으로 진행된 실체적 이성의 탈주술화 과정은 바로 전문 영역들의 분화과정이었고, 이 과정에서 실체적 이성을 '진정성(Authentizität)'의 관점에 따라 감식안(Geschmack)의 문제로 풀어낸 예술(자율예술, 본격예술)이 독립된 영역으로 분화되었음을 근대의 특징으로 들었다. 그 결과 자율예술은 '실체적 이성의 한 조각'으로 근대사회에 도입되었고, '이성의 사안이면서 동시에 생활인들의 희로애락'을 담는 독특한 형식의 사회적 기관이 되었다. 이러한 복합층위에 위치하게 된 예술은 '해설'을 필요로 하게 되었고, '철학적 미학'이 독립적인 분과 학문으로 성립하는 과정과 맥을 같이하게 되었다.

예술과 철학이 결합하는 문화적 흐름에 대응하면서 발전한 '철학적 미학'은 철저하게 근대적 산물이다. 그리고 독일에서는 이 움직임을 실질적으로 담당하는 사회계층도 형성되었다. 교양시민(Bildungsbürger)이다. 독일은 철학적 미학의 나라, 즉 '시인과 사상가의 나라'가 되었다.

독일 교양시민은 독일적 특수경로의 '간과할 수 없는 특수한 조건'[2]이었다. 이웃 나라 프랑스가 부르주아 혁명을 통해 근대 시민사회 구성의 모델을 제시한 18세기 말 독일은 구체제의 신분제가 그대로 온존되어 권위주의적인 사회질서가 유지되는 낙후된 나라였다. 교양시민은 이와 같은 자국의 현실을 계몽의 이념 위반으로 인지하고, 그 현실적 위반을 이념의 차원에서 상쇄하려는 '각성한 식자층'의 등장으로 시작됐다. 이처럼 현실적 악조건에서도 계몽의 이념을 포기하지 않은 이상주의자들은 자유의 실현을 가로막는 현실이라면, 그런 현실적인 조건에는 '자신의 모든 것을 넘겨주지 않겠다는 태도(Foucault, 앞의 책)'를 독일적 계몽의 전통으로 사회화했다.

이러한 '비판적 태도'는 교양시민이 현실참여보다는 내면세계를 도야하는 경향으로 기울게 했고, 그러한 전통에서 '내면성'이라는 독특한 문화적 내포가 발현되었다. 고전독일관념론과 철학적 미학의 발전과정은 관념성과 내면성이 '교양시민성'의 핵심적 내포로 응축되는 과정에 상응한다. 고전관념론의 초석을 놓은 철학자 칸트의 『판단력비판』은 관념과 내면이 논리적 인식능력과는 다른 의식활동인 인간의 미적 능력으로 전환될 수 있음을 논증했고, 18세기에서 19세기에 이르는 동안 수많은 예술가가 이러한 개념에 상응하는 작품들을 창작하였다. 고전관념론의 토양에서 꽃피운 자율예술은 교양시민에게 현실의 계급구속성에서 탈피해 보편인으로 상승하는 매개로 기능하였다.

"교양계층이 가졌던 그러한 능력은 실제로 존재하였던 경우였습니다. 우리가 베토벤이 작곡한 마지막 4중주들이 오늘날에도 역시 청취자들의 영혼성에 어떠한 요구를 제기하는가를 마음속에 그려보고, 베토벤의 4중주와 같은 형상물들을 집중과 책임을 가지고 추적할 수 있는 사람들의 수가 얼마나 소수에 불과한 것인가를 생각해본다면, 놀라운 사실을 경험하게 됩니다. 베토벤의 마지막 5개의 4중주들은, 공식적이고 문화산업에 의해 염색된 전설과는 반대로, 베토벤이 살아 있었을 때 특별할 정도의 성공을 거두었고 즉각적으로 반복되지 않을 수 없었다는 사실을 우리가 경험하게 되는 것입니다."(『미학강의 1』, 463~464쪽)

이러한 '능력을 갖춘' 교양시민들을 계층계급론적 관점에서 접근하면 실체가 잡히지 않는다. 교양시민층의 독특성은 산업사회의 잉여에 경제적 기반을 두고 있는 상층시민 출신으로만 이루어지지 않았다는 데 있다. 관료와 학자들이 있었고 여기에 '배고픈' 예술가 출신이 가세하여 '교양운동'의 장(場)인 문예살롱을 주도하였다. 한마디로 사회경제적 토대에서는 제각기 이질적인 배경을 지닌 집단이었다. 그들을 '교양시민'으로 묶을 수 있는 지표는 자신의 물질적 기반에 대한 양가적인 태도뿐이다. 그들은 산업사회의 착취구조와 냉혹한 관행에는 일정하게 거리를 취하면서 관념의 세계에서 저항하는 방편을 택하였다. 관념과 내면이 산업사회에 저항하는 교양시민의 고유한 전략이었으며, 이 전략을 실현하는 매개로 '자율예술'이 비정형화된 사회기구로 자리를 잡게 된 것이다.

예술과 사회

그런데 이러한 교양시민이 구축한 이상주의 문화는 내면성과 관념성으로 인해 독일역사에서 복합적으로 평가받는다. 초역사적이고 탈현실적인 측면 때문에 독일역사의 파행에 책임이 있다는 평가를 받는 한편으로 현실적인 이해관계로부터 초연한 '탈물질성'에 주목하여 산업화된 근대세계에서 인문주의에 천착하는 보루 역할을 했다는 평가도 있다.

긍정과 부정을 떠나 여기에서 결정적인 측면은 '문화'의 위상이 여타의 사회구성체와 다르다는 사실이다. 역사철학적 '범례'로 간주되어온 자유주의적 경로에서와는 매우 다른 문화전통이다. 근대화의 독일적 특수경로를 견인한 교양시민은 문화가 정치와 경제로 구성되는 사회적 토대의 반영이 아니라 사회구성체의 구성방식을 함께 규정하는 힘을 발휘할 수 있음을 보여주는 사례다. 이러한 독일의 특수경로에 새삼 진지한 관심을 기울여볼 필요가 있을 것이다. 독일이 두 차례 세계대전을 일으킨 당사자였다는 사실과 아울러 20세기 후반 복지국가를 수립하고 현재 유럽연합에서 주도적인 역할을 하고 있는 '세계사적 현상'에 대한 좀 더 심층적인 해명이 요청되는 시점이다.

우리가 관심을 기울여야 할 요점은 '비물질적인 공간'에서 개인이 내면을 도야한다는 의제를 독일 교양시민이 사회적으로 실천하였다는 사실이다. 생산력 증대를 지상명제처럼 중시하는 근대화 초기 단계에서 비물질적 가치에 주목하는 문화가 등장하였음이 독일적 근대의 문화적 특수성인바, 여기에서 사회발전과 문화지형 사이의 '또 다른' 범례를 도출할 수 있다.

기존의 연구들은 문화를 부차적인 것으로 간주해왔다. 문화란 정치와 경제 등 정형화된 제도와 물질적 요인들이 구성원의 의식에 투영된 '상부구조'에 속하는 요인으로서 '토대'에 미치는 영향력은 제한적일 수밖에 없다는 입장이었다. 마르크스주의가 고정시킨 토대/상부구조의 이원론에서 토대를 반영하는 상부구조는 토대에 종속된다. 따라서 새로운 전망을 도출해낼 독자적인 힘을 갖지 못한다.

이러한 이원론이 연구의 패러다임을 주도했던 까닭에 근대 국민국가 형성과정에서 '독자적인' 힘을 발휘한 독일 교양시민은 '예외적인 경우'로 분류되었고, 관심에서 멀어졌다. 하지만 21세기에 들어와 독일의 문화적 자생력이 힘을 발휘하여 독일사회를 변모시킨 결과들이 가시화되면서 '독일적 근대'의 특수성에 새롭게 관심이 기울여지기 시작하였다. 독일을 '예외'로 만든 패러다임이 프랑스를 중심으로 한 자유주의적 모델에 불과하다는 사실역시 재조명되었다. 경제가 사회변동을 주도한 자유주의적 모델이 근대화를 추진하는 인류의 역사철학적 모델로 받아들여져온 관행은 수정될 필요가 있다.

그런데 되돌아보면 '관행의 재검토'가 '관행의 재생산'으로 귀결되어 또다시 새로운 파탄이 준비되는 시간의 연속이었음이 드러난다. 한국의 경우, 개발독재를 종식하고 실질적인 민주화를 위해 노력했지만 계속 파행을 거듭하는 반복의 메커니즘에서 벗어나질 못하고 있다. 개발독재 시대에 기틀이 잡힌 성장을 위한 사회적 장치들을 탈바꿈해 민주사회의 내실을 다져나가야 할 터인데, 기성세대의 사유방식이 전반적으로 산업화 패러다임에 포섭되어 있는 까닭에 '민주'라는 개념에서 진리내용이 탈각되고 그냥 공소한 언어유희만 난무하는 시절을 보내고 있다.

아도르노 사유의 새로운 점은 바로 이 인간사유의 약한 고리, 즉

'관성과 지체'를 고민의 중심으로 삼았다는 데 있다. 재검토가 재생산으로 귀결되는 이유는 재검토하는 사람의 사유방식이 재검토 대상인 옛 관행을 구성하는 그 단계에 그대로 머물러 있기 때문이다. 계몽이 진보이면서 동시에 퇴행이라는 '계몽의 변증법' 테제는 인류역사가 이 문제에서만큼은 반복 메커니즘에 빠져 있음을 통찰한 결과다. 사회비판서 『계몽의 변증법』에서 문제의 원인을 규명한 후 아도르노가 철학서 『부정변증법』 집필에 몰두한 까닭도 이 반복 메커니즘에서 빠져나오는 길을 개척하기 위함이었다.

철학서 『부정변증법』이 요청하고 나서는 '부정사유'는 규범으로 굳어진 '지금까지의 관행'을 항상 재검토해야 하는 운명을 인류가 정직하게 받아들여야 함을 역설한다. 현실은 시간 속에서 변한다. 하지만 머릿속 관념은 시간의 변화와는 다른 차원에서 움직인다. 그리고 아무리 노력해도 관성의 메커니즘에서 벗어나기 어렵다. 한때 유효했던 개념이 역사진행 결과 관계들의 새로운 짜임관계 속에 위치하게 된다. 물론 개념도 새로운 전망을 구가하면서 이 과정에 능동적으로 참여한다. 그러면 개념의 현실적 의미내용은 달라지기 마련이다. 새롭게 재해석될 필요가 발생한다.

이 '재해석'의 철학을 위해 아도르노는 독일철학 전통이 발전시킨 변증법을 소환한다. 아도르노에게 변증법은 현실의 변화와 관념의 관성을 일치시킬 유일한 가능성이다. 전통적인 변증법을 변화된 현실의 새로운 관계들과 정면 대결시켜 새롭게 진리내용을 구출하는 과정에서 독창적인 철학적 요청인 '부정사유'를 제출할 수 있었다. 아도르노가 초기 저술과정에서부터 부정사유의 단초들을 제시하고 이 사유의 논리로 글을 써나간 까닭에 그의 저작 전체를 부정사유의 결과물로 볼 수 있지만, 『부정변증법 강의』와 이 책에 부록으로 실린 논문 「정신적 체험이론을 위하여」에서 우리는 좀 더 친절한 서술을 찾을 수 있다.

"철학은 어느 한 역사적 순간에는 철지난 듯 보였지만, 그 실현의 순간을 놓쳐버림으로써 되짚어 자신을 회복하게 되었다. ……어쩌면 실천적인 이행을 예고했던 해설이 불충분했을지도 모르는 일이다. 이론을 비판하던 순간이 이론적으로 영원하게 되는 법은 없다. ……거꾸로 철학이 자신과 현실이 일치한다는 기대를 저버리고 난 후 스스로를 가차 없이 비판할 필요가 있게 되었다."(『부정변증법 강의』, 345쪽)

아도르노는 저술 작업을 통해 비판의 '가차 없음'을 몸소 실천한다. 가차 없는 비판이 전통의 '청산'과 실질적으로 어떻게 다른지 구체적으로 보여준다는 견지에서 그의 저술 작업을 일종의 규범으로 삼을 수 있을 정도다.

"관념론적 변증법이 다시 발붙이는 일은 없도록 해야만 한다. ……하지만 주체우위는 한 인간의 개별의식만이 아니라 칸트 및 피히테적인 의미에서의 초월의식마저 능가하는 헤겔의 구상에서도 역사적으로 파산선고가 내려진 터이다. ……헤겔에게서 지속적으로 나오는 힘은 헤겔이 철학에 내용적으로 사유하는 권한과 능력을 되돌려주어 공허하고 참으로 무의미한 인식형식의 분석에 만족하는 철학을 끝장낸 데서 비롯된다. 변증법의 이 모티브를 자신에게서 제거시키게 되면, 사유는 내용적인 것을 다룬다고 나서면서 세계관이라는 자의로 전락하거나 아니면 형식주의 그리고 헤겔이 한사코 반대한 이나저나 마찬가지라는 태도에 빠진다. ……실체적인 것으로서의 보편개념에 대한 강조는 이 두 철학자(베르그송과 후설-필자)에 의해 구성적이라고 인가받은 주체에 대한 강조와 하등 다를 바 없으며 개념우위는 초월적 자아의 우위인 것이다. 이들 두 사람에 대해서는 그들이 의도했으나 이루지 못한 것을 고집할 필요가 있다. ……하지만 개념을 통해 그 개념들의 추상적인 범위를 넘어서 진리에 접촉하는 부분은 개념들에 의해 억압되어진 것, 추방된 것, 무시된 것들에서만 내보여질 수 있다. 인식의 유토피아는 무개념자를 개념과 등치시키지 않으면서 개념으로 무개념자를 해명하는 것이다. 그렇다면 관념론이 남긴 유산이지만 그 무엇보다도 관념론에 의해 타락한 무한자 이념이 달리 작동할 터이다. 철학은 과학적인 사용으로 소진되지 않으며……."(『부정변증법 강의』, 345~349쪽)

그런데 아도르노가 전통의 반열에 오른 '완결된' 철학체계들을 가차 없이 비판하면서도 또 다른 철학'체계'를 구축하기 위해『부정변증법』저술에 심혈을 기울인 까닭은 무엇일까? 필자는 '재해석'의 자의성을 경계하기 위해서라고 생각한다. 개념이 자의성의 폭력에 노출되지 않기 위해서는 그 개념이 처음 대면했던 현실적 연관관계로부터 재사유를 시작해야 한다.

"그리고 오늘날에는 마르크스가 생각했듯이 그렇게 혁명이 임박했다고 더 이상은 생각할 수가 없다는 거지요.-간단히 말해 이런 이유에서입니다. 그 당시에는 프롤레타리아트가 부르주아 사회에 통합된 상태가 아니었고요, 아울러 또 부르주아 사회가 엄청난 권력수단을, 실질적인 물리적 수단뿐 아니라 아주 넓은 의미에서의 심리학적 수단을 수중에 쥐고 있던 상황도 아니었습니다. 이 두 가지 측면이 갈수록 서로 얽혀들면서 오늘날 혁명이라는 개념을 대단히 문제가 많은 것으로 만들고 있습니다. ……왜 그것이 발생하지 않았고 왜 그것이 일어날 수 없었는가에 대해 생각해보는 것-이런 이론적인 물음이 요즈음 철학이 현안으로 다루는 내용에 조금도 포함되지 않고 있습니다. ……그러므로 또한 극도로 급진적인 자기비판이 필요한바, 왜 이 모든 일에 성공하지 못했는가를 두고 곱씹어봐야만 합니다. ……내가 하고자 했던 이야기는 그저 ……철학이 일요일의 기쁨 주는 잡담 수준에서 벗어나도록 말입니다. 왜냐하면 참으로 분명한 것이 철학은 즐거운 구석이라곤 찾아보기 힘든 의미에서 신

학의 세속화인데요,……."(『부정변증법 강의』, 101~103쪽)

계몽은 '전진하는(fortschreitend)' 사유로서 머무름을 모른다. 따라서 현실의 참된 상태를 고려하지 않고 '전진하기' 이전, 즉 출발지점에서 파악한 상태를 현실로 '간주하고' 그 상태에서 계속 앞으로 밀고 나가기 일쑤다. 계몽하는 사유는 이런 맹목의 전진 궤도에 갇혀 있을 수밖에 없다. 따라서 자기자각의 계기가 필요하다. 체계충동은 사유가 자의성의 유혹에 넘어가지 않도록 버텨주는 자기강제 역할을 한다. 아도르노 자신도 이 충동이 사유의 버팀목임을 고백하고 있다.

"그런데 나는 여기에 큰 가치를 부여합니다. 그 까닭은 여러분이 내 사유의 발단을 그냥 단순히 체계와는 무관하게 이루어지는 우연한 사유로 생각하지 말아야 하고 그리고 체계와의 관련 하에서 보았을 때 비로소 제대로 이해되는 것으로 받아들여야 하기 때문입니다."(『부정변증법 강의』, 79쪽)

하지만 '체계' 개념이 오랫동안 무척 불합리한 방식으로 영향력을 행사해온 철학사를 아도르노가 도외시하는 것은 아니다. 아도르노는 친구 벤야민의 노고를 이런 견지에서 재평가하고 있는데, 벤야민의 삶을 탈진시킨 수고스러움이 어디에서 비롯되었는지 정확하게 꿰뚫어보는 것이다.

"그러나 이 일이 얼마나 진지한 것인지—마지막으로 여기에 대해 이야기를 좀 하겠습니다.—에세이스트요 미시주의자로 명성이 드높은 벤야민이 요즈음『증인들』이라는 제목으로 나온 책에 실린 글에서 체계 없이는 철학이 가능하지 않다는 견해를 강력하게 표명했다는 사실만 보아도 금방 알 수 있습니다. 그리고 벤야민이 거의 파국에 이르기까지 유지했던 사유의 긴장은 사실상 체계 없는 철학의 가능성에 대한 물음을 따라간 결과입니다."(『부정변증법 강의』, 70쪽[3])

아도르노 자신은 체계 개념을 다음과 같이 정의한다. 오랜 시간 철학전통이 다듬어온 '체계' 개념을 폐기하지 않으면서도 그 내부에서 새로운 내포를 끌어오는 '아도르노식 철학하기'의 정수를 우리는 여기에서 한번 경험할 수 있다.

"체계란 그러므로 ……하나의 원칙으로부터 사안 자체가 전개되어 나오는 것이 되겠는데요, 역동적이지요. 말하자면 바로 발전(Entwicklung)으로서 모든 것을 자기 속으로 끌어들이는 움직임으로써, 모든 것을 파악하고, 그래서 동시에 총체적인, 그리고 헤겔식으로 말해서 하늘과 땅 사이에 생각해볼 수 있는 것이라면 그 무엇 하나 체계 밖에 나와 있을 수 없다는 식의 객관적 타당성에 대한 요구를 지녔다고 보아야 합니다. 아마도 피히테적 의미에서의 체계가 그런 요구를 가장 일사불란하게 실현한 경우일 것입니다."[4]

"이러한 욕구는 …… 바로 이러한 욕구 때문에 사유구조물들이 니체에게서처럼 비체계적으로 드러나든 아니면 현대의 현상학과 존재론처럼 무체계적인 형태를 띠든 모두 상관없이 잠재적으로는 하나같이 체계가 되는 것입니다. 후설은 결국 정직하게 실토를 하고 말았지요. …… 하이데거에 오면 문제는 보기보다 훨씬 복잡해집니다. …… 이 철학이 체계라는 개념의 물레에 맞물려드는 소리를 전혀 내지 않으면서도 분명한 방점을 찍어가면서 자기 자신을 필연적이고 수미일관한 것으로 제시한다는 사실입니다."(『부정변증법 강의』, 81쪽)

'일요일의 즐거운 잡담'이라는 표현을 써가면서까지 하이데거의 철학을 비판하는 아도르노는 하이데거 철학을 '위장된 관념론'[5]이라고 평가한다. 그러면서 하이데거가 체계 개념 자체를 '질적으로 변화시켜' 무력화했다고 질타한다. 반면 아도르노는 체계가 자기 몫을 담당해야 한다고 강조한다. 아도르노는 "개별단위들을 서로 묶는 잠재적인 힘으로"[6] 체계를 세속화하는 길을 유일하게 남은 철학적 대안으로 여긴다.

"이런 견지에서 여러분에게 간청하고자 하는데요, 부정변증법 개념을 철학적 체계의 이념이 겪어온 이러한 변화에 대한 비판적이고 자기비판적인 의식으로 이해하라고 말입니다. 체계는 사라집니다. 하지만 사라짐 속에서 자신의 힘들을 방출시키는 데요. 어쩌면 우리가 신학에 대해서 주장할 수 있는 바와 유사할 것입니다. 완결되고 의미 있는 세계로서의 체계라는 개념으로 사실 신학의 세속화가 그 나름으로 이미 존재하고 있었다고요." (『부정변증법 강의』, 85쪽)

'신학의 세속화'로서의 체계는 현대사회에서 진행되는 세속화의 급진성에 그대로 노출된다. 말하자면 체계 자체가 세속화되는 것이다. 체계는 소멸되지 않는다. 잠재된 양태로 무력해져서도 안 된다. '세속화된 양태'로 현대철학에서도 힘을 발휘해야 한다. 아도르노가 철학의 체계를 계속 거론하는 까닭이 여기에 있다.

"이런 의미에서 보자면 사유의 통일성은 항상 사유가 자신의 역사적 위치에서, 특수한 상황 속에서 부정하는 것 그 안에 놓여 있다는 말도 됩니다. ─헤겔의 명제에 따르자면 철학이란 자신의 시대를 관념 속에서 포착하고 있는 것이라는 뜻도 되겠지요. 체계 없이 구속력을 지니고자 하는 관념은 자신을 거슬러 오는 저항에 스스로를 내맡긴다고 말할 수도 있겠습니다. 그러므로 사안이 관념에 대해 행사하는 강제를 통일성의 계기가 접촉하게 되는 것이지 관념 자체의 '자유로운 처리'가 아닌 것입니다." (『부정변증법 강의』, 87쪽)

애초에 철학이 체계를 자처하고 나선 이유는 하늘과 땅 사이에 있는 모든 것을 통합하는 힘을 과시하려 했기 때문이다. 그 원대한 이상을 철학이 포기한다면 대체 철학은 무엇 때문에 존재해야 하는가? 철학 자체의 존재이유가 의문에 붙여지지 않을 수 없다. 신학의 세속화로서의 철학은 관념과 현실을 통일하려는 충동으로 들끓어야 한다.

"철학은 자기 안에서 자율적으로 거하는 형상이 아니라 대신 끊임없이 자기 밖에 있는, 자신의 관념 외부에 있는 내용적인 것, 현실적인 것에 관련한다는 바로 그 지점에서 예술과 구분된다고 할 수 있기 때문입니다. 바로 이 관념과 그리고 바로 이 관념의 입장에서 보면 그 자체로서는 관념이 아닌 것 사이의 관계, 예 그렇지요, 바로 이 관계가 철학의 핵심주제를 이룹니다. 그래서 철학이 일단 현실적인 것과 관련을 맺게 되면, 그러면 이 현실적인 것에 대한 순전히 관조적인 관계 그 자체로 자족적인 관계, 실천을 목표로 하지 않는 관계란 이미 그 말 자체로서 터무니없는 것이 되어버립니다. 이런 사정 때문이지요. 현실적인 것 자체에 대한 사유의 행위란 이미 하나의—자기 자신은 미처 의식하지 못하더라도—실천적 행위이니까요."(『부정변증법 강의』, 105~106쪽)

18세기 계몽주의시기 이래로 '계몽'은 '지상에서의 더 나은 삶'

을 위한 세계해명으로 늘 현실과 직접 연관된 사유방식을 지칭하였다. 20세기에 인류가 경험한 사건들은 '더 나은 삶'에 관한 표상을 인류가 전면적으로 수정해야 함을 일깨워주었다. 그런데 철학은 이와 같은 현실의 압박을 제대로 수용하지 않고 개념의 한계를 반복하고 있다. 이 관성의 분쇄가 부정사유의 지향점이다.

"정말로 매우 대담한 무엇이란 한 가지 측면 즉 생산력 수준에서만 놓고 보자면 아무런 결함도 없고 그래서 단념도 억압도 더 이상 없을 세상을 만드는 일이 현재 이곳에서 곧바로 가능하다는 사실입니다. ……만일 전적으로 생산력의 관점에서만 접근한다면, 인류가 만족하게 될 것이며, 그리고 인간다운 상태에 도달하게 될 것이라는 이런 측면–이 말을 받아들이지 않는다면, 그렇다면 그 사람은 필히 이데올로기를 확산시킬 위험에 빠져들고 말 것입니다. 실제로 방해가 되는 것은 단지 생산관계들에 의해서일 뿐입니다. 그리고 그 생산관계들이 물리적·정신적 권력 장치들에까지 확장됨으로써 그렇게 될 따름입니다. 그러므로 이 점을 반드시 한 번 짚고 넘어가야 한다고 믿습니다. 올바른 실천의 가능한 출발은 사람들이 이제 여하튼 어떻게 하면 사회를 올바른 상태에 도달시킬 수 있는가에 대해 전면적으로 새롭게 사유하면서 시작된다고요. 그런데 이 사회는 그 안에 얽혀들어가 있는 관계의 측면에서 보자면 그리고 그것에 의해 주조된 의식의 측면에서 보자면 정태적으로 되도록 위협받고 있지만 다른 측면에서는 끊임없이 힘들을 생산해냅니다. 이 힘들로 말할 것 같으면 그동안은 본질적으로 파괴에 사용되었지만 그러나—내가 한번 극단적으로 말해본다면—오늘 아니면 내일 당장 지상에 낙원을 정말 만들 수도 있는 수준이지요. ……오히려 이 사회는 생산력의 간단없는 진보마저도 자기식의 회로를 만들어 그 궤도 속에 묶어놓을 수단과 방법을 찾아냈습니다. 그래서—마르크스에게서는 그렇게도 자명한—생산력의 진보와 인간해방 사이의 등가성이 더 이상 유효하지 않게 되었습니다." (『부정변증법 강의』, 106~107쪽)

지상에서 행복하게 살고 싶은 염원을 과학주의가 승리를 거둔 21세기에 사는 인간이라고 해서 포기할 이유는 없다. 단지 "인류 역사가 스스로 올바른 길을 찾아갈 것이며 그래서 그냥 커튼을 한 번 흔들기만 하면 모든 일에 질서가 잡힐 것이라는 희망을 더 이상 가질 수 없게 되었다"[7]는 뼈아픈 각성을 할 의무만 지키면 된다. 과학주의에 승리를 안겨준 계몽을 재계몽 궤도에 끌어올리는 노력이 필요하다. 재계몽은 계몽의 실체를 파악하는 일에서 시작된다. 재사유를 위해서 우리는 대체 '계몽이란 무엇인가'라는 물음으로 다시 돌아갈 수밖에 없다.

앞에서 서술한 바 있듯이 1783년 칸트가 '계몽' 개념에 대한 형식규정을 내린 이래로 칸트의 정식은 서구의 근대를 특징짓는 핵심어가 되었다. 하버마스는 사회영역들의 분화를 근대성의 내포로 개념규정하면서 독립적인 부문들의 유기체적 상호관계로 유지되는 시민사회가 18세기에 시작된 서구계몽의 결과임을 강조하였다. 하버마스의 분석은 18세기 유럽에서 일어났던 사회 각 부분의 전반적인 개혁운동이 그 시대를 넘어서 근대 시민사회 전반에 적용되는 과정을 포착한 것이다.

이러한 역사적 개념의 보편화 과정에 주목한 푸코는 칸트의 비판철학을 계몽에 대한 개념정의와 직접 연결해 20세기적인 해석을 내린 바 있다. 그에 따르면 서구이성의 자기주장은 바로 근대인의 '지배받지 않으려는 태도'에 집약되어 있으며, 이 태도가 사회적 발전의 원동력이었다는 것이다. 그런데 이처럼 계몽을 '태도'로 파악하는 푸코의 정식은 20세기에 활발했던 포스트모더니즘의 흐름과 결부되어 계몽의 또 다른 쟁점인 질서구성의 계기를 소홀히 하는 결과를 가져왔다. '사회구성'은 계몽이 약속한 '행복'의 구체적인 실현계기다. 우리가 행복을 보장하지 않는 사회에서 살수록 사회구성의 새로운 패러다임이 절실해지는 이유다. '질서'는 구축되어야만 한다.

그런데 '질서'란 이질적인 요인들 사이의 관계개념이다. '합리/비합리'를 '이성/비이성'과 등치시키는 우리의 언어사용에 따르면, 이성은 질서정연함을 뜻한다. 그리고 이는 이성이 항상 무언가를 자신의 논리 안으로 끌어들인다는 이야기이기도 하다. 그 대상이 이성의 논리와 크게 어긋나는 것일 때, 우리는 이성의 활동을 가장 극명하게 확인한다. 유럽의 18세기는 이성이 역사현실에 가장 직접적으로 영향력을 행사한 시기였다. 그 결과 '계몽주의'라는 이름을 얻은 것이다. 당시 이성은 인류의 역사에서 처음으로 존재가치를 인정받은 감성과 서로 합심해 '질서'라는 관계를 맺어야 하는 과제를 안고 있었다. 이성은 그 일을 매우 성공적으로 수행하였고, 한 세기를 지나는 동안 여러 가지 가능성을 제시하였다.

타자를 통해서 보면, 이성이라는 개념이 고정불변의 완결된 것이 아님이 드러난다. 이성은 감당해야 할 상대의 성격에 따라 자신을 변화시켰다. 그런데 이성이 이처럼 타자를 진지하게 받아들였던 까닭은 자신을 관철하려는 의지가 있었기 때문이었다.

이성은 자기실현의지를 포기한 적이 없었으며, 그 때문에 스스로를 변화시켰고, 그 결과 이성개념의 의미내용은 늘 바뀌었다. 물론 관철하는 방법은 달랐지만, 중세에도 이성은 자신을 실현하고자 하는 의지를 적극적으로 내보였다. 이질적인 것마저도 자신의 입장에서 파악하려는 이성의 의지가 중세에 이미 작동한 것이다. 이성은 신앙과 겨루었다. 이런 의미에서 중세는 계몽의 근원을 이룬다.

18세기에 들어 세상이 변하자 이성은 신앙에서 감성으로 타자를 교체하였고, 여러 차례 관계조정을 시도하다가 18세기 말 결정적으로 관계맺음의 패러다임을 바꾼다. 질풍노도의 격정을 겪은 후 이념을 통한 오성과 감성의 매개를 시도한 것이다. 칸트의 「계몽이란 무엇인가라는 물음에 대한 답변」 논문은 이 새로운 시도에 대한 기록이다. 이제 이성은 '비판'이라는, 좀 더 형식주의적인 관계 속에서 작동하는 것으로 이해되기 시작하였다.

그 후로도 패러다임은 계속 변하였다. 그중에서도 '포스트모던' 담론은 이성과 계몽에 과도한 부담을 지웠다. 이성에 질서구성 능력 상실이라는 판결을 내리는 데 그치지 않고, 사물의 질서 자체가 폐기되어도 무방하다는 논리마저 유포해놓았기 때문이다. 21세기로 접어든 현재, 이러한 생각에 대한 재검토가 절실하다. 질서구성 방식의 다양성을 검토할 필요가 대두한 시점에서 현대문명이 타자와 교류하는 방식에 대한 색다른 설명모델은 소중하다. 예술의 자율성은 쾌감을 통해 마음에서 마음으로 이어지는 진정한 교류의 모델이 될 수 있다. '마음의 질서'가 사회구성의 원리로 들어서게 되면, 명실상부한 '문화의 세기'가 열릴 것이다.

'미적인 것'의 특수성

한국의 철학계는 칸트의 『판단력비판』 연구에 이제껏 매우 소홀하였다. 칸트철학 연구자들의 개인적 관심과 성향에 일차적 원인을 돌릴 수 있는 문제임은 분명하나, 칸트의 중요한 연구업적 중하나인 이 책에 대한 연구가 그토록 일천했던 사정은 다각도로 분석할 필요가 있다. 필자는 사회구성에서 '문화'가 차지하는 위상에 대한 한국 지식인들의 생각이 이와 같은 연구의 불균형을 초래했다고 생각한다. 인문학 연구자들 사이에서도 '문화'를 부차적인 사회현상으로 간주하는 경향이 강력했던 것이다.

그사이 상황이 많이 변하기는 했지만, 연구는 여전히 일천하다. '문화' 개념을 올곧게 세우는 과정에 독일철학적 미학의 전통을 참고할 필요가 있다는 견지에서 이 책을 쓰는 필자는 칸트 미학의 현대화를 명실상부하게 실현한 사람이 아도르노라는 사실을 부각하고자 한다. 따라서 칸트 미학의 핵심내용을 먼저 살펴볼 필요가 있다.

인간의 미적 활동을 개념적으로 정식화하면서 칸트는 '이 대상 ×가 아름답다(x ist schön)'는 판단이 본질적으로 전달할 수 없는 것을 전달하는 것임에 초점을 맞추었다. 주관적인 감정상태를 객관적인 술어에 담아 옆 사람에게 알리면서 동시에 상대방도 동의할 것이라고 당연히 전제하는(요구주장하는, ansinnen) 진술이기 때문이다. 감식판단(Geschmacksurteil, taste)은 결국 이처럼 동의를 구하지 않고 전제하는 판단 주체의 '아름답다'는 진술을 통해 그 보편타당성이 사회적으로 실현되는 것이라고도 할 수 있다. 물론 칸트의 분석은 '아름답다'라는 상태에 도달하는 마음의 움직임을 유발하는 것이 우리의 인식능력인 까닭에 보편타당하고 객관적인 요인이 주체에게서 활동함을 증명하는 데 집중되어 있다.

"『판단력비판』에서 혁명적인 면은 그것이 과거 작용미학 (Wirkungsästhetik)의 범위를 벗어나지 않으면서도 이를 또한 내재비판을 통해 한정짓고 있다는 데 있다. 그래서 칸트의 주관주의는 객관적인 의도를 갖는다는 점에서, 즉 주관적인 계기들

의 분석을 통해 객관성을 구제하려 한다는 점에서 그 특유의 중
요성을 지닌다. 무관심성은 흡족을 보존하려는 직접적인 작용
에서 멀어지며, 그러면 흡족의 최상위권은 꺾이기 시작한다."
(ÄT, p.22)

하지만 개념적으로는 증명 불가능한 '쾌감'이 주체의 내면에서
일어났음을 밖으로 알렸을 때 비로소 감식판단은 판단으로서의
자기위상을 확립할 수 있다. 내면의 쾌감(Lustgefühl) 상태로 머물
때에는 아직 판단이 아니다. 이 내면의 상태를 밖으로 드러내 사회
화했을 때, 그리고 사회화됨으로써 보편타당성을 입증하였을 때
판단이 되며, 이 과정을 실현하는 기제가 아름답다(schön)는 술어
인 것이다. 다시 말하면 아름답다는 판단은 인식활동의 결과가 아
니라, 인식능력이 특정한 방식으로 활동한 결과 내부에서 일어나
는 감정 상태를 주체가 확인하는 '자기인식'이다. 그리고 이러한
자기 확인을 외부와 소통하기 위한 단어가 '아름답다'인 것이다.

내면의 쾌감을 아름답다는 술어로 전달하는 순간, 개별적인 판단
주체는 주관적인 감정 상태를 보편적인 것으로 변환시키는 행위를
하는 사회인으로 된다. 바로 이 '변환'의 사회성에 감식판단의 독
특성이 있다. 이 독특성은 '비사회적인 속성의 사회화'라는 테제로
모을 수 있다. 예술이 사회이론과 결합되는 지점이 여기다.

"우리가 이 강의 앞에서 시도하였던 규정들을 여러분이 다시

한 번 생각해보면, 아마도 우리가 말했던 내용을 즉 예술적 영역 또는 예술에 대한 경험이 이른바 현실을 지배하는 원리를 중지시키는 것이라는 사실을 기억하게 될 것입니다. 매우 거칠게 말한다면, 우리가 현실적이지 않은 그 순간에, 우리가 우리의 이익, 성공 또는 성취될 수 있는 그 어떤 목적들을 약삭빠르게 바라보지 않고 우리를 즉자 존재로서 어떤 경우든 우리를 마주 대하면서 나타나는 즉자존재에게 목적의 연관관계를 고려함이 없이 내맡기는 순간에, 우리는 예술적으로 행동하게 되는 것입니다. ……다른 말로 하겠습니다. 인간이 조건 지어져 있다는 것은 아름다운 것에 대한 투명한 경험이 이루어질 수 있는 전제조건입니다. 이에 따르면 아름다운 것에 대한 관계는 조건 지어진 것과 무조건적인 것 사이의 긴장관계로서 파악될 수 있습니다. 우리는 플라톤에서 이러한 이념이 상세하게 특별화되어 있는 것을 발견하게 될 것입니다. 조건 지어진 것과 무조건적인 것의 관계는, 감정이 깊은 곳에서 움직이는 것으로서, 조건 지어진 본질들을 무조건적인 것의 면전에서 움켜쥐고 조건 지어진 본질들이 아름다운 것의 직관에서 파악되어 있는 한 어떤 경우이든 일시적으로-조건 지어진 것의 주변을 넘어서는 운동으로서 파악될 수 있는 것입니다. 이러한 모든 것에서 여러분은 명백하게 형성된 생각에 기초하여 칸트의 모티브인 "이해관계 없는 흡족"과 같은 모티브를 발견하게 됩니다. 다시 말해 자기보존과 자연지배의 연관관계 내부에 들어 있는 목적들과 실제적인 모멘트들을 향하지 않고 이러한 모든 것을 넘어서는 흡족에 대한 모티브를 여러분이 발견하게 되는 것입니다."(『미학강의 1』, 219~221쪽)

철학적 미학은 근대 시민사회의 아포리아를 정체성의 근간으로 삼아 출발하면서 경제시민(Bourgeois)의 한계를 내적으로 극복하려는 지향으로 독자성을 확보하였다.[8] 근본적으로 모순관계에 있는 '재산소유권'과 '자유의지'의 충돌과 변증법적 지양이 미학의 특수성인바, 미학은 개인을 신분제에서 해방시킨 힘이 경제력이었음을 구성원들에게 끊임없이 주지시키는 자본주의 사회에서 개인이 자유의지를 계속 표상할 수 있도록 자극하는 자율예술의 존재를 정당화하였다. 하지만 20세기를 지나는 동안 자율예술은 제 역할을 다하지 못했고, 미학 역시 사회과학에 종속되는 편향이 나타났다.

철학적 미학의 쇠퇴는 '자유'를 소유권의 무제한적 확대로 제한하는 신자유주의에 날개를 달아주었다. 시민사회는 거듭 위기에 직면하였고, 사회문제를 해결하려는 의지를 적극 표출하는 정치시민(Citoyen)이 등장하여 공론장에서 '정치적 해결'을 주문하였다. 하지만 한국은 물론 전 세계적으로도 문제해결은 요원해 보이며, 신자유주의가 동력을 잃을 기미도 보이지 않는다. 지금 상황에서 무엇보다 필요한 것은 아도르노가 주장하듯 행복에 대한 표상을 잃지 않도록 예술을 더욱 활성화하는 작업일지도 모른다.

"문화의 현실추수적 성격에 대한 마르쿠제의 비판은 타당성 있는 것이었다. 그런 만큼 그의 비판은 개별적인 문화산물 속으로 파고들어야 할 의무가 있었다. 그렇지 않을 경우, 그로부터 반문화동맹 같은 것이 나오고 말 터인데, 이는 그냥 문화재만큼이나 나쁜 것이다. 거친 문화비판은 급진적이지 못하다. 현실긍정이 사실 예술의 한 가지 계기인 만큼 예술이 그렇게 완전히 잘못되었다고 하기는 어려운 구석이 있었다. 이는 문화가 실패했었기 때문에 완전히 허위라고 하기 어려운 것과 마찬가지다. 문화는 그보다 더 나쁜 상태 즉 야만상태를 방지한다. 또한 자연을 억압하기도 하지만 그러한 억압 과정 속에서 자연을 보존하기도 한다. 농업에서 차용해온 문화의 개념 속에는 그러한 의미가 따라다닌다. 삶은 문화를 통해서 지속되어왔으며, 어떤 올바른 삶에 대한 전망도 따라 나왔다. 진정한 예술작품 속에서는 그러한 사실에 대한 메아리가 따라다닌다. 현실긍정은 기존 질서를 찬란한 빛 속에 감추어놓는 데에 그치지 않는다. 그것은 존재하는 것에 대해 공감하는 가운데 죽음, 모든 패권의 텔로스인 죽음에 맞서 자신을 방어한다."(ÄT, p.374)

여기에서 관건은 예술이 사회변화를 주도하는 역할을 할 수 있음을 설득하는 일이다. 모토는 '예술은 이상과 현실의 불일치를 창조적인 에너지로 변환시킬 것'이다.

"예술의 진리가 가상을 초월하는 단계에서 예술은 가장 치명적인 것에 자신을 노출시킨다. 자신이 거짓일 수 없다는 사실 이외에는 어떤 인간적인 것도 표현하지 않음으로써 예술은 거짓말을 할 수밖에 없다. 결국에는 모든 것이 또한 아무것도 아닐지모른다는 가능성 앞에서 예술은 아무런 힘도 없으면서 예술의실존을 통해 경계를 넘어섰다고 상정하는 데서 자신의 허구적인 면모를 드러낸다. 예술작품의 진리내용은 작품의 현존에 대한 부정으로서 자리매김될 수 있는데, 이 진리내용은 작품에 의해 매개되어 있지만, 작품들은 언제나 그렇듯이 진리내용을 말해주지도 않는다. 무엇을 통해 작품의 진리내용이 작품들에 의해 설정된 것 이상으로 되는가에 대해서는 작품이 역사와 접하면서 취득하는 지분 그리고 자신의 형태를 통해 역사에 가하는규정된 비판을 꼽을 수 있다."(ÄT, p.200)

그리고 지향점은 역시 유토피아다. 그러나 계몽주의가 표상했던 즉자성은 탈각된 상태의 이상향이다.

"유토피아는 동일성과 모순을 넘어 다양한 것의 공존이다. 유토피아를 위하여 동일화는 스스로를 반성하는데 이는 어느 한객체의 동일화가 아니라 인간과 사물들의 동일화를 운위하는논리학 외부에서 언어가 단어를 필요로 하는 것과 같은 방식이다."(ND, p.153)

현실에서 유토피아로 나아가는 계몽주의 프로그램의 형태를 띠고는 있지만 내용상으로는 과거의 유토피아 프로그램과 크게 다르다. 역사철학적으로 유토피아는 결점 없는 시스템으로 이해되어왔다. 사람들 사이의 갈등을 조절하고 불일치와 차이를 제거해서 모두 같은 자유와 권리를 누리도록 해야 한다고 주장하면서 시스템을 완성해 이를 보장하려고 했던 것이다. 21세기의 시민들은 이러한 기획을 더 이상 신뢰하지 않는다. 그래서 행복에 대한 표상마저 포기하려는 기세다. 이러한 상황에서 '시스템에 의한 평등의 보장'을 뒤로 물리고 그 대신 '행복에 대한 표상'은 활성화하는 프로그램을 전면에 내세워보면 어떨까? 예술이야말로 전통적으로 그러한 역할을 부여받고 또 수행해온 인류의 자산이다.

"미적 경험에 대해 다시 한 번 말하겠습니다. 여러분에게 말했던 것을 간단히 요약하겠습니다. 우리가 예술에 들어 있다고 말하는 이른바 해방적인 것은, 또는 이의제기하는 것은 예술작품이 총체성과 잘못되고 문제성 있는 실존의 직접성으로부터 인간을 벗어나게 하는 힘을 갖고 있다는 점에 근거한다는 것을 여러분에게 말한 바 있었습니다. ……여기에서 내가 했던 고유한 경험에 대해 이야기하려고 합니다. 사람들은 내 경험이 무언가 독특한 경험일 것이라고 생각하겠지만, 그렇게 독특한 것도 아닙니다. 또한 나에게 고유한 경험이 정말로 매우 정교하고 세밀하게 손에 들어오는 것이 성공한다면, 나는 오로지 나에게만 개인적으로 속하지 않고 많든 적든 인간적인 것을 말해야 한다는 것을 전제하고 있습니다. ……예술적 경험이 진지한 것, 예술작품에 대한 관계가 최고조로 강력하게 집약된 것, 고유한 삶의 맥박과 리듬에서 사람과 예술작품의 생명이 하나가 되는 곳, 돌파의 순간들이 존재하는 것에서 사람들이 위로 올라가게 되는 곳에서 예술적 경험이 나타나는 것입니다. 나는 돌파를 다음과 같은 순간들에 존재한다는 것으로 이해합니다. 우연한 순간들도 있을 수 있지만 예술작품의 가장 높고 가장 강력한 순간들도 존재할 수 있습니다. 돌파의 순간들에서는 예술작품이 마치 절대적으로 매개된 것처럼 우리에게 나타납니다. 해방되어 있는 존재의 이념이 마치 직접적인 것처럼 출현하는 것입니다. 이렇게 해서 우리는 그러한 이념을 직접 손으로 잡을 수 있다고 믿게 되는 것입니다. ……예술적 경험은 이 순간들에서 그 힘을 갖게 됩니다. ……이러한 순간들은 정말로 일종의 행복하게 만들기를 그 순간들과 더불어 끌고 오기 때문입니다. ……그러나 이 순간들은 어떤 경우이든 행복의 순간들에 전제하는 가장 높은 곳에서 성장해온 순간들입니다."(『미학강의 1』, 294~295쪽)

개인에게 불행한 삶을 제공하는 사회에서 행복에 대한 표상을 잃지 않도록 하는 예술은 사회 시스템 안에서 '비동일자'로 남아 있어야 한다. 그리고 바로 그 비동일성을 통해 사회에 직접 '작용'을 가할 수 있다. 예술작품이 비동일성을 유지할 수 있는 힘은 그 독특한 '미적 질'에서 솟아난다.

"예술작품은 그 내부에서 객관적 모멘트들과 주관적 모멘트
들이 기이할 정도로 하나의 통일체를 이루고 있습니다."(『미학
강의 1』, 33쪽)

이질적인 요인들의 통일은 두 요인 사이의 긴장으로 성립되며,
긴장이 사라지면 통일은 와해된다. 이 '미적 긴장'은 독일철학적
미학이 인류 지성사에 내놓은 가장 탁월한 개념이다. 물론 미학자
들마다 제각기 다른 요인들을 거론하면서 '긴장'을 이루는 짜임관
계에 접근하였지만, 긴장을 통한 균형상태라는 의미에서의 통일
은 언제나 '아름다움'을 내포하는 것이었다.

예술사회학? 사회구성체론으로서의 예술!

인류문명사에서 분기점을 이루는 18세기 계몽주의는 그 고유한
이념으로 지구상 인간의 삶을 근본적으로 뒤바꾸어놓았다. 우리
는 21세기에도 여전히 계몽의 이념에 뿌리를 둔 행복추구의 이상
을 마음에 담고 살며, 그 이념에서 도출해낸 사회구성 기획을 포기
하지 않고 있다. 아도르노 이전에도 계몽 자체에 내재된 자기모순
성을 공략한 사상가들은 있었다. 하지만 그 모순성으로부터 극복
의 전망을 구축하는 사상가는 없었다고 해야 할 것이다.

"화해의 가상을 단호히 거부함을 통해 새로운 예술은 화해되지 않은 것 가운데에서, 이 시대의 제대로 된 의식을 견지하는 가운데 화해를 거머쥔다. 제대로 된 의식이란 유토피아의 진정한 가능성 즉 생산력의 수준에서 보자면 지구가 지금 당장 곧바로 낙원으로 될 수 있는데, 이 가능성을 다른 극단에서는 총체적 파국의 가능성과 결합하고 있음을 자각하는 것이다."(ÄT, p.55~56)

아도르노의 미학이론은 계몽의 자기지시성을 현실 극복의지와 결합시킨다. 자기지시와 극복의지 모두 계몽적 요인이다. 이 두 요인이 결합하면서 총체적으로 관리된 사회에서 예술작품만큼은 비동일자로 남아 내부저항을 시작할 거점을 제공한다는 테제가 제출되었다.

"단지 정신이 가장 진보적인 형태로 살아남고 확장되는 경우에만 사회적인 총체성의 독재에 저항하는 일이 아무튼 가능하다. 인류를 말살하려 드는 요인을 인류가 진보적 정신으로 제압하지 못한다면, 그런 인류는 이성적인 사회조직을 방해할 야만 상태에 빠질 것이다. 예술은, 관리된 사회 속에서 묵인된 상태로, 조직화되지 않은 나머지 그리고 총체적인 조직이 억압하는 바를 구현한다. 현대 그리스의 폭군들은 베케트의 작품 속에 정치적인 단어는 하나도 나오지 않았는데도 그의 작품을 금지하였는데, 그들은 그 이유를 잘 알고 있었다. 비사회성이 예술을 사회적으로 정당화해주게 된다. 진정한 작품들은 화해를 위해 화해를 일깨우는 흔적을 모두 지워버려야 한다. 그렇지만 분열적인 것이 여전히 들러붙어 있을 수밖에 없으므로 예전의 화해 없이는 통일성을 구현하는 일이 불가능할 것이다. 예술작품은 선험적으로(a priori), 사회적으로 유죄다. 하지만 예술작품이라는 이름값을 하는 작품은 제각기 자신의 죄과를 치르고자 한다. 예술작품이 살아남을 가능성은 종합을 위한 작품의 노력이 또한 화해 불가능성으로 되는 데 있다. 자율적인 것으로서의 예술작품이 현실에 대해 맞세워 대면시키는 종합이 없다면 현실적인 속박의 외부에는 아무것도 없을 것이다. 자기 주위에 속박을 유포해놓는 정신을 그로부터 분리해내는 원칙은 또한 그 속박을 규정함으로써 속박을 부러뜨리는 원칙이기도 하다."(ÄT, p.348)

계몽된 사회가 야만으로 퇴행하는 계기는 '인식론적 오만'이다. 자본주의는 과학주의와 결합한 이래 위기를 성장의 발판으로 삼는 지경으로까지 질주하였다. 스스로 자기한계를 설정할 줄 모르는 체계 속에서 사람들도 그러한 체계를 닮아가고 있다. 과학주의를 거스를 가능성은 계몽의 '미적 양태'에서만 찾을 수 있다. 예술작품은 과학주의가 인간의 의식에서 몰아낸 행복에의 표상을 다시 불러들이고 활성화할 유일한 가능성이다. 이 가능성을 '발견'

하고 계몽의 원래 의도에 비추어 그동안의 문명사를 재검토하는 작업을 수행하였다는 점에서 우리는 아도르노에게 서구계몽의 자기지시성을 급진적으로 실현한 사상가라는 위상을 부여할 수 있다. 아도르노는 계몽의 유토피아 기획에서 중심을 차지했던 예술을 현대적인 사회구성체론으로 재해석하였다.

고전독일관념론은 신적 질서를 지상에 수립하겠다는 야심만만한 기획이었다. 그리고 이 철학은 인간의 다양한 특성을 이 기획을 실현하는 데 도움이 되도록 재편하겠다는 의지로 뒷받침되었다. 헤겔이 정립한 철학체계가 특징적으로 보여주듯, 관념론자들은 절대적으로 완벽한 질서가 현실적으로 가능해질 수 있도록 인간의 능력을 총체적으로 동원하는 방안을 강구하였다.

관념론자들이 지상에 수립하려 의도한 질서가 원래 신적인 것이었으므로 그 현세적 틀 역시 총체적 성격을 띠게 됨은 당연하다. 그들은 사회적 질서에 사적 질서가 흐트러짐 없이 맞물려 들어가야 한다고 생각하였다. 개개인의 총합이 사회 전체를 이룬다는 기본적 가정이 이러한 총체성의 발단을 이루었다. 모든 것을 완벽하게 짜맞추겠다는 관념론의 기획에는 개인이 스스로 자신을 유적 존재로 만들 수 있다는 전제가 깔려 있다. 사람이라면 누구나 각자 타고난 자신의 개별적 속성으로부터 자신을 '들어올려' 보편적 인간으로 발전시킬 수 있으므로 모두 자기계발에 매진해야 마땅하였다. 따라서 관념론자들이 생각하는 '신적인 것'이란 개별적 감정과 보편적 오성을 서로 완벽하게 조응하도록 다듬는 인간적 '처리'의 성과물에 해당한다.

이처럼 관념론자들이 감정을 '처리 가능'하다고 생각함에 따라 감정이 철학적 논의에 끌어들여지는 결과가 나타났다. 독일의 철학적 미학은 실제로 감정의 철학화를 도모하는 논의였다. 그런데 시민사회가 형성되고 안정기로 접어들면서 감정을 철학화하겠다는 관념론의 기획은 사회적으로 감정의 기능화·도구화를 초래하였다. 관념론이 총체주의의 단초가 된다는 아도르노의 분석은 바로 이와 같은 감정의 도구화에 근거를 두고 있다.

시민사회는 신분제 사회의 위계질서로부터 구성원들을 자유롭게 만든 대신, 구성원들에게 올바른 시민이 되려면 감정을 세련하여 사회생활을 하는 동안 욕구가 부적절한 방식으로 분출되지 않도록 도모하라고 요청하였다. 교양시민이란 바로 이 감정훈련이라는 사회적 요청을 전폭적으로 수용하여 무리 없이 소화한 구성원을 일컫는 개념이다. 그리고 시민사회는 그동안 감정을 관리해 온 철학적 미학과 구체적 실천의 장(場)인 예술을 사회구성에 필요한 중심기관으로 격상시켰다.

이렇게 해서 서구의 '진지한' 예술은 '사회통합'이라는 이념을 구현하는 데 기여하는 사회적 기관이 되었다. 예술은 개인의 감정을 훈련하는 기능을 떠맡아 이러한 사회적 과제를 수행한다는 전제하에 '자율성'을 보장받았다. 이로부터 독일 교양시민에 특수한 문화적 요청이 발생하였다. 개인은 자신을 보편인으로 '형성'해야만 하였다.

현대로 접어들면서 사람들은 철학이 과연 사적 감정을 이처럼 사회적으로 '경영'할 권한을 지니고 있는가 하고 묻기 시작하였다. 그동안 철학적 미학과 이로부터 후원을 받은 시민예술이 '시민적 교양'을 화두로 일정하게 성과를 거둔 것과는 별도로 사회적으로 커다란 폐해를 불러일으켰음이 사실이기 때문이다. 이른바 '총체적 사회'와 '관리된 감정'을 서로 직접 연결해 생각하지 않을 수 없을 정도로 인간의 감정이 기능화·도구화되었던 것이다. 이에 따라 지금까지 추진해온 기획 자체를 진지하게 재검토하는 작업이 활발하게 일어났다. 이 과정에서 사람들은 점차로 자기 자신의 감정을 자의적으로 처리할 권한과 능력이 시민적 주체에게 주어져 있지 않다는 사실을 깨닫게 되었다.

아도르노는 제2차 세계대전을 전후한 시기에 자본주의 세계체제하에서 표면화된 이러한 확인을 매우 중요하게 생각하였다. 사정이 이러하므로 주체가 자신의 감각을 무매개적으로 신뢰하는 경우 그대로 기존의 지배질서에 편입되고 말 것이 분명하다고 확신하게 되었고, 따라서 새로 등장한 자본주의적 집단인 대중을 기반으로 어떤 긍정적인 전망을 모색하지 않았다. 주체가 자기 자신의 감각적 능력과 어긋나는, 심지어 모순적인 관계 속에 처할 수밖에 없는 현실을 접하면서 아도르노는 자신의 사상적 기반인 고전 관념론에 대하여 새롭게 반성하기 시작하였다.

관념론의 이상주의적 기획은 사회를 구성하는 주체가 그 사회 속에서 나름의 독자적인 실존 근거를 마련할 수 있다는 전제하에 프로그램을 실행해왔다. 그런데 자본주의 세계체제하에서는 이러한 전제가 현실적으로 전혀 힘을 발휘하지 못하는 것이 사실이지 않은가? 따라서 관념론의 프로그램은 중단되어야만 했다.

새로 출발하기 위해 아도르노는 관념론 자체를 공박하였다. 관념론자다운 출발이었다. 그는 철학이 어떤 '소망스러운' 질서를 미리 상정하고 나서지 말고, 현 세계상태 속에서 '짓눌린' 인간적 감정을 사유의 출발점으로 삼아야 한다고 역설하였다. 이러한 주장은 기존 철학의 존립 근거를 심각하게 위협하는 것이었다.

아도르노 주장의 핵심은 질서를 수립하는 과정에서 개개인이 감당해야 할 몫을 기본 원칙으로 삼아야 한다는 것이었다. 여기에서 아도르노가 개인에게 매긴 몫은 변증법에서 종합명제를 도출하도록 매개하는 모든 시도에 부정(Negation)을 수행하는 일이다. 이러한 당위를 정치적으로 서술하면, 현실추수적인 결과를 가져오는 어떤 사회적 행위도 거부해야 한다는 요청이 된다.

총체적으로 관리된 사회에서 부정의 계기인 비동일자를 경험적으로 실현할 수 있는 공간은 오로지 예술 영역에만 남아 있다. 예술과 철학은 여기에서 다시 결합한다. 18세기에 시작된 철학적 미학의 전통이 20세기 후반 아도르노에 의해 전혀 새로운 양태로 계승되었다. 『미학이론』의 마지막은 다음과 같은 결의에 찬 말들로 장식되어 있는데, 뾰족한 해결책을 제시하는 지사적 태도와는 거리가 멀다. 아도르노다움은 어디까지나 추호도 물러서지 않는 '부정'에 있다.

"변화된 사회 속에서 예술이 어떤 모습을 지니게 될지 미리 그려보는 일은 성사될 수 없다. 아마 그것은 과거의 예술도, 현재의 예술도 아닌 어떤 또 다른 것이 될 것이다. 그래도 바라마지 않기는 좀 더 나은 시절이 오더라도 예술의 표현이기도 하고 또한 형식의 기반이기도 한 고통을 예술이 망각하느니 차라리 예술이 아예 사라져주는 일이다. 부자유는 인간적인 실제 내용을 실증성으로 위조시켜놓는다. 소망사항에 따라 미래의 예술이 다시 실증적인 것으로 된다면 그때는 현실에서 부정성이 지속되고 있는 것은 아닐까 하는 의구심이 생생하게 고개를 드는 순간이다. 늘 그래왔으며, 그렇게 전락할 여지가 한 번도 말끔하게 정리된 적이 없었다. 그리고 자유는 소유의 원칙으로부터의 자유일 터인데, 이는 결코 소유할 수 있는 것이 아니다. 만일 축적된 고통에 대한 기억을 떨쳐버린다면 역사기술로서의 예술이라는 것이 무슨 의미를 지닌단 말인가."(ÄT, p.386~387)

9

자율예술과 문화산업

쾌감은 개인의 몫이다

"문화산업은 사랑을 한갓 로맨스로 축소한다. 그리고 별의별 것들을 다 축소해 허용하는데, 음란물조차 시장성 있는 전문 영역으로서 '대담한 묘사'라는 상품을 달고는 자신의 지분을 얻어낸다. 섹스 상품의 범람은 자동적으로 섹스의 추방을 초래한다. 웃을 일이 아무것도 없다는 사실에 대해 웃음을 터뜨린다."

자율예술의 보편지향은
현실적 배제에 대한 사회적 양심가책이다

이제야 본격적으로 예술 이야기를 할 수 있게 되었다. 아도르노 이론의 본령은 예술론이지만, 한국에서 사용되고 있는 예술개념과 많은 차이를 보임은 물론 사유방식과 공론장의 짜임관계가 아도르노의 예술론을 발생시킨 독일 전통과 많이 다른 까닭에 이제까지는 그 전통의 다름을 설명하는 데 지면이 대부분 할애되었다고 할 수 있다. 앞에서도 여러 차례 지적했듯이 독일철학적 미학전통과 맥을 같이하는 '자율예술'은 사회구성과 그 구성원들의 지향 및 욕구를 '반영'하는 것이 아니라 사회구성의 전망을 함께 결정하는 독립적인 기관이다.

그렇다고 해서 아도르노가 예술이론을 구상하면서 우리가 일상적으로 알고 있는 예술에 대한 이해를 완전히 배제한 것은 아니다. 어쨌든 예술은 인간 삶에서 '쾌'라는 매우 내밀하게 개별적인 요인을 담당하기 때문이고, 대중소비 사회가 등장하면서 '쾌'에 대한 이해도 많이 분화되었기 때문이다. 이 '개별적 쾌감' 때문에 철학적 미학이 제기한 보편성 요구가 제대로 실현될 기회를 별로 가질 수 없었음은 독일철학적 미학 전통이 혁신을 거듭하면서 아울러 의심의 눈총을 받는 계기이기도 하다.

아도르노는 이 정황을 '어쩔 수 없는' 현실로 받아들인다. 자본주의 사회에서 필연적인 재분배과정의 불의, 그에 따른 '사회적 비존재'들의 존재(배제) 때문에 보편을 지향하는 형상화는 실패하는 것이 진리라는 입장이다. '보편지향'은 따라서 배제된 자들에 대한 양심의 가책을 담고 있다. 주로 '배제된 자들'을 겨냥해서 생산되는 '가벼운 예술'은 따라서 자율예술과 늘 함께 갈 수밖에 없다. 이 둘이 서로 눈치를 살피면서 여하튼 더 나은 미래를 구상하는 것이 현 단계 문명이 예술에 부과하는 조건이다.

대중예술은 없다

2012년 10월 4일 시청 앞 광장에서 싸이가 열창을 하고, 모인 사람들은 이른바 '떼창'을 했다. 그러면 언론은 이처럼 흥겨운 대중문화 현상을 보도한다. 거기에 모인 사람들을 우리는 대중이라고 하고 싸이는 노래 부르는 사람, 즉 가수라고 한다. '강남스타일'을 부르는 가수를 예술가라고 해야 하느냐, 아니냐는 문제는 별로 중요하지 않다. 예술가로 분류할 수도 있고 하지 않을 수도 있다.

오늘날 예술은 이 문제에 뚜렷한 대답을 내놓을 만한 처지에 있지 못하다. 20세기 초 아방가르드 예술까지는 그래도 어떤 규범을 제시할 수 있었다. 예술과 삶의 경계가 어디인지, 어디를 어떻게 넘어야 하는지 처음부터 난제들을 잔뜩 끌어안고 시작한 급진적 운동이라 매번 논란이 거셌지만 아방가르드적 태도를 취하는 주관적 규범만큼은 판단기준으로 내세울 수 있었다. 그런데 그 아방가르드가 예술과 삶의 경계를 무너뜨리기 시작한 것이 발단이었다. 경계를 지우고 보니 예술 나름의 형식적 요구가 설득력을 잃고 만 것이다. 그래서 "예술에 관한 한 이제는 아무것도 자명한 것이 없다는 사실이 자명해졌다"[1]는 선언으로 현실을 직시해야 했다.

이처럼 예술이 뭔지 자명하지 않은 터에 굳이 분류할 필요가 뭔가. 그냥 가수 싸이가 좋은 노래 만들어서 많은 사람이 모여 흥겹게 노래를 불렀다고 하면 그만이다. 가수 '싸이' 앞에 '예술가' 칭호를 붙이지 않는다고 해서 싸이가 불쾌하게 여길 리도 만무하다. 뭔지 제대로 규명되지도 않은 칭호에 집착할 만큼 궁색한 처지가 아니므로. 그에게는 더 큰 영광이 있다. 바로 대중적 환호다.

대중적 환호를 열렬하게 받는다고 싸이를 성공한 대중예술가로 분류하면? 그러면 오류다. 그리고 이 경우, 싸이는 정말 분노해야 한다. 그 멋진 퍼포먼스 '강남스타일'을 모독하는 처사에 해당하기 때문이다. 시청 광장에 많은 사람이 모였고 그 사람들을 집단개념인 '대중'이라고 일컬을 수 있지만 노래는 대중이 부르는 것이 아니라 흥에 겨운 **개인**이 부르는 것이다. 노래 부르라고 누가 강요했는가? 그곳에 사람들은 눈으로 직접 싸이를 보면서 노래를 부르려고 일부러 찾아왔다.

싸이의 노래는 그곳에 모인 사람들에게 개인적으로 수용되었지 대중이라는 집단에 수용되지 않았다. 그가 찬사를 받는 것은 많은 사람이 동시에 좋아할 수 있는 노래를 만들고, 함께 따라 할 수 있는 율동을 고안했기 때문이다. 우리가 여기에서 잊지 말아야 할 중요한 요점은 동시에 부르는 떼창도, 함께 따라 하는 율동도 모두 개인의 수행이지 집단의 수행이 아니라는 사실이다. 그처럼 따라하는 개인들을 많이 동원할 수 있는 능력을 지닌 싸이에게 우리가 찬사를 보내는 것이다.

많은 사람이 좋아하는 노래를 만드는 능력을 지닌 사람에게 '예술가'라는 칭호를 부여하고 싶다면, 그냥 예술가라고 해야 한다. '대중'은 틀린 형용사로 들어가지 말아야 하는 단어다. 노래는 개인이 부른다. 예술은 개별적일 수밖에 없다. 아도르노는 예술이 왜 개별적일 수밖에 없는지를 다음과 같이 설명했다. 그의 해설은 인간 욕구의 독특한 양상에 주목하고 그 독특성을 긍정하는 내용을 담고 있다.

"감상하면서 몰입하는 과정을 거쳐 작품에 내재하는 과정적 성격이 해방된다. 작품이 말을 하는 가운데 작품은 자기 속에서 동요된 어떤 것으로 된다. 여하튼 인공물에서 그 의미의 단일체라고 할 수 있는 요인은 정적이라기보다 과정적이다. ……예술작품이 **존재가 아닌 형성과정**이라는 점은 테크놀로지적으로도 파악될 수 있다. 예술작품의 연속성은 목적론적으로 개별적인 계기들로 요구된다. 이 계기들은 연속성을 필요로 하고 또 연속성을 이룰 수 있는데, 그것들이 불완전하기 때문에 아니 그보다는 하찮다는 사정 때문이다. 이 개별적 계기들은 그런 자체의 특성을 통해 타자로 넘어갈 수 있으며, 타자 속에서 그렇게 지속되다가 거기서 사라지고자 한다. 그리고 그러한 몰락이 그 뒤를 따르는 요소를 결정하기도 한다. 이러한 내재적 역동성은 예술작품들이라고 하는 것의 좀 더 고차적인 질서의 한 요소와도 같다. 미적인 체험과 유사한 것으로 말하면 이러한 측면을 들어 성적 체험, 그것도 절정 상태의 성적 체험을 들 수 있을 것이다. 성적 체험에서는 사랑의 대상이 되는 형상이 변화하며, 응결과정이 가장 생명력 있는 것과 결합한다. 이 점에서 성적 체험은 미적 체험의 생생한 근원상이다."(ÄT, p.262~263)

예술은 근본적으로 인간의 성적 욕구를 '건드린다.' 직접적인 성행위는 은밀한 사적 공간으로 제한하면서 '공론장'에서도 성적 욕구와 관련된 또 다른 방식의 교류를 원하는 것이 오늘날 이 욕구가 요구하는 독특성이라면 독특성이라고 하겠다. 안티케 문명에서 정기적으로 시행된 디오니소스 축전은 옛날부터 전해오던 집단적 열광(Orgie)이 문명화의 첫 단계에서 일정한 양식화를 거쳐 사회적으로 수용된 양태라고 할 수 있다. 공식적으로 성욕을 '원죄'로 규정한 중세 기간에는 사육제가 해방구 역할을 했다. 일부일처제를 위한 '심장의 계몽' 역시 시민사회를 구성하는 데 필수적인 요인임을 납득한 근대는 구성원들 사이의 소통과 합의를 위한 공론장에 이 별난 욕구를 위한 공간이 필요함을 인정했다. 하지만 시민사회의 문명화 수준에 상응하는 양식화 과정을 통과해야 한다는 조건을 달았다.

'관능의 문명화'는 사실 여태 공식화된 형식을 얻지 못한 상태다. 성욕 자체에 공식화를 거부하는 계기가 있다고 봐야 하는 것이 옳은 관점일지도 모른다. 그래서 분명한 것은 성적 욕구가 공론장으로 나오려면 그 충족의 양태를 달리해야 한다는 당위밖에 없게 되었다. '여하튼' 달라야만 한다. 심장의 계몽을 완수하고 잠자리에 든 두 사람의 '성적 실천'이 문명인에게 부과되는 도덕적 책임에서 자유롭지 못한 반면 공론장은 '도덕'과 결부된 실천의 장이 아니기 때문이다.

그렇다면 공론장에서의 탈도덕은 어떻게 양식화되어야 하는가? 정답은 아직 도출되지 않았다. 하지만 언론에서 흔히 이야기하듯 노출 수위로 집약되는 선정성의 문제로 축소될 수는 없다. 도덕적 규제는 받아들이지 않지만 문명화된 관능은 완전히 '다른' 형식을 요구한다. 이처럼 질적으로 달라야 한다는 '요청'을 탐구하고 사회화하는 기관을 시민사회는 예술에 일임하고 공식적인 기관으로 등록했다. 시민사회에서 예술은 공식적인 사회기관이다. '비정형화된'이라는 수식어를 앞에 덧붙여야 알 만큼 독특한 성격을 지니고 있지만.

개별적이면서 동시에 사회적, 즉 함께 어우러질 수밖에 없는 예술의 독특성은 관능의 독특성에 상응한다고 보아야 한다. 인류의 문명이 도달한 단계다. 그러므로 시민사회에서 집단적인 예술은 있을 수 없다. 싸이에 열광하는 개인은 그의 퍼포먼스에 과정적으로 직접 참여한 결과 정점에 오른 상태를 각자 구현하고 있을 뿐, 그 열광의 순간에 대중으로 존재하지 않는다.

같은 작품에 과정적으로 참여하였으므로 결과가 같을 수는 있다. 하지만 예술은 결과, 즉 **존재가 아니라 과정**이고, 함께 어우러짐의 사회성을 구현하는 기준 역시 외부에서 주어지는 것이 아니므로 소득수준이나 소비행태로 묶이는 대중일 수 없다. 그리고 투표에 참여하는 유권자도 아니다. 철저하게 개인일 뿐이다. 그 개인이 참여해서 구현한 열광상태가 사회성의 토대를 이루는 그런 개인인 것이다. 자율적임과 동시에 사회적 사실[2]이라는 예술에 대한 개념규정은 수용자 측면에서 이런 방식으로 풀이될 수 있다.

물론 싸이의 노래를 예술이 아니라고 규정할 수는 있다. 자명하지 않은 채로 오늘날 예술이 개념규정의 온갖 가능성을 열어놓고 있으므로 판단도 여러 갈래로 엇갈리는 것이 사실이다. 지금까지 확보된 기준들을 어떻게 적용하느냐에 따라 '강남스타일'을 비예술로 분류할 여지는 충분하다. 하지만 대중예술일 수는 없다.

영어의 팝 아트(Pop Art)가 '대중예술'이라는 한국말로 번역되면서 그동안 예술과 문화영역에서 개념상의 혼란이 자심하였다. 이 영역에서만큼은 Pop과 Mass를 구분하여 정확한 용어를 사용할 필요가 있다. 좋아하는 사람이 많다는 의미의 팝과 일정한 분류기준으로 묶인 덩어리로서의 대중은 내포가 확연히 다르지 않은가. 이 내포의 차이를 움켜쥐는 일은 '예술이 무엇인지 자명하지 않은' 시대를 사는 애호가들이 감당해야 할 몫이다.

'예술' 개념이 18세기나 19세기의 내포로 수용된다면, 그 앞에 '통속'과 같이 기준이 좀 모호한 수식어가 들어가도 크게 문제되지 않을 수 있다. 개념이 확장된 사례로 받아들이거나 오류로 치부할 수 있도록 판단의 근거가 이미 충분히 확보되어 있으므로. 하지만 내포의 '확장'이 발생할 근거가 아방가르드 운동으로 이미 무너진 시대를 사는 21세기의 애호자는 자신이 지금 무엇을 하고 있는지 스스로 거듭 물어야 하는 시대적 부담을 기꺼이 걸머져야 한다.

한국에서 '고급예술'이라는 배타적인 용어로 지칭되는 유럽의 전통적인 자율예술은 수용자의 반응을 예술의 구성요소에 포함시키지 않는다. 물론 많은 사람한테 사랑받는 작품을 창작한 경우, 예술가에게 큰 영예가 되었고 탁월한 예술가로 추앙되었다. 하지만 예술작품의 성공 여부를 판가름하는 기준은 아니었다. 작품은 예술내적 요구를 충족시켜야 한다는 사회적 합의가 있었고, 작품의 형식적 완결성이 판단의 주요 지표였다.

예술론은 내용과 형식의 유기적 통일을 파악하는 데 심혈을 기울였다. 이 과정에서 인간의 내면세계가 외적으로 표출되는 과정과 방식에 대한 풍부한 이론이 많이 나왔다. 매우 생산적인 활동들이었다. 작품창작과 이론 생산, 그리고 비평 활동이 서로 자극하고 견인하면서 자율적인 예술의 순수한 작용을 사회적으로 확산했던 시기가 잠깐이나마 서구 문명사에 정말로 있었다.[3]

18세기 말과 19세기 전반부 정도로 가늠할 수 있는 자율예술의 진정한 시기는 짧았다. 하지만 자율예술의 이념은 역사철학적으로 뚜렷한 위상을 확보하였다. 사회문화 영역에 확고하게 자리를 잡은 자율성 이념은 오늘날까지도 예술을 논의할 때 암묵적인 '규준'으로 공론장의 틀을 잡아간다. 아도르노가 『계몽의 변증법』에 포함시킨 『문화산업』은 이러한 문화적 배경 아래서 쓰였다.

계몽은 개인을 기만한다

이른바 '이념의 시대'가 지나고 개인의 감성이 시대의 화두로 등장한 20세기 후반, 체계의 불의를 고발한 『계몽의 변증법』에 사람들은 냉전시대와 다른 관심을 가지고 대하기 시작하였다. 자본주의냐 사회주의냐 하는 체계의 '성격'을 뒤로 물리고 '체계 자체'를 관건으로 삼는 태도가 형성된 덕분이다. 한국에서도 프랑크푸르트학파의 비판이론에 대한 관심이 꾸준히 느는 추세다. 그 직접적인 계기 중 하나로 저자들의 미국 체류경험에 기반을 둔 논문 「문화산업」을 꼽을 수 있다. 산업사회가 지나가고 문화의 세기가 도래하였다는 세평에 걸맞은 현상이다. 따라서 한류와 케이팝(K-Pop)을 수출하는 한국사회도 이제는 '문화산업'의 문제에 진지하게 접근할 필요가 있다. 무엇보다 문화를 수출역군의 관점에서 바라보는 태도만큼은 지양해야 한다.

여기에서 우리가 주목해야 할 사실은 문화영역을 다룬 「문화산업」이 분명히 책 『계몽의 변증법』에 포함된 한 편의 논문이며, 앞의 다른 글들과 같은 관점과 문제의식으로 쓰였다는 점이다. 한국의 학계는 문화영역을 다루는 연구에서 대체로 취약한 일면을 노정한다. 체계와 개인이 관계 맺는 방식이 다양하므로, 문화영역에 접근하는 관점도 다양할 수밖에 없다. 하지만 문화연구의 원칙은 지켜져야 한다. 체계의 작동방식을 중심으로 문화를 연구할 때는 개인의 주관적 전망을 충분히 고려해야 하고, 개인의 사적 취향에 밀착해서 미시적인 연구를 한다면 체계의 객관성이 그 밑바탕에 버티고 있도록 해야 한다는 원칙이다.

그런데 이 '당위'가 실제 연구과정에서 경험적 현상들에 밀려나기 일쑤다. 그동안 활발했던 이른바 '대중문화 연구'들은 대체로 이러한 편향을 노정하였다. 사람들의 이목이 집중되는 문화현상이나 새로 등장한 스타일을 이론적으로 자리매김함으로써 결과적으로 경험적 새로움을 새 시대의 대세로 추인하는 연구 이상이 되지 못하였다. 새로운 것을 대세로 부각하는 이론적 논의는 소비행위의 연장이다.

논문 「문화산업」은 테크놀로지의 승리가 현대사회의 문화지형을 바꾸어나가는 과정을 추적하면서 테크놀로지에 의한 문화의 장악 정도가 갈수록 심화되어 결국 총체적인 '관리된 사회'로 전락하고 말 것임을 암울한 전망에서 고발하는 내용이다.

"만화영화들은 한때 합리주의에 대항하는 상상력의 대변자였던 적이 있었다. 만화영화는 테크닉을 통해 전자화된 동물들과 사물들에 정당한 대접을 되돌려주는 측면이 동시에 있었는데, 낱낱이 분절된 것들에 제2의 삶을 부여했던 것이다. 요즈음에는 만화영화들이 그냥 '진리에 대한 기술적 이성의 승리'를 확인해주기나 한다. ……이렇게 해서 구조화된 유흥이라는 양(量)은 조직화된 잔혹성이라는 질(質)로 전환된다. ……만화영화는 새로운 속도에 감각을 길들이도록 하는 것을 넘어 압력이 지속되고 개인적인 저항은 모두 분쇄되는 것이 지금과 같은 사회에서는 삶의 조건이라는 해묵은 교훈을 모든 사람의 머릿속에 주입하는 것이다. 현실의 불행한 사람들처럼 카툰의 도널드 덕이 채찍질당하는 데서 관객들은 스스로가 받는 벌에 익숙해지게 된다."(DA, p.146~147)

암울함이 지나치다는 불평이 있을 수는 있어도, 이 논문이 문화연구의 '당위'를 제대로 관철했다는 사실에는 이의가 있을 수 없다. 시장의 자유가 만개하는 자유주의 사회에서 대중문화가 더 빠르고 쉽게 문화산업에 포섭된다는 점에서 미국의 문화를 중점적으로 다루지만, 기본적으로는 사회구성원들의 희로애락을 표출하는 자발적인 유흥의 문화가 '자유경쟁'의 기치 아래 자본에 포섭되는 과정을 분석한다는 점에서 이 논문의 분석은 보편성을 확보한다.

자본의 포섭이 테크놀로지를 통해 성사된다는 저자들의 통찰은 어떻게 체계가 자신의 존속을 위해 개인의 희로애락을 일반화·객관화하는지 그 작동방식을 해명하는 성과를 거둔다. 테크놀로지가 세련되고 첨단화되면서 자본의 집중이 고도화되며, 집중된 자본은 선전을 통해 자신의 사회적 현존을 과시하면서 다시 더 큰 이윤을 실현한다. 논문 「문화산업」은 대중의 말초감각적 욕구충족을 비난하지 않는다. 쾌락을 주겠다는 기획사의 선전이 음식 대신 '차림표'만 보여주는 방식으로 대중의 욕구를 불구화하는 메커니즘을 분석하면서 저자들은 오히려 쾌락을 누릴 권리를 옹호한다. 권리를 행사하기 위해 개인은 자신을 대중으로 만드는 메커니즘에서 나와야 한다. 하지만 이미 쉽지 않게 되었다. 그래서 암울하다.

"문화산업은 자신이 끊임없이 약속하는 것, 바로 그것에 대해 소비자를 끊임없이 기만한다. 줄거리나 포장이 바뀌는 데서 오는 재미가 끝도 없이 계속 이어지는 것이다. 그렇다면 본디 공연의 존립요소였던 바로 그 약속은 아주 고약한 것으로 되고 마는데, 손님은 본전을 찾지 못하고 메뉴판이나 읽고 입맛을 다셔야만 한다는 것이다. ……물론 예술작품에서도 성적 노출이 관건은 아니다. 예술작품들은 하지만 거부된 충동을 부정적인 것으로 형상함으로써 굴욕당하는 충동을 동시에 내부로 철수하고 거부된 것을 매개된 것으로서 구제한다. 이것이 미적 '승화'의 비밀이다. 한마디로 충족을 좌절된 상태로 제시하는 것이다. 문화산업은 충동을 승화하는 것이 아니라 억압한다. ……예술작품들이 금욕적이면서 뻔뻔스럽다면, 문화산업은 포르노적이면서 내숭을 떤다. 이런 식으로 문화산업은 사랑을 한갓 로맨스로 축소한다. 그리고 별의별 것들을 다 축소해 허용하는데, 음란물조차 시장성 있는 전문 영역으로서 '대담한 묘사'라는 상표를 달고는 자신의 지분을 얻어낸다. 섹스 상품의 범람은 자동적으로 섹스의 추방을 초래한다. ……웃을 일이 아무것도 없다는 사실에 대해 웃음을 터뜨린다. ……웃는 사람들 집단은 인류를 패러디한다. 각자 제각기 다른 사람들을 희생하는 대가로 즐거움을 맛보는 일에 몸을 내맡기면서 다수를 등 뒤에 엎고는 모든 것을 받아들일 태세를 갖춘 단자(Monade)들이다. 그런 식으로 조화를 이루어 그 단자들은 연대의 뒤틀어진 양태를 보여준다." (DA, p.148~149)

"문화산업 전체가 모든 분야를 망라해서 제공하겠다고 약속하는 바인 일상성으로부터의 탈출은 미국의 풍자잡지에서 볼 수 있는 유혹당하는 딸에 비견될 수 있다. 아버지가 손수 어둠 속에서 사다리를 붙들고 있는 것이다. 문화산업은 똑같은 판박이의 일상을 또다시 낙원으로 제공한다. 탈출이나 가출은 처음부터 출발지점으로 다시 돌아오도록 설계되어 있다. 즐거움은 즐기면서 잊히고 싶은 체념을 부추긴다."(DA, p.150)

암울한 이유를 따져 들어가면 책이 테제로 내세우는 '계몽의 변증법'에 원인이 있다는 진단이 나온다. 이 테제를 예술 수용자인 개인의 입장에서 풀이하면 '계몽의 기만'이라는 테제로 된다. 체계의 차원에서 자유주의에서 파시즘으로[4] 이끈 변증법적 전복의 메커니즘이 개인적 차원에서 자행하는 불의는 기만이다. 신분에 얽매인 채 살지 말고 개인의 세계해명 능력으로 자유롭고 자율적인 삶을 꾸려 행복해지라는 계몽의 지시가 행복은커녕 자본에 얽매인 삶으로 개인을 유인하였다.

"영화 속 인물에 가해지는 폭력에서 느끼는 재미는 관객에 대한 폭력으로 넘어가며 기분풀이는 중노동이 된다. 지친 눈은 전문가들이 자극제로 고안해낸 것 중 어떤 것도 놓쳐서는 안 되며, 관객은 닳고 닳은 전개과정에서 한순간도 멍청하게 있어서는 안 된다. 모두 다 따라잡아야 하며 전개과정에서 보여주면서 선전하는 기민성에 스스로 몸을 실어야 한다. 이런 점이 문화산업이 대놓고 자랑하는 긴장 이완의 기능을 문화산업이 제대로 충족시키고 있는가에 대해 의문을 제기하도록 만든다. ······가정주부는 영화관의 어둠을 몇 시간 동안 감시받지 않고 앉아 있을 수 있는 피난처—아직 집과 저녁의 휴식이 있던 시절 창밖을 물끄러미 내다보던 것처럼—로 여길 것이다. 그녀를 사로잡아야 하는 영화가 돌아가고 있는데도 말이다. 도심의 실업자는 온도 조절이 된 이 장소에서 여름의 시원함과 겨울의 따뜻함을 발견할 것이다. 이런 것들을 제외한다면 잔뜩 비대해진 이 유흥장치는 삶의 질을 개선하는 데 별로 기여한 바가 없다. 주어진 기술적 자원이나 도구들을 미적 대량 소비를 위해 '철저히 이용한다'는 관념은 기아추방을 위해 자원을 활용하는 것에는 인색한 경제체계의 한 부분이 되었다."(DA, p.147)

자본주의와 계몽의 의기양양한 결혼이 파국의 시작이었다. 자본은 이중적이다. 계몽의 약속을 기만하면서 실현하고, 실현하면서 기만한다. 자본은 희망이고 좌절이다. 개인적인 차원에서의 경제적 몰락과 상승은 한결같이 체계의 공고화로 귀결된다. IMF의 파국을 겪은 후 신자유주의 체계로 진입한 한국사회에서 '복지'가 항상적인 의제로 떠돈다.

"반항기질을 꾹꾹 눌러 삼키고 투항한 자들에게 항구적으로 자비를 베푸는 통합의 기적은 바로 파시즘을 의미한다."(DA, p.163)

계몽은 기만을 자행한다. 처음 약속한 행복을 '먹고사는 문제'로 은근슬쩍 바꿔치기하면서 계속 의기양양해 한다. '삶'이 아니라 '살아남음'을 과잉생산단계에 도달한 현대문명은 인간에게 과제로 부과하고 있다. 지나친 암울은 그래도 언젠가 한때 '삶'을 꿈꾼 적이 있음을 기억하는 저자들의 정서적 예민함과 문화적 향수에 기인하는 것일지도 모른다. 하지만 그 '암울함' 때문에 계몽의 기획에는 처음부터 '행복에 대한 약속'도 포함되어 있었음을 환기시키는 힘을 발휘한다. 그래서 독자로 하여금 '재계몽'의 필요성을 직시하도록 만든다.

인류가 재계몽의 단계로 올라설지 사실 확실하지는 않다. 희망사항이 걸린 요청으로 계속 지연되는 상태가 문명의 프로그램으로 굳어질 수도 있다. 그렇다고 해서 필요성이 중지되지는 않는다. 「문화산업」을 포함하고 있는 책 『계몽의 변증법』은 독자가 필요성에 눈뜨도록 분석을 제시하는 데서 끝난다. 실천적 지침은 없다. 암울함의 긴 통로를 통과하도록 재계몽의 빛을 비추고자 할 뿐이다. 자유주의 계몽과 마찬가지로 재계몽의 빛 역시 개인의 내부에서 나와야 한다.

그리고 일단 암울함의 통로를 비춰보는 데서 시작해야 한다. 아직 갇혀 있기 때문에 빛은 통로 밖의 행복을 구체적으로 표상해주지 못한다. 내면에서 열망만을 일깨울 뿐이다. 이 열망의 불씨마저 꺼져버리면 통로의 끝조차 표상할 수 없게 된다. 아도르노가 그토록 격정적으로 문화산업이 자율예술의 경계를 계속 침범해 들어오는 세태를 탄핵하는 이유다.

아도르노는 자율예술의 힘을 믿는다. 매우 지난한 과정이지만, 끝이 나타날 기미도 안 보이는 암울함의 통로를 뚫고 계속 앞으로 나아가기를 바란다. 어둠을 뚫고 앞으로 나아가는 힘을 낙관이 아닌 비관에서 끌어올리는 역설까지 수용한다. 끝까지 견뎌내려면 진리에 의지하는 수밖에 없다고 확신하기 때문이다. 계몽의 기만은 과학주의가 승리한 결과다. 테크놀로지는 가일층 승리를 구가하고 체계는 더욱 공고화된다.

"체험의 고갱이가 소진되어버렸다. 그 무엇 하나 상업에 의해 침해되지 않는 체험이 없다. 직접적으로 상업과 거리가 먼 경우에도 그렇다. 경제의 중심부에서 이루어지는 집약과 중앙집권 과정 속으로 산만한 것들이 모두 끌려들어가게 된다. 그 결과 독자적인 실존은 단지 직업적인 통계학을 위해서 존재하게 되며, 그러한 집약이나 중앙집권 현상은 종종 그 매개과정을 인식할 수도 없는 가운데 정신의 가장 섬세한 부분에까지도 파고든다. 정치에서의 기만된 인격화나 비인간성 속에서의 인간에 대한 장광설 등은 객관적인 사이비 개별화에 적합하다."(ÄT, p.54)

오늘날 우리가 사는 세상은 부분적인 혼란 그리고 총체적인 야만상태로의 추락이 새로운 구성의 동력으로 되는 '파괴의 메커니즘'에 갇혀 있다. 미분양과 공실률이 늘어도 토건공화국에서 벗어나지 못하는 한국의 문명이 꼭 유별난 경우인 것만은 아니다. 독일은 반세기 전에 전쟁을 일으켰다. 전쟁은 파괴가 목적론인 생산 프로젝트다. 제 갈길 찾아 자연스럽게 흐르는 물에 시멘트로 과학주의적 행로를 지시하는 취수사업은 흐르는 물에서 물성을 제거함으로써 자연을 공허하게 만든다. 문명은 자신의 성공인 공허함의 대가를 치른다.

"오늘날 문화산업은 개척시대의 기업가 민주주의가 문명사회에 내놓은 유산을 상속했다고 할 수 있지만 그런 유산 역시 정신적 파격들에 그리 섬세한 감각을 발전시키지 못한 터였다.

역사적으로 종교의 중화과정이 진행된 이래로 누구든 무수한 종파 중 어떤 하나에 발을 들여놓을 자유를 가지게 된 것처럼, 모든 사람은 자유롭게 춤추고 즐길 수 있게 되었다. ……심층심리학의 정리개념들에 따라 분류된 내면생활을 들여다보면 전부 자기 자신을 성공에 적합한 장치로 만들려고 허우적대고 있는데, 충동자극에 이르기까지 문화산업에 의해 제시된 모델을 따라 하는 것으로 드러난다. 인간의 가장 내밀한 반응들이 그 자신에 대해서 철저하게 물화된 상태인지라 인간에게 고유한 것이라는 이념은 그저 극도의 추상성으로서만 명맥을 유지하고 있을 정도다. 개성이 반짝거리는 하얀 치아라든가 겨드랑이 땀냄새를 말끔하게 처리하고 또 정서적으로 흔들림에서 자유롭다는 것 이상이 되지 못한다. 이것은 문화산업에서 선전이 승리했다는 것과 소비자들이 문화상품이 그렇다는 것을 꿰뚫어보면서도 어쩔 수 없이 동화되고 만다는 것을 뜻한다."(DA, p.176)

21세기의 인터넷 환경은 반세기 전 파시즘의 야만이 극단에 달한 상태에서 현대문명을 분석한 위 문장을 일종의 '예언'으로 들리게 한다. 문화상품에 접할 수 있는 기회가 가파르게 늘면서 인터넷 사이트는 광고에 점령당했다. 그런데 문화상품의 소비를 조장하는 광고는 개인의 내면생활만 공허함으로 내몬 것이 아니다. 체계 자체도 공허해진다. 생산을 위한 생산, 팽창을 위한 팽창의 역학에 물린 체계는 자기유지가 목적이다. 구성원들을 돌볼 여력이 없다. 체계의 공허함은 내면의 공허함을 상쇄한다.

아도르노가 구상하는 체계와 개인의 독특한 짜임관계가 여기에서 발생한다. 공허해진 체계가 개인에게 체계로 다가오지 않는 '결정적인' 순간이 발생할 수도 있는 것이다. 이 짜임관계에서 논문 「문화산업」의 마지막 문장은 암울함의 진가를 발휘한다. 재계몽의 출발시점으로 전환되는 것이다. 이러한 역전은 문화에 대한 아도르노의 탁월한 안목에서 비롯된다. 결말부를 찍고 논문을 처음부터 다시 읽어야겠다는 결의가 생긴다. 다시 읽으면 아도르노가 암울함의 이면에 대책을 묻어놓는 이중전략을 택하고 있음을 새삼 발견하게 된다.

대중문화는 기만적인 것도 해방적인 것도 아니다

이 논문의 핵심은 테크놀로지가 문화를 잠식하는 과정을 분석하는 것이다. 일반적으로 알려져 있듯이 아도르노는 문화 비관론자가 아니며, 일반인들의 즐김을 기만의 결과라고 일방적으로 매도하지 않았다. 그런데 이중전략은 단순화전략 앞에서 무기력하기 마련이며, 자본주의 문화 환경에서 승리하는 것은 늘 이 단순화 전략이다. 자본의 생리를 누구보다도 잘 알고 있던 아도르노는 1960년대에 자신이 비판한 '문화산업' 개념을 명확하게 규정하는 글을 발표하였다.

"문화산업이라는 용어는 아마도 호르크하이머와 내가 1947년

암스테르담에서 출간한 『계몽의 변증법』에서 최초로 사용되었을 것이다. 초고에서 우리는 '대중문화'(mass culture)라는 단어를 사용하였다. 우리는 이를 '문화산업'(culture industry)이라는 용어로 대체하였는데, 그 이유는 이것을 옹호하는 해설을 처음부터 아예 차단하기 위해서다. 여기서 문제가 되는 것은 대중 자신들에 의해 자발적으로 생긴 문화, 인기 있는 예술의 현재적 형태다. 문화산업은 그러한 문화와는 극단적으로 구분되어야만 한다."(New German Critique 6, 12쪽[5])

자본주의 사회에서 일반인들의 자발적인 문화가 산업화 논리에 포섭되는 경향이 지배적인 것은 사실이다. 요즈음은 체계 밖에 무엇이 남아 있다고 가정하기 어려운, 매우 절망적인 상황이다. 하지만 아무리 그렇더라도 이론적인 차원에서 모든 문화를 문화산업으로 일괄 처리할 수는 없는 일이다. 그런 태도는 문제해결의 실마리를 훼손한다. 대중문화와 문화산업 개념을 정확하게 구분하지 않고 사용하면 산업의 논리에 자생적인 문화가 포섭되어 고유성이 상실되는 과정을 변별해낼 수 없게 된다. 그 결과 아도르노가 '문화산업'이라는 개념을 통해 비판하고자 하는 자본주의 문화의 특성, 즉 문화영역에 관철되는 '이성의 자연지배' 원리가 시야에서 사라져버린다. 그냥 손 놓고 있으라는 자본의 명령에 투항하는 결과가 된다.

대중문화와 문화산업의 복합적인 관계를 '기만과 해방'이라는 엉뚱한 구도로 '처리'해서 벤야민과 아도르노 모두를 기만한 신혜경의『벤야민 & 아도르노: 대중문화의 기만 혹은 해방』(김영사)은 재검토될 필요가 있다.

이 책의 문제는 벤야민과 아도르노에 대한 오해를 불러일으키는 데 있다기보다는(오독은 언제나 있을 수 있다), 문화와 예술에 대한 '청산하는 태도'를 유포한다는 데 있다. -"대중을 '긍정'한 벤야민은 문화산업의 폐해에 대해서는 제대로 짚지 못했고, 그런 한에서 한계가 있다. 다른 한편으로 대중문화(문화산업!)의 기만적 성격을 강조한 아도르노는 너무 지나치지 않은가?"

이런 출구 없는 구도 속에 문화와 예술을 몰아넣는 '길'을 대중에게 제시한 이 책의 저자는 너무 무책임하다.[6] 책을 통해 대중에게 새로운 길을 제시하려는 의도를 가진 저자라면 새로운 주장을 제시하는 만큼 전문가들과의 토론을 먼저 진행했어야 한다. 학계에서의 논쟁이 선행되어야만 하는 것이다. 하지만 신혜경은 이 주제로 논문을 한 편도 쓰지 않았다. 검증되지 않은 테제를 대중화부터 하는 것은 대학에서 가르치는 사람이 할 일이 아니다. 벤야민과 아도르노는 그처럼 이분법적 단순화의 대상이 될 수 없는 사상가들이다. 벤야민이 대중을 긍정한 적이 없고, 아도르노가 대중을 폄하한 적이 없다. 아도르노는 인간을 대중으로 '찍어내는' 자본주의적 조건에 대해 격앙된 어조로 유감을 표시했을 뿐이다.

"문화상품은 이 타자들의 요구에 응하는 가운데 그들을 기만

한다. 오래전부터 있었던 감상하는 이와 감상되는 것 사이의 친밀성이 뒤집힌 상태로 나타나는 셈이다. 오늘날의 전형적인 태도가 예술을 그저 단순한 사실자료로 만들어버림으로써, 미메시스적 계기, 그런데 이 계기는 구체적인 존재와는 어떻게도 합치할 수 없는 것인데, 그 미메시스적 계기마저도 상품으로서 높은 가격을 매겨 팔아치운다. 소비자들은 미메시스의 잔재에 해당하는 충동들을 자기 앞에 주어진 것에 그때그때 일어나는 대로 투사한다. 어떤 한 형상을 보고, 듣고, 읽는 주체는 자기를 잊고 불편부당해지며 그 작품 속에서 자신이 소멸되는 그런 단계에 이르기까지 갈고닦아야만 하는 것이다. 이런 동일화를 수행하는 주체는 본래의 이상에 따르면 예술작품을 자기 것으로 만드는 것이 아니라 예술작품에 자신을 동화하는 그런 동일화였다. 여기에 미적 승화의 본질이 있었다. 이러한 반응양태를 헤겔은 객체로 향하는 자유라고 칭했다. 이렇게 하여 바로 그는 예술작품이 자신에게 무언가 주기를 바라는 속물적 열망이 아니라 외화(Entäußerung)라고 하는 정신적 체험을 통해 주체로 되는 그런 주체에게 존경을 표했다. 그러나 주관적인 투사를 위한 백지상태(tabula rasa)라면 그 또한 예술작품으로서는 자격을 잃는 것이다."(ÄT, p.33)

엘리트주의자라는 비난은 서구계몽의 인문전통에 대한 모독이다. 벤야민 역시 대중의 혁명적 가능성에 대한 '기대'를 저버리고 싶지 않았기 때문에 거듭 그들에게 주목했던 것이다. 하지만 기대는 긍정이 아니다. 그리고 벤야민의 기대는 현실적으로 아무런 작용을 하지 못했다.

사람들이 숨 쉬고 사는 한, 제도권 밖의 영역에서 자발적인 문화현상들이 분출되어나오기 마련이다. 대중문화는 구성원들의 자생적인 문화의 현대적 양태라고 해야 할 것이다. 1960~70년대라면 '민중문화'라는 용어가 더 적합할 것이다. 그 이전 농경제사회에서도 자생문화는 부족하지 않았다. 그중 일부는 제도권에 편입되기도 한다. 한국에서는 판소리를 대표적인 경우로 꼽을 수 있다. 전승되어오던 민간의 이야기를 세련된 형식(노벨레)으로 정리한 보카치오(Giovanni Boccaccio)는 『데카메론』을 탄생시켰다. 호메로스의 서사시들도 구전되어오던 설화의 채록이라고 하지 않는가. 또 『안나 카레니나』, 『위대한 개츠비』 등 고급문학이 영화로 만들어지는 경우도 많다. 이처럼 둘은 서로 넘나든다.

그런데 자율예술과 가벼운 예술이 서로 넘나들 수밖에 없는 운명으로 묶인 것은 자율예술의 '약속' 때문이다. 자율예술은 보편을 지향한다는 이념을 내세우지만 시민사회의 조건에서 이념을 온전하게 구현하지 못한다. 로댕의 탁월한 작품들은 고전예술의 반열에 들기에 손색이 없지만 한국 걸그룹의 '삼촌취향'을 선취했을 따름이다. '여자가 제공하고 남자가 누리는' 성애의 시민성이 한국의 문화산업에 의해 '걸그룹'이라는 성공적인 상품을 배출하도록 한 이념적 진원지인 것이다. 로댕의 탁월한 예술작품에서 양식화된 형태로만 시민화된 에로티시즘을 향유하란 법은 없다. 테크놀로지가 대중화시킨 시민성은 우리의 문화생활에 얼마든지 침투할 수 있다. 자신이 약속한 바를 실현할 수 없는 시민적 조건에 긴박한 자율예술의 한계가 대중사회에서 '가벼운' 예술의 조건을 이룬다. 이 정황을 아도르노가 '자율예술의 사회적 양심가책'이라 표현한 것이다.

그러고 보면 인류의 문화는 늘 이원적으로 분화되어 있었다고 할 수 있다. 저자들도 '이원화'된 문화를 지지한다. 문화산업에 잠식당하는 대중문화에 대한 우려를 직접적으로 표명하지만, 인간의 자발적인 문화가 체계의 메커니즘에 '잠식'당하는 사태의 본질을 놓치지 않는다. 따라서 현 단계에서는 양자를 분리하려는 노력이나마 계속해야 한다.

"예술작품의 탈예술화가 불러일으키는 두 극단은 작품이 그저 다른 물건들과 같은 한갓 물건으로 되는 한편 감상자의 심리를 위한 수단으로 사용되기도 하는 지점들이다. 물화된 예술작품들이 이제는 더 이상 말해주지 않는 바를 감상자는 자신이 작품들로부터 이끌어낸 규격화된 자기 자신의 메아리로 대체한다. 이러한 메커니즘을 작동시키는 문화산업은 이 메커니즘을 철저하게 이용한다. 문화산업은 인간들에게서 소외된 것, 또 보상된다고 해도 타율적으로밖에 안 되는 것을 인간과 가깝고 인간에게 속하는 것처럼 드러나게 한다. 하지만 문화산업에 대한

로댕의 「키스」

로댕의 탁월한 작품은 한국 걸그룹의 '삼촌취향'을 선취했을
따름이다. 예술작품에서 양식화된 형태로만 시민화된 에로티시즘을
향유하란 법은 없다. 자신이 약속한 바를 실현할 수 없는 시민적
조건에 긴박한 자율예술의 한계가 대중사회에서 '가벼운' 예술의
조건을 이룬다.

직접적인 사회적 반론 역시 그 나름의 이데올로기적 성격을 지닌다. 문화산업의 권위주의적인 오욕에서 완전히 자유로웠던 자율예술은 없었다. 예술의 자율성은 예술개념을 구성하지만, 선험적(a priori)으로 그런 것은 아니다. 자율적으로 된 것이다. 최상의 진정한 작품들의 경우 과거 세속인들에 대해 제의적인 작품들이 행사해야만 했던 권위가 내재적인 형식 법칙으로 들어앉아 있다. 미적 자율성과 불가분의 관계를 맺고 있는 자유의 이념은 자유를 일반화한 지배에서 이념을 일반화한 주권에서 형성되어나왔다. 예술작품도 마찬가지였다. 예술작품이 외적인 목적에서 벗어나면 벗어날수록 그것은 그만큼 더 완전하게 작품 측에서 지배하여 조직한 것으로 규정되었다. 그런데 예술작품들이란 늘 한쪽으로는 사회를 향하고 있으므로 작품 속에서 내면화된 지배가 밖으로도 존재감을 드러내는 것이다. 이러한 연관관계를 의식하게 되면 예술작품에 대해서는 침묵하면서 문화산업을 비판하는 일은 불가능하다."(ÄT, p.33~34)

우리의 고민은 우리 문화를 어떻게 하면 더 풍성하게 가꾸느냐에 집중되어야 한다. 『계몽의 변증법』에서 아도르노가 제시하는 바에 따르면 18세기 이래 발전되어온 자율예술의 전통을 과학의 세기와 자본주의시대에도 살리는 방법으로 가면 좋겠다는 것이다. 아주 강한 희망이기 때문에 '요청'처럼 표명되어 있다. 가벼운 예술과 자율예술이 서로 자신의 고유한 영역을 발전시키는 가운데 상호침투와 영향의 방법으로 전체가 풍요롭게 될 수 있다는 요지인데, 자율예술의 입지가 테크놀로지의 발전으로 심각하게 도전받는 상황에서 도전자인 '산업'을 탄핵하는 문장들에 힘이 실리는 것은 당연하다고 할 수 있다.

자율예술과 가벼운 예술의 이중주

아도르노는『계몽의 변증법』에서 원래 자율예술에 부과된 과제(진정한 쾌)를 그동안 예술이 충족하지 못했기 때문에 문화산업의 가벼운 예술이 주는 즐거움에 사람들이 주목하는 현상을 '단죄'하지 않았다.

"유흥과 같은 문화산업의 모든 요소는 문화산업이 존재하기 훨씬 이전부터 존재하고 있었다. ……이러한 문화산업의 승리는 이중적이다. 문화산업은 자신의 외부에 진리로서 존재하는 것을 소멸시키면서 내부에서는 그것을 거짓으로 제멋대로 재생산하는 것이다. 기분풀이(정신분산)나 가벼운 예술 자체는 타락의 형식이 아니다. 누군가가 이것들을 순수한 표현에 대한 배반이라고 불평한다면 그는 사회에 대해 어떤 환상을 품고 있는 것이다. 물질적 실천과 반대되는 자유의 왕국이라고 스스로를 내세우는 시민예술의 순수성이란 처음부터 하층계급을 배제한 대가로 얻어진 것이다. 이 하층계급의 계기를 포함할 때에야 진정한 보편성은 가능한 것으로서, 예술은 잘못된 보편성으로부터 벗어나려는 자유에 대한 열망을 통해 진정한 보편성에 충실하고자 하는 것이다. ……가벼운 예술은 진지한 예술의 사회적 양심가책 같은 것이다. 사회적인 전제 때문에 진지한 예술이 어쩔 수 없이 놓칠 수밖에 없는 진리의 어떤 측면이 가벼운 예술에 사안의 정당함을 드러내는 것 같은 가상을 부여하는 것이다. 양자의 분리 자체가 진리다. 그러한 분리는 최소한 다양한 영역으로 구성되는 문화의 부정성을 말해준다. 가벼운 예술을 진지한 예술 속으로 끌어들이든지 또는 반대가 될 경우 대립은 최소한 화해될 수 있다. 그런데 바로 그것을 문화산업이 시도하는 것이다. ……특기할 만한 점은 이러한 잡탕이 교양 없이 조악하고 둔탁하거나 세련되지 않은 것이 아니라는 것이다. 거칠고 저질이었던 예전의 불량품은 아마추어적인 설익음을 금지하거나 순치하는 데서 보여주는 문화산업 특유의 완벽성을 통해 제거되었다. 물론 여전히 고양된 톤을 유지하기 위해 일부러 끊임없이 거친 실수를 범하기는 하지만. 새로운 점은 문화나 예술이나 오락의 화해 불가능한 요소들이 문화산업의 총체성이라는 그 하나의 잘못된 공식을 만드는 목적에 종속된다는 것이다. 이러한 총체성은 끊임없는 반복으로 실현된다. 문화산업의 특징인 '새롭게 하기'는 대량복제의 개선 이외에는 다른 아무것도 아니라는 사실이 '체계'(System)의 핵심적 요소다."(DA, p.143~144)

아도르노가 심혈을 기울여 논증하려고 한 문제는 자본주의 사회에서 문화가 갈수록 테크놀로지에 종속되는 경향이다. 벤야민과의 차이점을 지적해본다면, 이 '테크놀로지'의 문제를 보는 관점이다. 벤야민은「기술복제 시대의 예술작품」에서 테크놀로지가 대중의 정치적 가능성에 힘을 실어줄 것으로 보았다. 1930년대 상황에서는 그런 낙관을 할 수도 있었겠지만, 문화의 기술적 종속이 심화되는 오늘날 우리는 그와 같은 낙관을 할 수 없다.

문제는 테크놀로지인 것이다. 과학주의가 일방적으로 승리를 거둔 문명사회에서 자율예술은 계몽이 과제로 부과한 자율성을 어떻게 지켜낼 수 있을까. 테크놀로지에 일상의 대부분을 의탁하는 21세기 시민은 그 리듬에 깊숙이 편입되어 있다. 진정한 쾌감의 기억조차 희미해진 상태로 살아간다고 할 수 있다. 가벼운 예술이 주는 만족 또한 그 나름대로 만족감을 준다. 아도르노의 이중전략은 가벼운 예술이든 자율예술이든 과학주의가 휘두르는 계산적 합리성에서 벗어난 즐거움을 사람들이 알아챌 수 있기를 바라는 기대에서 취해진 조치다.

탁월하게 빛나는 예술작품들이 다시 쏟아져 나온다면, 계산에 익숙해진 시민들이 다른 생각을 하기 시작할 수 있을까? 아니면 과거 벤야민처럼 아도르노의 기대 역시 물거품이 되고 말까? 비관주의가 이미 세를 장악한 상태라는 진단이 진실에 더 가까울 수도 있겠지만 그래도 아직 완전히 결판이 난 상태는 아니라고 생각하면서 현재를 견뎌보자.

실제로 '견뎌냄'은 아도르노가 유일하게 구체적으로 제시하는 현대인의 신조(Gesinnung)이다. 그런데 제대로 견뎌내기 위해서라도 우리는 사태를 분명하게 파악하는 노력을 게을리해서는 안 된다. 시시비비를 가리는 노력을 중단하지 말아야 하는 이유는 어떤 당장의 해결책을 마련하기 위해서가 아니다. 그런 노력으로 해결책이 마련되는 시기는 이미 지나갔다. 그보다는 우리가 당연히 누려야 하는 예술의 쾌를 테크놀로지의 어쭙잖은 자극으로 대체해 궁극적으로 쾌감을 느끼는 능력마저 우리에게서 앗아가는 현재의 관행을 나름대로 파악은 하고 있을 필요가 있기 때문이다. 이런 견지에서 '강남스타일'의 싸이를 '젠틀맨'의 싸이로 퇴행시킨 양현석의 지나친 개입에는 강도 높은 비판이 제기되어야만 한다. '강남스타일'의 경우, 문화산업의 틀에서 완전히 벗어났다고 할 수는 없지만 가수 개인의 개성이 빛을 발할 수 있는 공간이 넉넉하게 있었다. 대중문화에서 거두기 드문 행운이었다. 우연한 현상이지만, 문화부문에서의 우연은 가수의 실력과 그동안의 노력이 뒷받침되지 않으면 발생할 수 없는 현상이다. 대중과 만나는 부분에서만 화학적 확률로서 '우연'이 발생할 뿐이다. 이 우연을 성공의 프로그램으로 만들기 위한 양현석의 개입은 한국의 대중문화와 가수 싸이 모두에게 불행이었다. 기획사는 일단 세계시장을 공략할 목표를 세우고 성공을 보장할 조건을 발굴하였다. 주변부 국가에서 세계시장에 진입하기 위한 첫 번째 조건은 언어의 말살이다. 그런데 노래는 말로 하는 행위다. 따라서 기의를 제거하고 기표만

남은 언어가 선택 가능성으로 떠올랐다. 하지만 그래도 '말'의 속성을 완전히 버릴 수는 없다고 여겼는지 'ㅁ'과 'ㅂ'의 의미에 의존하는 길을 택했다. 두 음절이 만국공통어로서 많은 사람에게 호소력을 가질 수 있다고 생각하는 것은 기획자의 판단이지만, 그 판단이 전적으로 세계시장 공략을 위한 계산에서 나온 것이라는 데 문제가 있다. 상스러움 자체는 충분히 예술의 계기로 활용될 수 있는 요인이다. 아도르노가 「문화산업」에서 비판하는 내용은 정확하게 '강남스타일'에서 '젠틀맨'으로의 퇴행이다. 내용의 저급함 때문이 아니라 '강남스타일'이 어렵게 유지하고 있는 우연과 기획의 균형을 철저하게 기획에 종속시켜 어렵게 성공한 우연의 즐거움을 우리에게서 앗아가버렸기 때문이다. 앞으로 이런 우연을 우리는 두 번 다시 즐기기 어려울지도 모른다. 테크놀로지와 자본의 집중은 갈수록 서로를 상승시키는 궤도에 올라 대형기획사들은 '젠틀맨'의 실패를 반면교사로 삼아 앞으로 한층 세련된 기획 상품을 내놓을 확률이 커졌기 때문이다.

가벼운 예술이든 자율예술이든 문제는 쾌감이다. 어떤 쾌감인지를 두고 갑론을박하는 방식으로 한국사회의 문화지형이 한층 성숙해지기를 기대해본다.

예술론과 사회이론

예술을 배제한 사회이론의 불모성

"인간의 욕구가 거짓된 사회에 의해 통합되고 이로써 거짓된 것으로 된 이래로 인간의 욕구에 대한 신뢰는 더 이상 견지할 수 없게 되었다. 생산력의 증가와 더불어 사회 전체를 좀 더 고차적인 형태로 이끌 수 있었을 터인데 말이다."

사회이론과 예술론

책을 마무리하는 마지막 장은 아도르노 연구가 본격화되기를 기대하는 필자의 소망을 담은 예비전망으로 채우고 싶다. 교양서의 성격을 지닌 이 책에서는 아도르노 사상이 뿌리를 두고 있는 고전독일철학과 철학적 미학의 전통에 많은 부분을 할애했다. 이 과정에서 전면에 드러내려고 노력한 사항은 예술이 사회구성의 필수기관이며, '독일적 근대'의 특수성은 그런 정황에 대한 역사철학적 증거가 될 수 있다는 요지다. 제2차 세계대전이 끝난 후 사망 시점까지 프랑크푸르트대학교 사회학과 교수로 재직했던 철학자 아도르노의 사상이 예술론으로 집약되는 사정도 이런 맥락에서 이해할 수 있다.

앞으로 본격적인 연구 작업에 돌입할 것을 약속하면서 사회이론과 예술론 사이의 내적 긴장을 다룬 내용을 여기에 싣는다. 이 부분은 필자가 전문 학술지 『담론 201』에 게재한 논문 「근대성, 합리와 비합리의 변증법」[1] 중에서 벡(Ulrich Beck)과 하버마스의 이론을 분석한 부분을 책의 흐름에 맞게 보충한 것이다. 두 사상가를 선택한 이유는 현대사상가들 중에서 예술론에 아주 가까이 있으면서도 예술론을 직접 다루지 않아 바로 그 부분에 한계가 놓여 있는 대표적인 경우로 꼽을 수 있기 때문이다. 앞으로 예술의 사회적 작용력을 두고 진지한 연구와 활발한 논의가 전개되기를 기대한다.

한국에서의 아도르노 수용

독일 프랑크푸르트학파 1세대 이론가인 아도르노의 이름이 한국의 학계에서 본격적으로 거론되기 시작한 것은 대략 1970년대 후반부터라고 할 수 있다. 한국사회에서 앞으로의 발전 전망을 두고 격렬한 논쟁이 벌어지기 시작한 시점과 일치한다. 분단 이래로 한국은 자본주의 세계체제에 편입되기 위한 경제개발을 사회구성의 가장 중요한 원칙으로 삼아온 터였다. 공론장은 산업화 담론이 획일화되어 지적 긴장을 잃었고, 그 결과 정치영역은 물론 개인의 생활영역에서조차 권위주의가 만연되어 있었다.

그런데 경제개발이 어느 정도 궤도에 올라 절대빈곤을 경험하지 않은 계층이 사회의 주도세력으로 되자, 이들은 정치영역을 주도하던 독재정권을 권위주의적 폭압의 상징이요 정점으로 여겼다. 마르크스주의를 비롯한 좌파이론이 1980년대에 새로운 사회를 위한 전망모색의 중심에 들어서게 된 데에는 이러한 사정이 있다고 할 수 있다.

당시 변혁논의를 이끌었던 집단은 정치사회적 변화로 사회의 민주화를 이루어야 한다고 생각하였고, 독재정권의 타도를 첫 번째 목표로 삼았다. 그리고 이들은 독재정권의 수립과 유지를 가능하게 한 요인들을 국가주도 경제개발 프로그램에서 찾음과 더불어 세계정세에도 주목하였다. 한반도에 독재정권이 지속되는 까닭이 자본주의 세계체제의 이해와 맞물려 있다는 논리가 설득력을 얻으면서 독재정권의 성격을 계급관계 속에서 규정하기 시작하였다.

이렇게 하여 1980년대에서 90년대에 이르는 이른바 사회과학의 시대가 열리게 되었다. 이 시기에 연구자들은 마르크스주의와의 연관성에 주목하여 독일 프랑크푸르트학파의 비판이론에도 부분적으로 관심을 기울였다. 이 당시 연구자들의 관심은 비판이론이 마르크스주의를 계승한 현대이론임을 증명하는 데로 기울어져 있었다. 일례로 홍승용은 『부정변증법』을 번역하면서 서문에 '『부정변증법』의 마르크스주의적 요소'라는 부제[2]를 달았다.

1990년대 후반으로 접어들면서 아도르노 연구에 조금씩 새로운 색채가 가미되기 시작하였다. 마르크스주의는 아도르노의 사상을 구성하고 있는 중요한 한 축이지만, 마르크스주의를 근간으로 하는 여타의 이론들과는 결정적으로 다른 요인이 아도르노의 사상에 포함되어 있음에 주목한 결과다. 아도르노는 유럽의 사상적 전통에서 서로 적대적이라 할 수 있는 두 흐름을 독창적인 방식으로 결합하고 있는데, 유물론과 관념론을 서로 연결할 뿐 아니라 칸트와 헤겔로 대변되는 독일 합리주의 철학과 니체로 대변되는 비합리주의를 모두 포괄한다. 계층·계급론으로 다 설명될 수 없는 아도르노 사상의 독창성을 한국의 독문학계는 '심미성'이라는 용어로 설명하였다.

1990년대에 본격적으로 한국에 유입되기 시작되어 밀레니엄을 넘기도록 광폭행보를 보였던 포스트모더니즘 논의는 미국에 진원지를 두었지만 한국의 학계와 공론장에 프랑스 사상이 적극적으로 소개되었다는 의의를 지닌다. 하지만 프랑스에서 직접 수입했다기보다는 대부분 미국을 거쳐 온 까닭에 '미국화된' 논의들이었다.

이 과정에서 뜻밖의 현상이 나타났는데, 바로 아도르노를 포스트모더니즘의 전위로 파악한 것이다. 아도르노가 거대담론을 상대화하는 이론을 개발한 것은 사실이지만 개별자의 절대성을 주장했다고 보기는 어렵다. 오히려 아도르노는 자본주의 사회에서는 개별자가 온전한 정체성을 획득하기 어렵게 되었지만 그래도 '바람직한' 사회의 가능성을 위해 자신의 즉자적인 욕구를 상대적으로 바라볼 수 있는 '반성 능력'을 갖추고 있어야 한다고 설파한 편이다. 아도르노의 텍스트들에서는 이런 내포를 지닌 문장들을 도처에서 찾아볼 수 있다.

"생산력은 과거 어느 때보다도 생산관계에 의해서 매개된다. 너무도 완벽하게 매개되어 생산관계들이 본질로 보일 정도다. 그야말로 제2의 자연으로 되어버린 격이다. 가능한데도 헛바퀴를 돌리느라 지구상 거대한 지역의 인간들이 궁핍하게 된 책임은 바로 이 생산관계들에 있다. 재화가 넘치는 곳에서조차 풍요가 저주받고 있는 것 같다. 가상의 성격을 띠는 욕구는 재화들을 가상의 성격에 묶어둔다. 객관적으로 올바른 욕구와 잘못된 욕구는 충분히 구분될 수 있다. 그렇다고 해서 이 세상 어디에서든 관료제적 규제가 권한을 갖게 돼서는 안 된다. ……올바르고 그릇된 욕구에 대해서는 전체 사회의 구조에 대한 통찰에 의거하여 그 모든 매개와 더불어 판단해야만 한다. 오늘날 모든 욕구충족을 불구로 만든 허구적인 것은 무의식적인 상태에서도 의문의 여지없이 감지된다. 그것은 문화의 현재적 불만족에 기여한다. 그러나 욕구, 충족 그리고 이윤 혹은 권력이해들 사이의 거의 투시 불가능한 착종 자체보다 더 중요한 것은 요지부동으로 계속되는 어떤 특정한 욕구의 위협, 모든 다른 욕구가 목을 매다는 욕구인 그저 살아남는 일에 대한 이해관심이다. 매 순간 폭탄이 떨어질 수 있다는 지평에 끌려들어간 상태에서, 소비재화들의 넘쳐나는 공급은 일종의 조롱거리다."(GS 8., p.365~366)

"인간의 욕구가 거짓된 사회에 의해 통합되고 이로써 거짓된 것으로 된 이래로 인간의 욕구에 대한 신뢰는 더 이상 견지할 수 없게 되었다. 생산력의 증가와 더불어 사회 전체를 좀 더 고차적인 형태로 이끌 수 있었을 터인데 말이다."(ÄT, p.34~35)

포스트모더니즘의 일반적 표어인 'Anything goes'와는 전혀 다른 지적 태도를 강조하는 아도르노가 한국에서 포스트모더니즘의 틀에서 대중적으로 수용된 현상에 대하여는 심층적인 연구가 수행될 필요가 있다. 이러한 흐름은 한국의 학계와 공론장에 적지 않은 '상흔'을 남겼다.

이처럼 한국에서의 아도르노 수용은 '사회과학적 패러다임'과 '포스트모던 패러다임'에 갇혀 진정한 면모가 아직 드러나지 않은 형편이다. 최근 한국사회에서 아도르노 연구는 일종의 정지단계에 들어갔다고 볼 수 있다. 앞에서 서술하였듯이 그동안 우리는 아도르노 사상을 구성하고 있는 서구의 다양한 지적흐름을 시대의 주도담론에 결부된 관심방향에 따라 나누어 그 부분만을 집중적으로 수용해왔다. 이제 부분들이 차례로 모두 소개된 상태에서 우리는 전체를 조망할 수 있는 단계에 올라섰다.

아도르노는 제2차 세계대전을 목도하고 이론을 천착하였지만, 그의 이론은 제2차 세계대전의 시대적·공간적 구속을 뛰어넘는 면모를 보여준다. 여기에는 아도르노의 사상이 기반하고 있는 독일철학의 전통이 큰 몫을 차지하고 있는바, 세계상태가 복잡성을 더해가고 있는 요즈음, 자신의 주변을 정리하기 위해서라도 철학적으로 천착하는 훈련이 절실하다. 아도르노는 독일 계몽의 전통에서 시작된 철학적 미학의 전통을 살려 '관리된' 세계를 해명하고 삶을 좀 더 인간적으로 그리고 윤택하게 꾸려갈 방도를 모색하였다. 그런데 독일은 역시 계몽의 전통을 계승하는 나라다. '관리된' 사회를 설명하는 이론들이 여러 각도에서 제출된 것이다.

이제 글을 마무리하면서 전통적으로 합리주의적 입장에 좀 더 가까이 서 있으면서 철학적 미학의 전망은 제거한 관점에서 '관리된 사회'를 해명한 탁월한 두 사상가의 이론을 소개하고 그 한계를 짚어보기로 한다. 이는 새로운 전망을 위한 토론의 장을 열기 위함이다. 아도르노의 예술론이 지닌 난제, 현실적 적용 가능성의 장벽이 높다는 이론 자체의 아포리아에 더해 한국사회에서는 수용의 기반이 전무하다는 사실에 직면한 필자 나름의 고육책이기도 하다.

위험을 분석하는 이론이성의 딜레마
울리히 벡

자신을 '시민'으로 구성해내기 위한 '인간'의 자기계몽과 사회의 합리적 조직은 18세기와 19세기를 거쳐 20세기에 이르도록 지구상에서 가장 추구할 만한 가치로 인정받았다. 아울러 기술혁명에 의한 생산력의 비약적인 발전이 문화적 지형마저 크게 변화시켜놓은 결과 근대화가 서구적 가치에 불과할지 모른다는 혐의도 차츰 엷어졌다. '지구촌'은 사람들의 움직임을 생산력으로 실현해내는 유통의 총괄담당자로서의 기능을 부여받았고, 현실세계의 장벽들을 넘나드는 인간의 의식에 미래를 지시하는 방향제시자 역할까지 하려 들었다.

마침내 이런 흐름으로부터 물질세계의 재편을 이끌어낼 수 있다는 기대가 '21세기적 계몽'으로 부상하였으며, 기대 섞인 계몽은 미디어의 발전으로 한층 탄력을 받았다. 그런데 새 시대의 계몽이 부지런함을 과시하면서 유통의 밀도를 한층 높여가려던 차에 '예기치 않은' 사건이 일어났다. 이른바 2001년 9월 11일의 파괴였다.

벡은 이 세기적 파괴의 정치사회적 의미를 탐색한 끝에 전 지구적 차원의 위험은 그 자체로 미래구성적 계기가 될 수 있다는 주장을 펼친다.[3] 인간이 만들어낸 생산도구와 산업사회의 기제들이 '파괴'라는 정반대 시스템을 가동시키는 방식으로도 작동될 수 있음을 사람들의 뇌리에 뚜렷이 각인해놓았다는 점에서 9월 11일의 파괴는 새로운 전망에 대한 '상징'이다.

이 상징의 힘은 현실적으로 즉각 증명되었다. 혐의자를 검거하기 위한 국제적인 공조가 효율적으로 이루어져 영국 경찰은 2006년 여름에 '일어날 뻔했던' 런던 히드로공항의 테러를 막을 수 있었으며, 3개월 후인 11월 6일 고강도의 항공기 안전대책을 발효시켰지만 재앙의 가능성을 인지한 승객들은 불편을 감수하였다.

이런 흐름에서 저자는 인재(人災)로서의 대형 참사를 예측하고 계산하는 사유가 예방행동의 자발성으로 전환되는, 새로운 세기의 가능성을 읽어낸다.[4] 재난이 아닌 위험을 겪은 사람들은 안전을 위해 시민적 자유의 제한을 기꺼이 감수하며 자신의 실생활과 직결되지 않다고 여겨왔던 일들에도 관심을 보이고 문제의 원인을 알아보려 하는 등 일종의 '비자발적 계몽'의 단계로 접어들었다는 것이다. 그래서 파국을 막기 위한 전 지구적 차원의 동원이 가능하다고 확신한다. "바로 이러한 충격, 근대의 바탕을 이루는 규범들이 허물어질 수도 있다는 이 충격에서 새 신조가 모습을 드러내는 것이다. 절대로 다시 일어나면 안 된다는 신조 말이다."[5]

물론 이 확신은 그렇게 하고 싶다는 '의지(Wollen)'의 발로가 아니다. 위험의 성격을 연구한 끝에 나온 '논리적인' 결론, 즉 지식(Wissen)이다. 그의 분석에 따르면 파국을 공동체에 불러들이는 위험은 철저하게 '근대적인' 조건에서 발생한다. 그런데 산업사회의 기반을 떠난 근대적인 조건이란 바로 근대화를 통해 산업사회를 이룬 후, 그 성공의 결과로 짜이는 삶의 토대를 말한다. 결국 위험은 근대화를 성공적으로 마친 결과를 토대로 발생하는, 인간이 만들어낸 재난이라는 이야기가 된다. 근대의 성공이 재난 발생의 조건인 것이다.

따라서 위험은 사회 시스템과 결부되어 있으며 통계도 작성할 수 있다. 한마디로 '계산 가능한' 사건이다. 하지만 여기에 의외의 측면이 추가된다. 그 가능한 일 앞에서 개인은 철저하게 무능력하다는 사실이다. 위험에 직접 노출된 처지인데도 말이다. 조절과 관리는 개인적인 차원을 넘어선 큰 틀에서 진행될 수 있을 뿐이다. 이처럼 계산 가능성 자체가 개인의 처분권에서 벗어난 까닭에 위험의 성격이 오인되는 경우가 많았다. 근대화의 미숙에 원인을 돌리거나, 처음부터 근대화가 잘못이었다고 이성을 탓하는 조류도 있었다.[6]

근대화의 성공이 위험의 조건이라는 사실을 이론구성의 핵심으로 삼는 벡은 근대가 만들어낸 문제임이 분명한 이상 근대적으로 풀어야 마땅하다는 태도를 견지한다. 벡에 따르면 인식을 통해 문제를 해결하는 방식이 가장 근대적이다. 인지적 계몽이야말로 18세기 이래 문명인들이 취해온 가장 확실하고도 성공적인 방법 아니었던가. 그러므로 이번에도 문명인들에게 위험을 인식하도록 해서 지구가 직면한 위기를 타개해나가야 마땅하다.

한 가지 필요한 일이 있다면 인식을 행동으로 전환하는 문제일 터인데, 벡의 생각에 따르면 이 역시 근대의 전형적인 요청에 해당한다. 근대는 인지적인 분석의 결과를 현실에 적용하여 지상낙원을 구축하겠다는 기획이었다. 또 지식을 실천에 옮긴다는 의미에서의 실천(Praxis)은 한때 유토피아 지상에 실현하는 혁명적 행위로 추앙되기까지 했다. 그런데 이번에는 위험에 대한 인식, 죽고 사는 문제가 걸린 인식이므로 사람들이 더욱 자발적으로 행동에 옮길 것이라는 기대를 해도 된다. 위험의 가능성이 자신을 통해 실현되는 일을 방지하기 위해 사람들은 국제적인 공조에도 적극 호응할 것이 분명하다.

그렇다면 이 사안을 다른 측면에서 분석해야 할 필요가 생긴다. 바로 지식을 행동에 옮기는 주체인 개인의 처지이다. 그런데 개인적 차원에서 보면 위험의 가능성을 인지한 후, 그 가능성의 실현으로 자신이 위험의 희생자임과 동시에 그 위험을 확산하는 매개자가 될 수 있음을 받아들이는 일은 논증 불가능한 사안이다. 논리적 귀결이 아닌 전적으로 '우연하게' 닥치는 사건인 것이다. 그런데 이 우연은 위험의 성격에서 파생되는 필연이기도 하다. 근대적 조건에서의 구성이 바로 그 근대의 기반을 허무는 방식으로 역(逆) 실현되는, 위험발생의 계보학을 따르고 있기 때문이다.

우연이 필연으로 되는 구조는 이러하다. 근대의 계산 가능성이란 사물을 그에 부합하는 계산법에 맞추어 배열하는 일과 다름없기 때문에 항상 그 배열에서 밀려나는 것을 발생시키기 마련이다. 이 '배열에서 밀려난 것'을 계산의 주체는 알아채지 못한다. 그러므로 늘 '예기치 않은 것'이 나타나는데, '계산된 것'과 '예기치 않은 것'의 조합이 위험의 가능성으로 구성되어 근대화를 추진하는 과정에 항상적으로 잠복해 있다. 그래서 사고가 나기 마련이며, 위기는 프로그램이다.

몇 번 위기상황을 접하고 나면 주체는 학습과정에 들어갈 수밖에 없다. 그래서 사고를 미연에 방지하기 위해 계산 불가능한 것을 계산하려 든다. 하지만 이는 근대에 의해 계산 불가능한 것으로 분류되어 불확실하게 된 것을 '통제 가능성'이라는 근대의 이념으로 처리하려는 태도일 뿐이다. 이 '근대적 태도'에 의해 근대는 점점 자신의 비효율성을 의식하게 된다. 무엇보다도 근대의 근간을 이루는 기관들에서 비효율과 무능력이 두드러진다. "그들 (기구들)은 더 이상 위험의 관리자가 아니다. 그들이 위험의 원천이다."[7]

학문, 국가, 군대조직 등과 같은 조직들이 고유의 역할을 수행하는 과정에서 부작용과 불협화음을 일으킨다. 위기감이 고조되고 불확실성이 증폭되지만, 이것은 근대의 위기가 아니다. 근대가 승리를 거둔 결과로 나타난 '의도되지 않고 알려지지 않았던 부작용들'일 뿐이며, 하필 그 결과들이 근대의 토대를 이루는 제도들을 무력화하는 방향으로 작동한다는 역설이 있을 뿐이다.

벡은 근대의 사회적 기제들이 계속 유지될 수 없음을 단언한다. 사회기구들뿐 아니라 통제 가능성이라는 근대의 주도이념이 위험 발생인자로 되고, 그래서 불신임당했기 때문이다. 하지만 위험에 대한 인식을 토대로 '재구성'되어야 함을 역설한다. 그는 저서에서 더 이상 유지될 수 없는 근대를 제1의 근대로, 재구성되어야 하고 재구성 중에 있는 근대를 제2의 근대로 명명한다. 그런데 그는 왜 주도이념까지 못 믿겠다고 하면서 여전히 근대라는 패러다임을 고수하는 것일까?

이유는 분명하다. 앞에서도 지적했듯이 그가 요즈음 발생하는 문제들의 원인을 분석한 결과, 위험의 발생구조가 매우 근대적인 조건을 지녔음을 인식했기 때문이다. 따라서 그런 조건에서 살아가는 개인들 역시 위험에서 벗어나기 위해 역설적이게도 근대적인 심성을 유지할 수밖에 없음을 직시해야만 한다. 충격을 딛고 파국 가능성을 '인식'하는 공동체 구성원의 자발성은 바로 살아남고자 하는 자기보존 본능에서 비롯되는 것이고, 이 '존재에의 걱정(Sorge um Sein)'은 베버(Max Weber)가 합리화론에서 이미 논증하였듯이 근대를 추동한 원동력이었다. "불확실성과 카오스를 인류학적 확실성과 자기근거로 변환시키는 근대의 능력이 아니라면 근대는 생각할 수 없다."[8]

이 '근대의 능력'이 어떻게 형성되었는가에 대해서는 베버가 청교도의 예정조화설로 설명한 대로다. 벡은 그다음 단계의 의문을 제기한다. 그렇다면 우리는 "근대사회라는 이 신전을 뒤흔들 만한 힘을 생각해볼 수 있는가?"[9] 근대의 재귀성이 현재를 규정하는 실체임을 논증하는 벡의 대답은 단호하다. "근대의 내재적 형이상학을 변화시킬 수 있는 대항권력이 존재한다면, 그것은 근대 자체의 독립화된 권력이다."[10] 근대 산업사회 역시 탈주술화의 대상으로 추락할 수 있다는 견해다.

첫 단계의 탈주술화가 인간의 분석능력으로 초자연적인 형이상학을 무너뜨리는 과정이었다면, 성공한 근대를 탈주술화하는 두 번째 단계는 그 성공을 가능하게 한 분석능력 자체를 메타차원에서 고찰하는 것이다. 하지만 두 단계 모두에 해당하는 공통점은 탈주술화 과정 자체의 고유한 특징, 즉 목적과 과정의 분리와 그에 따른 형식적 합리화다.

첫 단계의 탈주술화, 즉 세속화는 신에 의한 구원이라는 존재의 의미를 현세에서 묻지 않는 태도로 가능하였다. 성공한 근대를 탈주술화하는 두 번째 단계에서도 현실을 합리적으로 조직하도록 이끄는 초월적 계기가 목적과 과정의 분리를 완수해낸다. 바로 세계위험이다. '세계 내 존재'로서의 한계를 자기확실성으로 전환하는 근대적 존재방식은 이번에도 혼란스러운 현실에 의미를 부여하는 대신 질서를 부여하도록 할 것이다. 이처럼 '구원 가능성'을 '위험'으로 대체한 제2의 근대가 현재 우리가 살아가는 세계다.

물리적인 현실세계를 초월할 수 있는 의식을 지닌 인간은 어쩔 수 없이 한계의식에 자신의 존재를 내맡겨야 하고, 현실에 내재할 수 있기 위해 초월에 의지할 수밖에 없었다. 합리화론에 따르면 이 '분열'이 지구상에 물질적 풍요와 사회제도의 합리화를 가져온 결정적 요인이다. 이 '근대적 방식'으로 풍요를 누리려는 관성은 21세기에도 여전하다. 세계 내 존재가 그 세계에서는 사라진 존재의미와 관계 맺는 다른 방식을 아직 알지 못하기 때문이다.

그렇다면 근대가 발생시킨 문제들은 어떻게 되는가? 백의 탁월한 점은 이 지점에서 자신의 한계를 솔직하게 인정한다는 데 있다. "이 파국의 개연성을 추산하는 일은 아무런 도움이 되지 않는다. 오히려 정반대다. 사회학자로서 의도된 테러공격을 선취하여 핵심쟁점으로 부각한다면, 테러리스트들이 자행하는 음흉한 판타지에 불을 붙이는 효과나 낼 것이다. 아니면 뭐 다른 점이 있는가?"[11] 칸트가 요구했던 '자기결정권'의 확보와 사용이 물리적 세계에 축적된 결과로 나타나는 문명의 병이다. 벡의 '재귀적 근대화론'은 분석과 진단에서는 설득력을 과시했을지 모르나 처방에서는 무능을 드러냈다. 사회학자로서의 한계라기보다는 계몽을 인지적 차원에서만 바라본 탓이다.

벡의 이론은 이론이 얽혀 들어간 아포리아를 통해 근대성의 근본적인 난제를 새삼 환기해준다. 이런 견지에서 벡의 이론은 한계 자체로 새로운 전망을 요청한다는 이론적 성과를 거둔다. 근대는 영역의 분화와 전문화를 '합리화'의 전제조건으로 삼아 생산력 증대를 추진한 기획이었다. 칸트가 객관세계에 조응하여 결과물을 내놓을 수 있는 인간정신능력의 구성 가능성들을 해명한 이후 인류의 문명은 과학과 도덕 그리고 예술 영역으로 분화되면서 전문화를 통한 비약적인 생산력증대를 실현할 수 있었다. 하지만 시간이 갈수록 불균형이 심해졌고 자본주의는 과학주의가 일방적인 승리를 거두도록 제반 여건을 철저하게 재편했다.

과학주의 일방의 승리가 '위험'이라는 21세기적 구성원칙으로 굳어지는 과정에 대한 설명으로 벡의 분석은 탁월하지만, 근대가 통합의 원리였다는 사실에 대한 고려를 소홀히 했다는 점에서 아도르노와 차이가 난다. 아도르노는 과학의 진보를 불가역한 현상으로 인정했다. 따라서 그 불가피성을 '분석'한다고 해결책이 제시되지 않음을 일찌감치 알아차렸다. 과학주의가 억압하는 요인들에 주목하고 그중 가능한 요인을 활성화해 원래의 균형을 잡아야 한다는 전망을 가지고 있었다. 과학주의가 승리하는 세상에서 도덕은 과학의 분석대상에 온전히 포섭될 터였다. 아도르노가 과학과는 전혀 다른 계기를 핵심요인으로 삼고 있는 예술에 기대를 거는 이유다.

"예술에 대해서는 오늘날에도 아마 칸트가 그랬던 것처럼 어떤 주어진 것으로 대하는 태도가 적절할 것이다. 이러한 관념은 예술을 다음과 같이 생각하는 것과 관련이 있다. 즉 예술에 대한 객관적인 요구사항이 있다는 것인데, 사회의 제반 기구들과 잘못된 욕구들이 서로 합심해서 짜내는 은폐의 너울 너머에 있는 현실의 무엇, 은폐망이 감추고 있는 그 무엇에 대해 예술이 말을 해준다는 것이다. 물론 논증적인 인식도 현실에 접근할 수 있으며, 현실의 운동법칙에서 파생되는 이런저런 비합리도 파악하지만 현실에는 이 합리적 인식에 껄끄러운 부분이 있는 법이다. 합리적 인식은 고통과 거리가 멀다. 합리적 인식은 고통을 추정하면서 규정하고 완화수단을 강구할 수 있다. 하지만 고통은 인식의 체험으로 표현되지 않는다. 그래서 인식에 대해 비합리적이라 일컬어지는 것이다. 고통이 개념화되는 경우에는 침묵으로 남고 아무런 성과도 없다. 히틀러 집권 이후의 독일에서 그러했다. 브레히트가 구호로 골라잡았던 '진리는 구체적이다'라는 헤겔의 명제는 헤아리기조차 힘든 공포의 시대에는 어쩌면 예술에만 해당될지 모른다. 예술을 곤궁에 대한 의식으로 보았던 헤겔의 착상은 그가 염두에 두었던 바를 모두 뛰어넘어 진실임이 입증되었다."(ÄT, p.35)

벡은 사회학자로서의 정체성에 충실하여 사회문제의 '합리화'에 전력을 기울였다. 문제는 제대로 보았지만. 근대문명의 성격상, 그리고 그 문명을 주도하는 인간의 구성능력에 따라 문제의 합리화가 비합리화를 동반한다는 아도르노의 깨달음을 사회학적 전망에서 어떻게 수용할지는 여전히 해결되지 않은 채 남아 있다.

실천이성과 의사소통이성 사이를 공전하는 법
위르겐 하버마스

벡의 딜레마는 바로 호르크하이머와 아도르노가 공저 『계몽의 변증법』에서 논증한 현대문명의 당착과 다름없다. 계몽이 신화적 반복을 극복하겠다고 나섰지만, 오히려 계몽 자체가 반복의 덫으로 전락하고 만다는 '변증법' 테제는 문명의 내부역학에 대한 계몽이다. 지략과 용맹을 겸비한 오디세우스가 분석능력을 사용할 용기를 발휘하여 온갖 역경을 극복해도, 목적지인 페넬로페 쪽으로 다가가지 못하고 에게 해를 빙빙 돌아야 하며, 사드(Donatien Alphonse François de Sade) 소설의 주인공들은 쾌락을 위해 몸을 도구적으로 사용한 결과 쾌락의 목적인 행복을 자신의 몸에서 추방한다. 계몽 주체의 도구적 활동은 계몽의 목적과 인과관계에 있지 않다. 초월의 관계에 있다. 인지적 계몽으로 현대문명의 병폐를 교정하려던 벡의 이론구성은 변증법적 전복의 역학을 고스란히 반복하고 있다. 전복은 분석적 계몽의 프로그램이다.

사회학은 이 딜레마와 오래전부터 씨름해왔다. 합리화를 인지적이고 분석적인 합리성으로 축소해서 이해하는 경향이 강하기 때문일 것이다. 이런 패러다임에서는 사회적 합리화 과정을 비판할 때 비판의 규범이 어쩔 수 없이 그 과정 외부에 있게 된다. 그래서 마르크스와 루카치의 사물화 비판에서처럼 '미래의 이념적 인간관계를 가정하는 하나의 역사철학적 텔로스'를 끌어들이지 않을 수 없고, 그 결과 '경험세계에 대한 비판이 자신의 기초를 경험세계 속에서 상실하는' 딜레마가 연출되는 것이다.

이런 견지에서 보면, 하버마스의 사회철학적 작업들이 사회학의 딜레마를 극복할 가능성으로 부각되는 사정을 이해할 수 있다. 하버마스는 탈주술화 과정을 통해 실체적 이성이 과학, 도덕, 예술 세 영역으로 분화되어나갔다는 베버의 분석을 근대사회에서 이들 세 영역이 독자적인 원칙에 따라 폐쇄적인 내부역사를 구축하면서 확대되어나간다는 전망과 결합했다. 분화된 영역들의 독자성은 칸트의 비판철학에 따라 근거 지워졌다. 칸트는 이론이성, 실천이성 그리고 판단력이 서로 전적으로 다른 선험원칙(Prinzip a priori)에 근거해 현실에서 대상을 구성해냄을 논증한 바 있다. 물론 궁극적으로는 두뇌에서 하나로 통합되어 있기는 하지만 구성 활동을 하는 과정에서는 타고난(a priori) 궤도를 이탈할 수 없다. 그러면 대상은 구성되지 않는다. 칸트의 세 비판서는 인간 인식능력의 가능성과 한계에 대한 보고서다.

하버마스의 논지는 계몽주의시절 철학자들이 기획한 이 구상이 아직 완결되지 않았고, 그렇다고 폐기할 만하지도 않으니 계속 추진하자는 것이다. 근대성은 따라서 미완인 현재와 완결된 어느 시점을 결합한 역사철학이 되었다. 이 역사철학에서 흥미로운 점은 예술이 독자적인 영역으로서 한 축을 이루고 있다는 사실이다. 미적 표현의 관점이 인식 도구적이거나 도덕 실천적인 관점과 동등한 위상에 있음을 명시하고, 이 관점을 관철하는 예술 역시 '이성의 한 조각'임을 분명히 한 것이다.

사회학과 철학은 그동안 이 대목에 주목하지 않았다. 필자는 바로 이러한 '결여' 혹은 '소홀함'이 근대성 논의를 왜곡해왔고, 탈근대 패러다임이 감성을 절대화하는 데 빌미를 제공했다고 생각한다. 하버마스 자신은 근대성의 전체 구도를 이야기할 때에는 감성과 예술을 언급하다가도 본격적인 이론구성에서는 탈락시킨다. 감성의 우연성을 체계에 포함시킬 방도를 찾지 못하였기 때문인데, 그 결과 감성은 전적으로 우연적인 성질만을 부여받게 되고 애

초 근대성 논의에서 설정되었던 실체적 이성과의 관련은 제거된다. 하버마스가 규범적 타당성으로 개별과 보편을 매개할 수 있다고 여긴 결과다.

인간의 타고난 능력을 토대로 발의된 근대의 기획이 파탄지경에 이르렀을 때, 기획안을 다시 점검하는 것은 비판철학의 전통에 충실한 태도다. "이성에 대한 비판은 이성 자신의 작품이다."[12] 18세기에 칸트가 비판의 태도로 인간의 이성능력이 다층구조를 이루고 있음을 밝혀냈다면, 20세기의 비판철학자들은 그중 어떤 능력을 통해 그동안 분화되어나간 세 영역을 매개하고 조정해서 재통합의 길을 열 수 있을지 고민한다.

아도르노는 판단력이 활동하는 예술에 의지하고 하버마스는 실천이성의 규범이 발휘하는 구속력을 활성화하려 한다. 하지만 하버마스 역시 "근대성[13]의 자기이해가 분화되어 나타나는 3개의 타당성 차원이 무너져서는 안 된다"(하버마스, 2007:18)고 생각하는 비판 철학자이므로 규범이 그냥 당위가 되는 18세기적인 이론을 구성하지는 않았다. 상호 매개를 가능하게 하는 이론을 구상하였으며, 3개의 타당성 차원이 처음 출발지인 실체적 이성과 "형식적인 연관"[14](하버마스, 1992:41)을 유지하는 상태로 묶어 장차 '본래의 의도'가 실현되기를 바랐다. 결국 하버마스에게서 매개란 보편과 개별을 중재하는 추상화 과정을 뜻하게 되고, 이 추상화 과정이 현실에서 형태를 갖추는 중간단계인 특수자(Das Besondere)에 관심을 갖게 된 것이다. 원래 이 특수의 본령은 예술이지만, 하버마스는 예술 대신 담론이론을 선택하였다.

하버마스는 20세기 초 일부 철학자들이 수행한 '언어적 전회' 패러다임을 차용해 주체철학에서와는 완전히 다른 매개를 시도하였다. 언어는 '상호이해'라는 '텔로스'(하버마스, 2007:30)를 지녔으므로 특수에서 보편으로의 현실적 상승 가능성을 담보한다는 '믿음'으로 실천이성을 의사소통적 이성으로 대체한 것이다. "화자나 청자가 하나의 문법적 표현을 동일한 방식으로 이해할 수 있다는 가정에서 출발해야 한다."(하버마스, 2007:39) 한국의 언어 환경은 이 진술에 정면 배치된다.[15] 하버마스가 작업한 환경인 독일어의 문법구조라고 해서 크게 다를 리 없다. 오히려 하나의 문법을 동일한 방식으로 '이해해야만' 의사소통 과정에 참여할 최소한의 자격을 얻을 뿐이다. 공동체 구성원들이 의사소통을 해서 합의에 도달해야 한다는 사실에 합의했다면, 각 구성원은 문법구조를 미리 익혀야 한다.

과감한 시도를 하느라 이론구성의 시작부터 끼어든 비합리적 전제를 교정하지 못한 까닭에 하버마스의 의사소통행위이론은 끝내 언어이론의 '전복된' 양태를 구현하고 만다. 현대 언어이론은 오히려 합리적인 합의과정에 제동을 걸 언어의 가능성에 주목하는 경향이 강하다. 문법의 로고스를 개별적인 여러 요인으로 비틀어 그사이에 생기는 틈새를 문장에 편입하거나 아니면 동어반복을 통한 잉여를 발생시키는 등의 수사학적 전략이 구사되고 있다. 독일어를 못하면서도 독일에서의 생활이 가능한 것은 소비와 노동 등을 통한 사회 시스템에 '물리적'으로 참여한 덕분이다. '언어적' 참여는 사회적 합의와는 다른 차원의 일이라고 보는 편이 더 타당하다.

하버마스가 이런 무리를 감행하면서까지 '언어적 참여'에 기대를 거는 까닭은 탈형이상학의 시대에 개별과 보편의 매개를 반드시 성사시켜보겠다는 의지를 지녔기 때문이다. 그리고 이 부분은 나름의 타당성을 지닌 합리적 근거를 토대로 진행된다. 하버마스가 보기에 언어는 실천이성의 규범이 사회체계로 흘러들어갈 유일한 가능성이다. 근대성의 기획이 역사철학적 임무를 수행해온 문명의 역사에서 현 단계는 분화된 세 영역의 폐쇄성과 비동시성, 비균질성도 문제이지만, 무엇보다도 이성의 계몽이 '아직' 침투하지 않은 혹은 근본적으로 침투할 수 '없는' 인간의 자연에 결정적으로 발목이 잡혀 있다. 하버마스가 생활세계(Lebenswelt)라 명명한 이 부분은 역사철학적 기획이 진전될수록 계몽된 '체계'로부터 더 심하게 분리되어 "가난해진다."[16]

망가질수록 야만스러워지는 자연이 체계의 작동을 근본적으로 무력화할 것이라는 우려가 이따금 현실로 되는 경우를 현대인은 여러 차례 경험하였다. 이런 사태에 직면하여 아도르노는 체계의 계몽활동 자체를 되돌아보자고 호소하지만, 하버마스는 체계와 생활세계의 "경첩"[17]을 찾아 궁극적인 파국은 피하면서 더 나은 상태로 가야 하지 않겠느냐는 입장이다. 따라서 하버마스가 내세우는 합리적인 의사소통이란 개인과 개인 사이의 구체적인 상황에서의 대화라기보다는 사회 시스템에 개인의 '자연'을 등록하는 과정에 해당한다. 구체적이고 개별적인 대화에서의 합의 여부와는 별도로, 발화자의 "일상 언어가 특수한 코드"[18], 즉 체계의 언어 속으로 번역된다면, 이 발화자는 체계의 합리성을 일방적으로 받아들여야 하는 현 단계 문명사회에서 생활세계에 속한 자신의 '자연'을 부분적으로나마 체계 속으로 관철했다고 할 수 있다.

하버마스는 사법조직에서 그 가능성을 본다. 근거는 법의 이중적 위치에 있다. 법 역시 체계의 일부이지만, "일상언어적 메시지에 귀를 닫아버린 화폐와 행정권력 같은 조정매체"가 생활세계적 의사소통을 중단시키는 지점에서 그 조정의 여지를 다시 여는 공적 기관이기 때문이다. 그러므로 일상 언어는 "조정매체와 소통할 수 있는 법에 의존해야 한다."[19]

하버마스의 근대성 기획은 근본적으로 칸트의 이원적인 철학체계에 근거한다. 현상계에 인식으로 등록된 대상이라 하더라도 그 이면에는 물자체가 배경으로 버티고 있다는 초월철학 구도에서, 현상계와 물자체는 인간의 인식능력에 대해 완전히 별개의 것으로 자신을 드러낸다. 하지만 대상 자체로서는 통일된 것이다. 인간의 인식능력이 그렇게 갈라놓을 뿐이다. 계몽이 인간중심주의 패러다임을 경험세계에 적용한 결과 나타난 분열이지만, 그렇다고 통합의 가능성이 아주 없는 것은 아니다. 『판단력비판』은 이 사실을 논증한다. 인간이 아름다운 사물을 마주했을 때 마음에서 일어나는 쾌감은 계몽된 두뇌가 분열을 넘어서 통합의 순간을 확인했다는 증거다. 그런데 하버마스는 이질적인 두 영역을 매개하는 이 논리를 예술이 아닌 법에 적용한다.

이 '매개의 논리'는 실제로 고전관념론의 구도에서만 나올 수 있다. 플라톤의 관념론에서는 이념과 가상 사이에 매개란 없다. 반면 계몽주의 문화운동의 성과를 받아들여 이념을 현실에 실현하려는 이상주의적 의도로 추진된 독일관념론은 지상에 유토피아를 실현하겠다는 사회적 기획의 철학적 이론화였다. 그래서 이념의 현실적 실현 가능성을 점검하는 한편 그 결과 현실적 관계들의 이상화로 치달았다. 근대주의에 대한 비판은 따지고 보면 현실을 이상적인 상태로 만들려고 하는 인간의 의지에 대한 비판이라고도 할 수 있다. 이런 견지에서 보면 하버마스는 전형적인 근대주의자다. 사실성과 타당성의 매개범주로서 법을 논구하면서 의사소통적 이성이 시민의 일상을 "학습과정"[20]으로 견인할 것이라 믿는다.

사회적 분화와 인간존재의 분열이라는 근대의 병을 치유하기 위해 시작한 이론구성이므로 '통일된 상태'를 향해 이상화하는 논리를 전개한다고 해서 문제가 될 것은 없다. 이념으로서의 '통일'과 현실적인 '분열'이 초월관계를 이루면서 시민들의 일상을 긴장시켜야 난관을 타개할 동력형성도 기대해볼 수 있기 때문이다.

납득하기 힘든 부분은 이념이 현실로 침투하는 과정이다. 하버마스는 의사소통적 이성이 실천이성의 규범을 선험적 강제성이 약화된 상태에서 현실관계 속으로 끌어들이기 바란다. 언어가 행위규범의 원천은 아니지만, "이해의 보편적 지평을 형성"[21]하는 일상 언어가 규범적 부담을 과도하게 진 채 이상화를 이루어내면, 즉 "발화할 때 맥락을 초월하는 타당성 주장도 함께 제기"해서 "청자에게도 책임이 있다고"[22] 하는 수준에서의 자율성과 진실성을 합의과정에 도입한다면 생활세계의 규범을 체계로 이전하는 일이 가능하다. 보편언어를 특수언어로 번역해내면 되는 것이다. "전략적으로 행동하는 사람도 항상 등 뒤에서는 생활세계적 배후근거를 갖고"[23] 있기 때문에 그 사람의 언어가 보편과 특수의 매개자로 기능할 수는 분명 있다.

문제는 하버마스의 경우, 단순한 의식상의 매개가 아니라 실천이성 규범이 체계로 편입되는 성과를 거두어야 한다는 데 있다. 따라서 화폐와 행정권력이라는 조정매체의 인가를 받아야 한다. "생활세계로부터 분화되어나온 경제체계와 행정체계의 작동은 법의 형식 속에서 이루어지기 때문에"[24] 기존 체계의 인가를 받기 위해 규범은 법에 의존해야 한다. 규범적 내용의 메시지들이 "생활세계와 체계에 같은 정도로 열려 있는 복잡한 법 코드 속으로 번역되지 않는다면, 그 메시지는 매체에 의해 조정되는 행위영역에서는 쇠귀에 경 읽기로 끝날 것이다."[25]

하버마스의 이론구성에서 결정적인 오류는 '매개'를 형이상학적으로 이해하였다는 데 있다. 인간은 이질적인 두 영역을 정신적으로 동시에 표상할 수 있지만 형이상학적으로 완전히 다르다고 판명된 두 사안을 현실에서 연결할 수는 없다. 하버마스도 이 사정을 잘 알고 있다. 그래서 결국 조정매체의 인가를 받아야 함을 역설하였고, 법의 이중성을 그토록 열심히 논구하였다. 하지만 생활세계를 식민화한 체계가 인가과정에서 너그러워질 수 있을까? 체계는 생활세계를 포섭해내면서 자신을 계몽의 첨병이라 여기지 지배자라 생각하지 않는다. 합리화란 비인격적인 과정으로서 자기반성을 모르기 때문이다.

그렇다면 문명의 성격을 너무도 잘 알고 있는 자본과 권력이 하버마스에 주목할 이유는 충분하다. 법을 중립지대에 놔두면 절대 안 되는 것이다. 물론 하버마스의 도움 없이도 자본과 권력은 이미 오래전에 스스로를 소수정예로 가다듬어 생활세계의 접근을 "쇠귀에 경 읽기"로 만들었지만. 실천이성의 요구가 형이상학적으로 매개되어 현실에서 작용력을 행사할 가능성이 부재함을 확인해주는 하버마스의 이론구성은 역설적인 방식으로나마 스승 아도르노의 입장을 주목하게 만든다. 판단력의 활동이 요청되는 지점을 명시해주고 있기 때문이다. 아도르노의 『부정변증법 강의』를 편집한 티데만이 지적한 사항은 옳다. 아도르노가 예기치 않게 죽은 후 유고로 남은 『미학이론』 원고를 아도르노의 부인 그레텔과 함께 편집하고, 오랜 기간 강의록 출간작업에 참여한 그는 『부정변증법 강의』 편집자주에서 『미학이론』의 한 구절을 인용하면서 다음과 같이 해설하고 있다.

"아도르노의 책 『키르케고르』[26]에서 정신은 자신의 실제 내용인 자연을 깨우치고 신화적 정신으로 각성하는데, 이 자연속성이 모습을 드러내는 신화적 형태들은 정신이 자연적인 것에 속해 있었음에 대한 기억이다. 신화는 나중에 「Kiergaard noch einmal」이라는 논문에서 표현하고 있듯이 자연 안에 들어 있는 다자(Vielen)의 저항이다. 일자(das Eine)인 로고스에 대한, 논리적 통일성에 대한 저항을 의미하며, 자기 스스로를 일자로 알고 통일을 만들어내는 정신의 지배원칙에 대한 저항을 의미한다. 그러나 신화적인 정신으로서 정신이 되돌아가고자 애쓰는 자연에는 화해의 여지가 거의 없다. 아도르노에 따르면 자연은 '자연적인 지배의 영역'이며, 지배 자체다. 자연의 저항 역시 지배원칙에 그대로 귀속된다. 그러므로 자연의 지배는 정신의 지배에 비해 결코 더 화해적이지 않다. 반대로 자연의 지배가 원형이다. 정신의 지배가 자연의 지배를 모방하는 것이다. 그러므로 아도르노의 철학은 지배 자체에 대한 이의제기라는 주제를 끝없는 변주로 반복하게 된다. 단지 예술에서만 무언가 다른 것이 등장한다. 성공한 작품들이 대립각을 세우는 곳은 "자연을 지배하는 이성(ratio)이 머무는 곳, 즉 그 작품들의 바깥쪽이며, 그래서 일종의 대자(Für sich)로 된다. 그런데 미적 이성은 이 자연을 지배하는 이성에서 발현해 나오는 것이다. 지배를 거스르는 예술작품의 적대는 지배에 대한 미메시스다. 예술작품들은 지배의 세계와 질적으로 다른 무언가를 생산하기 위해 자신을 지배적인 행동거지(Haltung)와 닮도록 한다. 존재자를 거스르는 예술작품에 내재하는 논쟁적인 행동거지가 그 존재자를 지배하면서 그것을 그저 단순히 존재하는 것으로 만들어서 질을 탈각시키는 원칙을 자기 속으로 흡수해 들이는 것이다. 미적 합리성은 저 밖에 있는 자연지배의 합리성이 만들어 내놓은 것을 원래대로 되돌려놓으려한다.'"(『부정변증법 강의』, 26~27쪽)

전망모색을 위하여

한국에서 발표된 비판문법에 관한 연구들은 오랫동안 아도르노가 마르크스에서 하버마스로 이어지는 비판문법의 발전을 다시 주체철학적 패러다임으로 후퇴시켰다는 논지로 일관하였다. 최근 아도르노는 비동일성의 사상가인 반면 하버마스는 동일성의 체계주의자라는 사실에 주목하는 연구들이 등장하기 시작하였지만, 비동일성/동일성의 의미와 내포가 명확하게 인지되고 있지는 않은 것 같다. 이 두 개념의 켤레는 근대성의 원형을 이루는 독일 비판철학 전통이 현대에 들어와 서로 엇갈리게 된 지점을 심도 있게 천착하는 가운데 비로소 그 짜임관계가 제대로 드러날 수 있다.

결정적인 차이는 인간의 '감성'을 이론의 전체 구상에서 어떻게 자리매김하는가에 달려 있다. 하버마스의 '의사소통이성'은 결국 칸트가 도식화한 '실천이성'의 유연화에 해당한다. 반면 아도르노는 20세기에 판단력을 다시 활성화할 계기로 예술론을 적극 사유하였다. 하버마스 역시 초기 근대성 관련 연구들에서는 예술을 같은 비중으로 다루면서 과학, 도덕, 예술의 독자성을 유지할 필요가

있다고 주장했었다.(특히 논문 「근대성-미완의 기획」 참조)

그러다가 차츰 예술에 본질적인 감성의 우연성을 철학이라면 배제해야 한다는 식의 논지로 이동했는데, 무엇보다도 이론이성, 실천이성, 판단력으로 분화해나간 인간의 이성능력들을 실천이성의 규범적 힘으로 통합하려는 구상을 가지고 있었기 때문이었다. 우리는 근대 계몽의 기획이 2세기도 넘게 추진되는 과정에서 인간의 머리와 마음이 매우 비대칭적으로 발전해나간 상태임을 인정해야만 한다. 그 토대 위에서 사회이론이든 예술론이든 전개하지 않으면 안 된다. 하버마스의 이론에서 예술이 탈락되는 과정은 실천이성의 규범에 따르는 매우 논리적인 귀결이었다.

하지만 우리는 논리적 수미일관성을 위반하는 감성의 우연성을 체계와의 비동일성으로 의제화해서 이론구성의 중심에 세운 아도르노의 비판이론에 좀 더 많은 관심을 기울일 필요가 있다. 21세기의 현실은 체계가 그리 만족할 만한 질서를 유지하지 못하며, 그래서 도대체 '체계'라는 것이 믿을 만한 것인지 묻지 않을 수 없게 만들고 있다. 18세기 이래 철학자들이 그토록 심혈을 기울여 구상했던 '사회'라는 '전체'가 억압의 기제로 앙상한 거푸집만을 노출하고 있기 때문이다.

아도르노의 이론적 관심을 한마디로 요약하면, 개인의 주관성을 존중하면서도 전체 구성원들 사이의 질서를 유치할 수 있는 어떤 '체계 같은 것' 혹은 '체계의 네거티브(陰畵)'를 수립할 가능성에 해당한다. 이 난제(Aporie)를 천착해서 인간에 대한 이해를 심화한다는 측면에서 예술론은 현 단계 인문학이 집중적인 관심을 기울여야 할 영역이다.

비동일자를 계몽하는 사회이론은 어쩌면 불가능한 것일 수도 있다. 어쨌든 사회는 합의도출 과정이라도 내세워, 계속 구성 중이라는 인상이나마 구성원들에게 제시해야 하기 때문이다. 인문학도의 고민은 여기에서 시작된다. 그래도 사회가 합리적으로 운영되고 있다는 인상을 줄 수 있는 방도를 고안해내야 하는 사회이론에 대해 비동일자를 전면에 내세우는 예술이 어떤 태도를 취할 것인가의 문제다. 예술이 사회이론을 아예 고려 대상에서 제외하는 방법도 있을 수 있다. 하지만 비판문법을 현대화한 아도르노는 예술이 사회이론과 연대해야 한다는 생각을 고수하였다.

개인이 주체구성 과정에서 겪게 되는 문제를 사회화하는 일은 칸트 이래로 예술이 담당해야 할 몫이었다. 아도르노는 근대예술 초기의 구도에 다시 한 번 주목하였다. 왜 칸트가 그런 구도를 고안해낼 수밖에 없었는지, 예술에 문외한이었던 칸트가 왜 마지막에 『판단력비판』을 쓸 수밖에 없었는지, 근대의 기획 자체에 대한 반성이었다. 결론은 예술이 사회구성에 깊이 관여할 수밖에 없다는 것이었다.

오늘날 예술은 모두 빈곤한 상태에 빠져 있지만, 벡이 자신의 전공 분야에서 자체 반성을 했듯이 아도르노 역시 철학과 예술의 빈곤을 논한다. 역시 자체 내에서 힘을 끌어올려야 한다.

"철학, 아니 이론적인 관념 모두에 대해서는 이렇게 말할 수 있을 것이다. 단지 개념만을 좌지우지할 수 있다는 점에서 일종의 관념론적 예단(Vorentscheidunt)에서 자유로울 수 없다고 말이다. 오로지 개념을 통해서 철학은 개념들이 지시하는 바를 다룰 뿐으로 스스로는 그 지시를 소유할 수 없다. 이렇게 해서 비진리와 죄과가 철학에 부과되면, 철학은 그래도 가능한 대로 바로 세워보려는 시시포스 작업에 돌입하게 된다. 철학은 개념의 존재적 기반을 텍스트들 속으로 갖다 붙일 수 없다. 철학이 그에 대해 말하게 되면, 그러면 철학은 이미 거기에서 그것을 드러내려는 무엇으로 그것을 만들어놓는다."(ÄT, p.382~383)

"사회적으로 전통적인 예술에서는 이제 더 이상 가능하지 않게 된 것의 경우, 그렇다고 해서 진리를 모두 침해당하는 것은 아니다. 그와 같은 것들은 부정을 통하지 않고는 생동하는 의식에의 접근이 불가능한 역사적인 암석층 속에 가라앉게 되는데, 이런 침전물이 없다면 예술은 불가능할 것이다. 자연과 작품을 꼭 그렇게 엄격하게 구분하지 않으면서 아름다움이란 무엇인지를 무언으로 지시하는 퇴적층이다. 예술의 진리가 넘어가버린 파괴적인 계기와 상반되는 이 계기는 형성하는 힘으로써 자신이 놓치고 있는 무언가의 폭력을 인정하는 가운데 지속된다. 이러한 이념을 유지하는 가운데 예술은 평화에 근접한다. 평화에 대한 전망이 없다면 예술은 미리부터 화해를 시켜놓을 때와 마찬가지로 비진리로 될 것이다. 예술에서의 조화미(Das Schöne)

는 현실적으로 평화로운 상태에 대한 가상이다. 형식이 지니는 억압적인 폭력도 평화로운 상태와 대립적인 상태를 결합하는 가운데 현실적인 평화를 지향한다."(ÄT, p.383)

주註

생애와 시대

1 Wiesengrund는 목초지라는 뜻으로 이런 직업적 배경과 관련된 듯하다. 아도르노는 모계의 성인데, 처음에는 Wiesengrund-Adorno로 병기하다가 미국에 망명하면서 모계성만 따랐다. 1938년 11월의 대탄압 직전 미국으로 건너온 아도르노한테 유대계 성을 포기하라는 권고가 있었다고 한다. 미국이 유대인 이민자 수를 제한하는 정책을 펴고 있었기 때문에 한 명이라도 미국 내 유대인 수를 줄일 필요가 있었다. W. Adorno는 전쟁이 끝나고 독일로 돌아와 유명해지면서 공식화한 이름이다.

1 비판이론이란 무엇인가

1 에릭 홉스봄, 정도영·차명수 옮김, 『혁명의 시대』, 파주: 한길사, 2012, 108쪽.

2 같은 책, 107쪽.

3 임마누엘 칸트, 이한구 편역, 『칸트의 역사철학』, 서울: 서광사, 1992, 13쪽.

4 같은 책, 21쪽.

5 Michel Foucault, Walter Seiter 옮김, *Was ist Kritik?*, Berlin: Merve, 1992, 22쪽 참조.

6 자크 아탈리, 이효숙 옮김, 『마르크스 평전』, 서울: 위즈덤하우스, 2006,

222쪽.

7 프랜시스 윈, 정영목 옮김, 『마르크스 평전』, 서울: 도서출판 푸른숲, 2001, 185쪽

8 하인리히 겜코브, 김대웅 옮김, 『맑스 엥겔스 평전』, 서울: 시아출판사, 2003, 237쪽.

9 Theordor W. Adorno Archiv(Hrsg.), *Adorno, Eine Bildmonographie* (Frankfurt am Main: Sunrkamp, 2003), p.292. 원본은 막스 호르크하이머 문서실에 보관된 타자원고다.

2 계급론과 욕구론

1 Rolf Tiedemann(Hrsg.), Theodor W. Adorno, *Gesammelte Schriften*, Band 8, Soziologische Schriften 1(Frankfurt am Main: Suhrkamp, 1996).

2 "Spätkapitalismus oder Industriegesellschaft?" in: Rolf Tiedemann(Hrsg.), Theodor W. Adorno, *Gesammelte Schriften*, Band 8, Soziologische Schriften 1 (Frankfurt am Main: Suhrkamp, 1996), pp.354~370.

3 「아시아 경제」 2014년 7월 28일 기사.

4 Rolf Tiedemann(Hrsg.), Theodor W. Adorno, *Gesammelte Schriften*, Band 8, Soziologische Schriften 1(Frankfurt am Main: Suhrkamp, 1996), pp.373~391.

5 Rolf Tiedemann(Hrsg.), Theodor W. Adorno, *Gesammelte Schriften*, Band 8, Soziologische Schriften 1(Frankfurt am Main: Suhrkamp, 1996), pp.392~396.

3 질풍노도는 필연이다

1 요한 볼프강 폰 괴테, 박찬기 옮김, 『젊은 베르테르의 슬픔』, 서울: 민음사, 2002, 11쪽.

2 카를: "법률이 위대한 인간을 만들어낸 적도 없지만, 자유는 위대하고 비범한 인간을 낳았지." (프리드리히 실러, 김광요 옮김, 서울: 한국문화사, 1995, 39쪽.)

3 이른바 '철학의 세기'로 명명되기도 하는 18세기가 대중적인 문화운동의 시기가 될 수 있었던 데에는 카시러의 고찰대로 이 시기가 데카르트, 라이프니츠, 스피노자의 17세기와 달리 철학적 체계완성이나 엄격성을 추구하지 않고 좀 더 '구체적이고 생동적으로' 구성되어야 하는 철학개념을 요청하면서 뉴턴의 분석을 사유의 모델로 삼았다는 사정도 크게 작용한다고 해야 할 것이다. "여기에서 자연과학은 근대 분석적 정신의 승리를 차근차근 일궈낸다." (Ernst Cassirer, *Philosophie der Aufklärung* (Hamburg: Meiner, 1998, pp.7~10.) 실제로 당시 사회적 계몽의 관건이었던 '미신타파'는 인간의 감각적 지각이 철두철미 자연과학적 분석에 근거해야 함을 요청하는 문화운동이었다.

4 자유주의와 파시즘

1 게오르크 뷔히너, 「당통의 죽음」, 홍성광 옮김, 『보이체크, 당통의 죽음』(줄임표기: 「당통」), 118쪽, 서울: 민음사, 2013.

2 "헤겔은 어디에선가 세계사에서 막대한 중요성을 지닌 모든 사건과 인물들은 반복된다고 언급한 적이 있다. 그러나 그는 다음과 같은 말을 언급하는 것을 잊었다. 한번은 비극으로, 다음은 소극(笑劇)으로 끝난다는 사실 말이다." 마르크스, 『루이 보나파르트의 브뤼메르 18일』 제1장.

3 Max Horkheimer & Theodor W. Adorno, *Dialektik der Aufklärung* (Frankfurt am Main: Fischer, 1969), pp.99~100.

4 같은 책, 10쪽.

5 같은 책, 14쪽 참조.

6 독일어로 오성은 남성명사이고 본성은 여성명사다. der Verstand가 die Natur der Sache를 지배한다는 뜻.

7 이 '항변'에 대한 '변론'은 「아도르노 '더' 깊이읽기 ①」에서 서술.

8 Max Horkheimer & Theodor W. Adorno, *Dialektik der Aufklärung*(Frankfurt am Main: Fischer, 1969), p.10.

9 같은 책, 46쪽.

10 같은 책, 3쪽.

11 같은 곳.

12 같은 책, 50쪽.

13 같은 곳.

14 같은 곳.

15 같은 책, 6쪽.

16 『계몽의 변증법』은 호르크하이머와 아도르노의 공저이지만, 기여한 지분은 조금씩 편차가 난다. 논문 「계몽의 개념」은 명실상부한 공동작업이었고 첫 번째 보론은 아도르노가, 두 번째 보론은 호르크하이머가 각각 분담한 작업이라고 알려져 있다. Müller-Dohm의 아도르노 전기 참조.

17 Max Horkheimer & Theodor W. Adorno, *Dialektik der Aufklärung*(Frankfurt am Main: Fischer, 1969), p.50 참조.

18 호메로스, 천병희 옮김, 『오뒷세이아』, 고양: 도서출판 숲, 2006, 36행 266쪽~202행 273쪽.

19 Max Horkheimer & Theodor W. Adorno, *Dialektik der Aufklärung*(Frankfurt am Main: Fischer, 1969), p.6.

20 같은 책, 14쪽.

21 같은 책, 15쪽.

22 가장 압축적인 진술은 18쪽의 "신화는 이미 계몽이었다. 그리고 계몽은 신화로 돌아간다"다.

23 Max Horkheimer & Theodor W. Adorno, *Dialektik der Aufklärung*(Frankfurt am Main: Fischer, 1969), p.97.

5 이성의 자연지배

1 남성명사 der Verstand(오성)가 여성명사 die Natur(본성)를 지배한다는 뜻.

2 철학적 미학에서 동양의 예술에 대한 평가. 특히 헤겔은 중국예술을 정신의 미분화된 상태로 보았다.

3 Max Horkheimer & Theodor W. Adorno, *Dialektik der Aufklärung* (Frankfurt am Main: Fischer, 1969), p.9.

4 같은 곳.

6 부정변증법

1 Theodor W. Adorno, *Negative Dialektik* (Frankfurt am Main: Suhrkamp, 1975), p.144.

2 같은 책, 5쪽.

3 같은 책, 156쪽.

4 같은 책, 157쪽.

5 같은 책, 209쪽.

6 같은 책, 57쪽.

7 같은 책, 100쪽.

8 같은 곳 참조.

9 역사학자 홉스봄은 마르크스주의를 독일관념론의 이념을 현실에서 실현하기 위한 기획이었다고 평가한다. 프랑크푸르트학파의 비판이론은 마르크스주의가 한계에 부딪힌 바로 그 지점에서 시작하여 계급투쟁의 전망은 폐기하는 대신 인간의 자기실현과 평등한 공동체 형성 전망은 유지한다. 이런 견지에서 관념론의 이념실현을 위한 재시도로서의 비판이론이라는 평가는 충분히 가능하다. Eric Hobsbawm, "Einleitung," In: K. Marx & F. Engels, *Das Kommunistische Manifest* (Hamburg · Berlin: Argument, 1999), pp.7~38 참조.

7 비동일자의 예술

1 Geschmacksurteil(taste). 한국의 공론장에서 일반적으로 취미판단이라고 일컬어지는 이 단어를 '감식판단'이라고 옮기는 근거에 대해서는 이순예, 『예술과 비판, 근원의 빛』 참조. 독일어 Geschmack을 칸트는 '임의적으로 마음에 드는'이라는 의미가 아니라 오성의 한계를 섬세하게 의식하는 능력이라는 의미로 사용하였다.

2 이 문장의 독일어 원문은 "Die Urteilskraft versachfft ……ihrem übersinnlichen Substrat(in uns sowohl als außer uns) Bestimmbarkeit durch das intellektuelle Vernögen"이다. 여기에서 Bestimmbarkeit를 '규정될 수 있도록 만든다'로 백종현처럼 번역하면 칸트의 언어로 '다리를 놓는' 일이 될 것이다. 인식 활동에 의한 규정이 아닌 의식되는 수준에서의 '매개활동' 차원에 그치는 상태임을 고려할 필요가 있다. 칸트철학체계에서 비판과 형이상학이 갈라지는 지점이기도 하다. '규정가능성'은 형이상학적 규정성에서 벗어난 채 형식규정으로 남아 있어야 한다. 이 형식적 가능성을 가상의 세계에서 실현하는 것이 예술작품이다.

3 여기에서 '자유'라는 말은 합법칙성의 지배를 받는 오성인식의 대상으로서의 자연이 지닌 완고한 면모와 대비되어 쓰이고 있다. 자연법칙의 지배에서 벗어나 있다는 의미에서 자유롭다는 말을 사용하면서 카울바흐(Kaulbach)는 이 '우연적'인 자연대상들이 초월철학으로 하여금 지금까지 추진해온 비판의 '고정된' 두 영역에서 눈을 돌려, 이성이 실천이성의 영역으로 '넘어서는 과정'(Übergang)을 인지하도록 한다고 정리한다. 이제 이성은 우연적이고 규정 불가능한 대상들을 체계적으로 통일할 수 있는 퍼스펙티브를 발전시켜야 하게 되었다. 이는 판단력이 법칙을 부여하는 영역에서 이루어지게 되며, 이 영역의 사유 가능성을 특징짓고 경계를 설정하는 일이 독특한 비판 프로그램인 판단력 비판의 과제로 된다. Vgl. Friedrich Kaulbach, *Ästhetische Welterkenntnis bei Kant*(Würzburg: Königshausen&Neumann, 1984), p.15.

4 그리고 정말 순간적일 뿐이다. 시원한 속도와 멋진 안무로 우리에게 즐거움을 선사한 김연아 선수의 경기를 촬영한 영상 중에는 김 선수가 공중에 떠 있는 순간을 포착한 장면이 있다. 김연아 선수의 공중부양을 정지시킨 것은 사진의 착시효과이지만, 이런 혼동으로 정말 이 순간이 찰나에 불과함을 설득하는 효과를 과시한다. 이 찰나가 지나면 김 선수는 스케이팅의 속도로 몸의 무게를 감당해야 한다. 속도와 무게의 균형이 깨지면 바닥에 내려앉는다. 몸은 자신이 물질임을 증명하기 위한 순간을 절대 소홀히 하지 않는다.

5 Immanuel Kant, *Kritik der Urteilskraft*(Hamburg: Meiner, 1990), pp.151~152, B 168.

6 한국어로 아름다움을 뜻하는 미(美)라는 단어가 '미학'이라는 분과학문의 도입과 더불어 독일어 ästhetisch와 구분되지 않고 쓰이고 있다. 아름다움에 해당하는 'schön'이라는 독일어 역시 우리말의 '예쁜'이라는 뜻과는 거리가 멀다. 우리말로 옮길 때 ästhetisch는 '미'로, schön은 미학범주로 명사화되어 Das Schöne라는 중성명사가 된 경우는 '조화미'로, Schönheit라는 여성명사로 쓰일 경우는 '아름다움'이라고 번역하였다.

7 아도르노 역시 독일 철학자답게 하나로 통일되어 있던 문명 이전 상태에서 둘로 분화되어(Entzweiung) 분열을 거듭하는 문명단계로 인류의 역사가 이전되었다는 관점을 견지한다. 과거 하나였던 상태가 이념형으로서의 자연(Natur)개념을 이룬다. 분열된 세계상태에서 사는 문명인이 자연을 돌아가야 할, 소외가 극복된 상태로 떠올린다면 이는 분석하고 처리해서 이용하는 소재로서의 자연과는 다른 개념이다. 구분 지을 필요가 있을 경우 필자는 '이념형으로서의 자연'이라는 용어를 쓸 것이다. 여기에서 자연의 약속이란 문명화된 사회관계 속에서 일상을 영위하는 사람들이 눈앞에서는 볼 수 없어 아예 잊어버릴 위기에 처해 있는 존재의 근원을 자연이 지시해준다는 맥락에서 이해해볼 수 있다. 자연조화미의 예술작품은 이 약속을 문명화된 실내로 끌어들이기조차 한다.

8 철학적 미학

1 송호근, 『공론장의 역사적 형성과정: 왜 우리는 不通社會인가』, 한국언론
학회 심포지엄 발표문, 2011, 47쪽.

2 Jürgen Kocka(ed.), *Bildungsbürgertum im 19. Jahrhundert, Teil 4: Politischer Einfluß und gesellschaftliche Formation*(Stuttgart: Klett-Cotta, 1989), p.237.

3 벤야민에 대한 안타까움을 아도르노는 같은 책 86쪽에서 계속 표명한다.
"여기에 대해서는 벤야민이 초기에 크게 강조해서 한 말을 다시 한 번 꺼
내볼 수 있을 것입니다. 그때 벤야민은 체계로서가 아닌 철학은 가능하지
않다고 했습니다. 그리고 나선 정작 자기는 이런 통찰로부터 이탈해서 다
른 길을 갔는데, 그 길은 참으로 매우 어렵고 고통스러웠으며 그리고 그 결
과 또한 무척이나 파편적으로 남았습니다."

4 같은 책, 81쪽.

5 같은 책, 85쪽.

6 같은 책, 85쪽.

7 같은 책, 107쪽.

8 테리 이글턴, 방대원 옮김, 『미학사상』, 서울: 한신문화사, 1995, 13~14쪽
참조.

9 자율예술과 문화산업

1 Theodor W. Adorno, *Ästhetische Theorie*(Frankfurt am Main: Suhrkamp, 1990), p.9.

2 같은 책, 340쪽. "예술의 이중성 즉 자율성과 사회적 사실이라는 특성은
두 영역의 확고부동한 상호의존성과 갈등 속에서 거듭 드러난다."

3 제8장 참조.

4 제4장 참조.

5 독일어로 처음 발표된 해는 1967년이다. 영문은 다음과 같다. "The term

culture industry was perhaps used for the first time in the book Dialectic of Enlightenment, which Horkheimer and I published in Amsterdam in 1947. In our drafts we spoke of "mass culture." We replaced that expression with "culture industry" in order to exclude from the outset the interpretation agreeable to its advocates: that it is a matter of something like a culture that arises spontaneously from the masses themselves, the contemporary form of popular art. From the latter the culture industry must be distinguished in the extreme."

6 대중서를 쓰면서 무책임할 수 있는 저자의 태도는 벤야민과 아도르노의 '고민'을 공유하지 않은 결과에서 비롯된다고 할 수밖에 없다. 파시즘으로 가시화된 대중사회의 병리적 퇴행(파시즘)을 앞에 두고 심각한 고민에 빠졌던 두 사람의 고민이 늘 같은 궤적을 보이지는 않았지만, 치열함의 강도에서는 우열을 가리기 힘들다. 부록에 수록한 아도르노의 서신에서 우리는 그 치열함을 확인할 수 있다. 저자가 벤야민과 아도르노의 '세기적' 고민을 선택의 문제로 치환할 수 있었던 까닭에는 물론 한국학계의 관행도 일부 작용하였다. 주변에서 입수 가능한 자료들을 모아 분류·가공하는 작업을 학문의 대중화로 이해하는 경향이 그동안 거셌기 때문이다. 이러한 유혹에 굴복한 저자는 진보의 관점에서 서구의 사상을 쉽고 재미있게 한국사회에 전달하고자 하는 의지에 함몰되어 있었다. 그런데 그러한 의지야말로 벤야민과 아도르노가 그토록 경원시했던 '동일성 사유' 바로 그것이다.

10 예술론과 사회이론

1 『담론 201』 제13권 제1호 통권37호(한국사회역사학회, 2010년 2월), 5~33쪽.

2 테오도르 아도르노, 홍승용 옮김, 『부정변증법』, 서울: 한길사, 1999, 23쪽.

3 Ulrich Beck, *Weltrisikogesellschaft* (Frankfurt, Main: Suhrkamp, 2008), 제1

장 첫 단락의 소제목이 상징적이다. "파국의 예견이 세상을 바꾼다," 13쪽.

4 같은 책, 13~17쪽.

5 같은 책, 406~407쪽.

6 벡은 콩트와 뒤르켐 같은 사회학자들의 우려가 기우였음을 지적한다. 그들은 합리적인 사회질서를 구축하고 통합하는 일이 쉽지 않다고 걱정하는 편이었다. 하지만 현실은 오히려 베버의 우려대로 되지 않았는가? 인간이 합리화에 박차를 가한 끝에 승리하여 제 손으로 감옥 같은 세상을 만들어 놓은 것이다. 위험마저도 유용성의 관점에서 제압할 정도로 합리성의 자기통제가 극대화될 것이라고 내다보았던 베버와 달리 벡은 불확실한 것, 의도하지 않은 것, 계산되지 않은 것 등이 재난과 선취되지 않은 가능성들의 발원지가 될 것이라고 확신한다. 사정이 이러하기 때문에 통제합리성이라는 근대의 주도이념을 불신할 수밖에 없다는 입장이다. 그래서 "우리는 정말 모른다!"라는 케인스의 항의가 더 일리 있게 들린다면서 벡은 위험의 불확실성은 어떤 수단으로도 완화되지 않는다고 주장한다. 오히려 합리적인 통제의 노력들이 비합리적인, 계산불가능하고 예측할 수 없는 결과들을 새로 불러일으킬 뿐이다. 요즈음 우리의 삶이 근대적 조건에서 벗어났다는 포스트모더니스트들의 주장에 대해서 벡은 근거가 없는 것으로 일축한다(같은 책, 26, 43~47, 108, 352~355, 407쪽).

7 같은 책, 106쪽.

8 같은 책, 385쪽.

9 같은 책, 375~376쪽.

10 같은 책, 376쪽.

11 같은 책, 412쪽.

12 위르겐 하버마스, 한상진·박영도 옮김, 『사실성과 타당성』, 파주: 나남, 2007.

13 Die Moderne의 역어이다. 번역본에서는 '근대성', '근대', '현대' 등으로 다소 혼란스럽게 우리말을 채택하고 있는데, 모두 독일어 한 단어의 역어이므로 '근대성'으로 통일하는 편이 낫다고 생각한다. 의미상으로도 시간적

인 현재 혹은 동시대성을 뜻하는 것이 아니라 역사철학적 개념이다. '현대'는 적절하지 못한 번역이다.

14 Jürgen Habermas, *Die Moderne-ein unvollendetes Projekt*(Leipzig: Reclam, 1992)

15 문맥상 명백할 때 한국어에서 주어는 생략 가능하다. 하지만 갈등상황에서 얼마나 서로 다르게 '해석'되는지는 2007년 대선 당시 BBK 사건 당사자들 사이의 공방을 보면 금방 알 수 있다. '주어가 없다'는 정치가의 말은 언어의 정치적 도구화의 극단적인 일례이지만, 그 후 이와 같은 언어의 도구화 시대가 열렸다는 점에 사태의 심각성이 있다. 언어의 텔로스가 '상호이해'라는 전제에서 출발한다는 하버마스 이론구상의 전제는 한국의 정치적 공론장에서만큼은 해당되지 않음이 분명하다.

16 Jürgen Habermas, *Die Moderne-ein unvollendetes Projekt*(Leipzig: Reclam, 1992), p.41.

17 위르겐 하버마스, 한상진·박영도 옮김, 『사실성과 타당성』, 파주: 나남, 2007, 95쪽.

18 같은 책, 96쪽.

19 같은 책, 96쪽.

20 같은 책, 31쪽.

21 같은 책, 96쪽.

22 같은 책, 31쪽.

23 같은 책, 58쪽.

24 같은 책, 75쪽.

25 같은 책, 96쪽.

26 Theodor W. Adorno, *Kierkegaard, Konstruktion des Ästhetischen*, Gesammelte Schriften 2(Frankfurt am Main: Suhrkamp, 1990).

아도르노 사상이 위치하는 성좌

1. 아도르노가 속한 프랑크푸르트학파는 독일 노동운동의 전통을 계승 발전시키겠다는 투지가 충만했던 독지가 바일(Felix Weil)의 출자로 마르크스주의 전망을 사회연구에 적용하려는 목표를 가지고 출발하였다. 하지만 사회조사연구소(Institut für Sozialforschung) 설립과 더불어 곧 연구경향이 바뀌었는데, 무엇보다도 '사회적 노동' 패러다임으로 사회비판의 전망을 계속 유지하기가 불가능함을 직시한 까닭이었다. 파시즘의 등장과 대중사회로의 변화를 환경적인 요인으로 지적할 수 있다.

2. 아도르노와 호르크하이머가 함께 쓴 『계몽의 변증법』은 학파 내 패러다임 변화를 논증하는 강령서다. 이 책에서 저자들은 더 이상 노동관계에 포섭된 인간을 토대로 비판을 수행하지 않고, 그 대신 문명을 추진하는 이성의 자기파괴 과정을 추적하였다.

3. 이 학파가 수행한 패러다임 변화는 20세기에 인문학이 담당해야 할 과제가 무엇인지에 대한 예시가 될 수 있다. 사회적 노동에서 이성비판으로의 변화는 단순히 사회과학에서 인문학으로 관심이 이동하였음을 뜻하지 않는다. 사람들이 자신의 삶을 꾸려가고 더불어 살기 위해 사회를 구성하는 '방식'이 변화된 까닭에 문제가 드러나는 구도가 달라졌고, 비판의 전망을 유지하려는 연구자라면, 이 달라진 구도에 주목해야 함을 뜻한다.

4. 1970년대 이후 프랑크푸르트학파를 이끌어온 하버마스는 학파 1세대 사상가인 아도르노의 이성비판을 '비합리주의적 편향'으로 규정하고, 이성에 대한 신

뢰회복과 합리성 제고를 바탕으로 개인과 사회가 조화로운 관계를 유지할 수 있다는 믿음을 고수하였다.

5. 하버마스의 이러한 '믿음'은 '구조'와 '개인'을 결합할 수 있다는 희망 혹은 당위에서 비롯되었다고 판단된다. 그의 노력은 의사소통행위이론으로 결실을 맺었다.

6. 비판문법의 틀 안에서 의식철학으로부터 이른바 '언어적 전회'를 이루어낸 것으로 평가되는 하버마스의 의사소통행위이론은 언어적 소통이 소통 당사자들에게 가져올 사회적 결과에 주목하였다. 그런데 하버마스는 소통행위의 사회적 귀결이 소통 당사자들 사이의 합의의 망(網)에 머물 것이라 전제하고 이론을 전개하였다.

7. 인간의 인지활동과 사회적 행위를 결합하는 언어에 주목한 결과, 하버마스는 개별적 인식이 사회 전체와 크게 어긋나지 않는 이론을 구성할 수 있었다. 이는 과거 의식철학에서 헤겔이 내놓았던 '절대정신의 자기실현 과정으로서의 현실'이라는 구상과 같은 맥락이라고 판단할 수 있다. 헤겔의 경우에도 현실의 물질성을 정신에 날라다주는 매개는 언어였다.

8. 개인을 중심에 놓고 그 개인이 자신을 구성하면서 동시에 사회라는 연결망을 생산하는 과정을 이론구성의 대상으로 삼고 있다는 점에서 아도르노와 하버마스는 어쨌든 그 이전 세대에 비판문법을 구상한 철학자들과 근본적인 차이를 보여준다.

9. 아도르노와 하버마스의 차이는 '비판'을 수행하는 원동력 그리고 그와 결부된 전망에 있다. 이 점에서 두 사상가는 서로 화해할 수 없을 만큼 배치되는 관계에 있다.

10. 예술은 두 사상가의 차이를 가장 극명하게 보여주는 영역이다.

11. 아도르노는 비판의 원동력을 개인의 의식활동에서 찾는다. 따라서 비판의 전망이 구체제적인 형태로 제시되지 않아도, 개인은 계속 비판을 수행할 수 있다. 예술은 현실에 구체화되어 있지 않은 전망을 개인이 의식활동으로 포착하고 유지할 수 있도록 하는 '기관'이다. 이렇게 하여 아도르노는 다시 칸트의 구도로 회귀하는 경향을 보인다. 하지만 그동안 사회적 노동 패러다임의 연구성과를 자신의 이론구상에 접목한다. 그리하여 예술을 통해 개인은 '그릇된(falsch)' 사회, 즉 자본주의 사회 속에서도 온전한 주체를 소망할 수 있게 된다는 테제를 제출하였다.

12. 하버마스 역시 개인의 합리적 의식활동에서 출발한다. 하지만 개인의 의식이 사회적인 의미를 획득하기 위해서는, 일단 타인과 '의사소통'이라는 장치를 통해 걸러져야만 한다. 아도르노가 매우 중요하게 생각하는 개인의 '직접성'을 하버마스는 비합리적인 요인으로 이론구상에서 제외한다. 개인의 직접성이 사회적으로 표출되는 매개는 감성이다. 따라서 하버마스는 감성이 오성에 규제되어야 한다는 이론을 발전시킨다.

13. 하버마스가 이론구성에서 감성을 배제하는 과정은 매우 흥미롭다. 20세기 들어 개인이 사회구성에서 중요한 위상을 차지하게 됨을 인정하지 않을 수 없었던 하버마스는 초기에 감성을 적극적인 요인으로 받아들이고 예술에도 진지하게 접근한다. 하지만 곧 감성의 '우연성' 앞에서 후퇴하고 이론의 수미일관성을 위해 예술을 부차화한다. 예술 역시 의사소통적 차원에서만 논의된다. 그의 이론은 개인에 대한 '체계의 승리'를 완벽하게 구현한다.

14. 아도르노는 감성에 우연이라는 속성을 부여하지 않는다. 감성이 우연으로 드러나는 것은 오성의 규범을 중심에 놓고 감성을 고찰하기 때문이다. 감성과 오성 모두 인간이 타고난 능력이다. 이성중심적인 사유를 벗어나면, 감성은 그 '직접성'으로 오성의 고루함과 한계를 극복할 가능성으로 된다.

15. 하지만 감성의 직접성은 항상 무엇과의 관련 속에서, 즉 무엇에 대한 직접성이다. 이 점에서 하버마스는 아도르노의 이론이 비합리주의적 편향일지 모른다는 우려를 버려도 좋다. 감성을 절대화해 곧바로 사회에 내놓은 결과 나타나는 파편성을 아도르노는 체계적 총체성 못지않게 경계한다. 아도르노의 구상은 명쾌하다. 오성과 감성의 공동작업이다.

16. 예술은 인간의 정신이 기획하고 대상을 가공하여 실현한다는 점에서 정신적 산물이다. 하지만 철학과 달리 소재를 직접 가공해야 한다. 여기에서 정신의 전일적 지배에서 벗어날 가능성이 있다. 예술은 정신과 물질의 공동성과물이다.

17. 예술작품 창작에서 정신은 대상을 자신의 의도대로 가공하는 과정에 소재의 저항을 받는다. 아도르노는 이 지점에서 정신의 해방과 정신능력의 활성화 가능성을 본다.

18. 정신에서 벗어났지만, 소재에 의해 형태가 잡힌 인간의 또 다른 능력, 즉 감성은 따라서 '눈 먼' 상태에 있지 않다. 정신과의 연관성을 유지하면서, 정신으로 하여금 자신의 한계를 자각하도록 하는 역할을 한다.

19. 이러한 아도르노의 구상을 '감성의 질서구성능력'으로 개념화해도 좋을 것이다.

20. 사람들이 모여 공동체를 구성하며 살아가는 한, 사회구성을 위한 합리적인 방안 모색은 절대적으로 필요하다.

21. 하버마스의 경우, 개개인의 삶에서 사회이론을 시작해야 한다는 사실을 인정했을지는 몰라도, 결국 이론구성의 '논리적 정합성'을 위하여 '비합리적인' 감성을 배제했다.

22. 설혹 감성이 비합리적이어서 '이론구성'에는 부적합하다는 판정을 내릴 수밖에 없는 상황이 된다면, 하버마스와는 다른 방식으로 의문을 제기해야 한다. 삶의 본질적인 부분을 제외하는 이론은 과연 무슨 의미를 지니는가라고. 합리적인 이론에는 맞지 않을지라도 감성은 인간의 삶에서 매우 큰 비중을 차지한다.

23. 결론적으로 하버마스는 삶을 포기하는 대신 이론을 구출하였다. 그의 의사소통행위이론은 언어의 합리적이고 정신적인 측면에 의지하여, 내면의 격정이나 인간의 자기모순성을 제어해나가는 프로그램을 내장하고 있다.

24. 반면 아도르노는 이론과 논리가 삶에 부응하지 않는 현실을 확인하고, 논리적 수미일관성과 이론의 완결성을 포기하였다. 그는 이론이 불합리한 삶을 닮도록 조처하였다.

25. 따라서 하버마스의 사회이론은 예술의 직접성을 포기하고 그 대신 의사소통행위의 매개를 택한 까닭에 구체적인 설득력과 사회적 작용력을 상실했다고 평가할 수 있다. 예술의 중요성을 인지하기는 했으나, 포용할 능력은 없는 사회이론의 한계.

26. 이렇게 보면 아도르노의 예술론이 오히려 사회이론으로서 더 적합하다는 평가가 나올 수 있다. 하지만 예술을 통해 삶에 직접 다가가려는 아도르노식의 사회이론은 여전히 낯설다.

27. 위와 같은 방식으로 예술론과 사회이론에 결합하려는 아도르노의 의도가 사람들에게 설득력을 지니려면 무엇보다도 두 가지가 해결되어야 한다. 하나는 '이론'에 필수적인 논리성을 포기하지는 않으면서도 감성의 직접성을 적극 수용하는 이론이 되어야 한다. 또 하나는 감성의 직접성이 질서구성능력을 정말 발휘할 수 있음을 현실에서 증명하는 예술작품이 창작되어야 한다. 아도르노는 저술에서 몇몇 작품을 거론한다. 하지만 이는 과거의 일이다. 옛날 그랬을 수 있겠구

나 하는 수준이 아니라, 정말 오늘날 개개인에게 그런 힘을 확인해주는 예술이 나온다면, 아도르노의 '난해한' 이론구성은 급속도로 사회화될 수 있다.

28. 아도르노 vs 아렌트

같은 망명자 신분이었지만, 종전 후 계속 미국에 남아 활동한 아렌트와 독일로 귀환한 아도르노 사이에는 이념적으로 간과하기 어려운 차이가 있다. 일단 아도르노를 이상주의적 자유주의로, 아렌트를 현실주의적 자유주의로 명명하기로 한다. 둘의 차이를 부각하기에 매우 편리하기 때문이다. 편의적이고 잠정적인 분류일 뿐이다.

1) 자유주의: 파시즘과 스탈린주의를 동일한 억압구조로 파악하고 현실사회주의 체제를 거부한다는 점에서 아렌트와 아도르노는 견해가 일치한다. 이러한 견지에서 '자유주의'라는 개념으로 아도르노와 아렌트 사상의 공통된 기반을 부각해본다.

2) 아렌트는 『예루살렘의 아이히만』에서 전체주의 국가가 관료제도를 통해 개인의 삶을 총체적으로 통제하는 메커니즘을 탁월하게 재구성하였다. 그런데 총통과 지도부가 시스템 구축에 박차를 가하는 과정, 즉 권력과 자본의 자기증식이 사회를 총체화하는 과정에 대해서는 '체계의 논리'를 적용하여 '전체주의는 이렇게 해서 생겨났고 이런 방식으로 작동했다'고 분석하면서, 그런 체계의 톱니바퀴에 끼어들어간 개인의 층위로 내려와서는 개인의 '도덕적 결단상황'을 상세하게 파고든다. 권력과 자본에 대해서는 묻지 않았던 요인이다. 따라서 '도덕'은 현실적인 한계개념으로 전락하고, 결단은 한계상황에 노출된 사람들에게만 요청되는 결과가 나타났다. 치명적인 이중성이다. 평범한 개인에게 선택의 여지를 주지 않는 것이 체계라는 이름의 사회조직일 것이다. 그러므로 결국은 모든 것이 다시 체계로 일원화되고 만다. 한계상황에 직면한 사람들에게 상황논리를 적용해(스스로 계몽할 기회가 그들에겐 없었다는 이유!) 면죄부를 주면서(아렌트의 서술은 무사유와 언어능력

부족에 대한 조롱에 가깝다) 역사적 과오를 묻지 않음으로써 권력과 자본의 힘 덕택에 한계상황에 직면하지 않은 사람들의 악덕도 무화된다. 이 책이 제시하는 '악의 평범성(진부성)' 테제는 면밀하게 재검토될 필요가 있다. 도덕적·지적으로 열등한 인간이 전체주의 사회에서는 존재할 수밖에 없음을 확인하는 데 멈추는 연구를 아렌트가 의도하지 않았다고 보아야 마땅하기 때문이다. 전체주의 국가체제에서도 개인의 자유의지가 '무조건적으로' 관철되어야만 한다고 보는 아렌트의 관점에 '경험주의적'이라는 수식어를 붙일 수 있다고 생각한다.

3) 아도르노는 도덕철학을 독립적으로 천착하지 않았다. 도덕에 관한 저술이 있기는 하지만 오히려 사회철학의 일부로 다루는 편이다. 이런 '결여'에 대해 우리는 『계몽의 변증법』의 두 번째 부연설명 「줄리엣 또는 계몽과 도덕」에서 그 이유를 찾아볼 수 있다. 아도르노는 '총체적으로 관리된 사회'에서는 개인에게 도덕적으로 선/악을 구성할 의지의 공간은 남아 있지 않다는 견해를 보였다. 그렇다고 선과 악의 문제를 폐기하는 것은 아니며 그럴 수도 없다. 실천이성이 현실에서 힘을 발휘할 여지가 체계에 의해 완전히 말살되었음을 체계의 불의를 고발하는 과정에 포함시킬 뿐이다.

이런 사회에서 사는 인간은 자유의지 자체를 손상시키지 않을 방편을 강구해야 한다. 아도르노의 견해에 '이상주의적'이라는 형용사를 붙이는 이유는 관념의 세계를 적극 고려하기 때문이다. 실천이성은 도덕의 현실적 구성 가능성을 회수하고 관념으로 퇴각하는 대신, 경험세계를 접수한 체계가 개인의 관념까지 장악하려 드는 관성만큼은 막아낸다. 예술이 요청되는 지점이며, 자율적 예술의 사회적 작용력이 확인되는 지점이기도 하다.

4) 칸트의 정언명령이 더 이상 관철될 수 없는 '관리된 사회'라고 하면서도 아도르노는 "아우슈비츠가 반복되지 않도록 해야 한다"는 또 다른 정언명령을 내세우고 있다. 현대사회에서 도덕이 처한 난감한 상황을 고스란히 짊어지려 한다.

29. 공적 삶

아도르노는 무엇보다도 이론적 천재였다. 천재적인 이론의 좌절(작용 없음)은 독일사회의 전반적 성격과 관련이 있는 '역사적 사건'이었다. 18세기에 자유주의 변혁을 추구했지만 좌절한 사회의 '독특한' 계급구성에 뿌리를 둔 교양시민의 이념과 역할 그리고 그런 교양시민을 지향하는 문화적 유산은 실로 대단한 것이었다. 하지만 문화적 찬란함과 달리 현실에서 시민 개개인은 왜소한 '속물(Spießbürger)'로 되기 십상이었다. 아도르노 자신도 이 경향에서 완전히 자유로웠다고 하기는 어렵다.

아도르노가 좌절할 수밖에 없었던 사회적 토양은 20세기 후반 학생들이 주도한 문화적 저항운동에도 마찬가지로 걸림돌로 작용하였다. 68운동은 다른 사회를 추구하는 이상주의 전통이 20세기 후반에 와서 '지금 바로' 달라진 삶의 모습을 보려는 급진주의로 양태를 달리한 것이라고 할 수 있다. 18세기에 실패를 맛본 자유주의적 개혁을 추체험해보려는 의지도 강력하게 한몫을 한 운동이었다. 사회질서의 표면을 거세게 뒤흔들었지만 정작 요청되는 계급관계의 근본적 변화에는 무기력한 프로그램이었다. 일상적 불편함과 아울러 미래를 상실할지 모른다는 불안함을 느낀 기득권세력은 베를린을 동서로 가르는 장벽을 쌓으면서 복지국가라는 대안을 내놓았다.

본래 추구한 바는 절대 아니었겠지만, 68학생운동은 결과적으로 지구상에 동서 냉전체제를 고착화하는 기폭제가 되었다. 냉전은 지구상에 그 이전에는 상상하기 어려운 규모의 무기경쟁을 불러왔다. 냉전체제의 가장 큰 수혜자는 서유럽이다. 비록 세계사적 주도권은 미국에 넘겨주었지만, 확실하게 그어진 경계선 안에서 자본주의가 실현시킨 물질적 풍요와 아울러 오랜 문화적 전통을 향유할 수 있었다. 특히 독일은 세련되고 수준 높은 복지국가를 만들어 마치 자본주의가 '인간의 얼굴'을 가질 수도 있는 제도인 양 여겨지도록 하였다.

복지국가를 달가워하지 않던 아도르노는 자본주의가 '이윤창출'을 기치로 내걸면서 그 이윤을 바로 파괴를 통해 실현한다는 점에 주목하였다. 무엇보다도 '나토체제'를 통한 무기산업의 잉여로 복지국가가 실행될 수 있었기 때문이다. 계급타협을 부분적으로 이끌어내었지만, 지배계급의 양보로 온전히 실행된 사회통합은 아니었다. 사실 서독은 '부유세' 정도로는 꾸릴 수 없는 상당한 수준의 복지국가였다. 제국주의적 잉여, 특히 무기 수출을 통한 잉여가 아니면 실현될 수 없는 제도였다. 근대적 대학제도의 피할 수 없는 결과인 고학력 실업문제는 제3세계 지원프로그램이 창출하는 일자리로 상당 부분 해결했다.

아도르노는 1950년대에 독일의 계급관계 발전을 분석하면서 고전적인 계급갈등을 사회분석의 중심에 두지 않고, 자본주의 생산의 내재적 자기모순에 주목하였다. 파괴를 통한 잉여창출이 체제를 유지하는 동력으로 되는 모순이다. 그런데 문제는 잉여와 파괴가 전 지구적 차원에서 보았을 때에만 동전의 양면으로 파악된다는 것이다. 서유럽이 잉여를 누리는 한편으로 파괴는 저쪽, 다른 곳에서 이루어졌다. 그 바깥세상의 비참함에 유럽의 교양시민은 매우 애석해하면서 차관도 주고, 인력도 파견하여 개발을 돕고자 하였다. 하지만 그 결과는 선량한 지식인들의 일자리를 확보하는 차원에서 크게 나가지 못하였다. 그 결과를 우리는 21세기에 실현된 '지구촌'에서 목도하고 있다. 40년 전 전 지구적 차원에서 이론작업을 수행한 아도르노가 냉전체제에 좌절하였다면, 냉전이 끝난 21세기에 아도르노의 귀환은 새로운 도전이 될 수 있을 것이다.

30. 사적 삶

유럽의 교양시민들에게는 공적 영역에서 자신을 주체로 구성하는 일 이외에 한 가지 과제가 더 있었다. 사적인 영역에서도 주체로서 자신을 실현하는 일이다. 이른바 감정이 불러 올린 삶의 욕구를 사회관계 속에서 확인하는 일이다. 세련된 성적 교류는 교양시민이 삶의 충동에 자신을 내맡김으로써 야만적 동물로 전락하는 퇴행을 막는 길이다. 이 영역에서 아도르노는 좌절하지 않았다. 경계를 확실하게 쌓아올린 곳 안쪽에 안전하게 자리 잡고 있었기 때문이었다. 정실부인의 존재다.

화학박사였으며 아도르노와 결혼하기 전에는 CEO로 기업을 운영한 그레텔은 남편의 두뇌에 떠오르는 착상을 받아 적어 책으로 만들어내었다. 아울러 남편의 삶이 '즉자적 충동'에 사로잡혀 새로운 실현이 요청될 때면, 그런 방식의 실현도 남편이라는 주체의 자기정립 과정으로 받아들였다. 동서고금을 막론하고 정실부인에게 부여된 운명이었으므로, 감당하면서 교양시민의 일원인 자신에게 허용된 약간의 여유를 누릴 뿐이었다.

생각하는 기계로 굳어지고 싶지 않았던 아도르노는 늘 여인들에게 열린 마음이었고, 자신의 인격형성 과정을 온전히 정실부인과 함께했다. 그는 부인에게 숨기지 않았으며, 공개성을 문명인의 세련됨으로 여겼다. 인격형성과 관계된 문제이기 때문이다.

그러므로 여성에게도 이 길이 막혀 있으면 안 된다고 진심으로 생각했고, 연애를 하면서 쾌락을 맛보지 못하는 여자들을 안타까워했다. 여성들이 스스로를 교환의 객체로 여기기 때문에 절정에 오르지 못한다는 분석도 내놓았다. 여성은 주체형성이라는 문명인의 과제를 적극적으로 사유하지 않는다고 생각하던 차에 내 연녀가 결혼한다며 자신에게 절교를 선언하자, 속박을 자초한다고 비난하였다.

이 모든 일을 아도르노 자신은 정실부인과 함께 겪었다. 그런 한도만큼 '리버럴'하고 합리적이었다. 애인과는 헤어졌지만, 이런 이별은 좌절이 아니다. 연애라는 사안의 본질에 속한다고 해야 할 것이다. 살에 감정이 실리는 시간은 아도르노에게도 그리 오래 지속되지 않았다. 애인은 왔다가 가고 또 다르게 오는 세련된 파트너에 붙이는 총괄개념이었다.

아도르노가 이론가로서 좌절하였을 때, 세계는 동서로 갈라졌다. 하지만 '사랑을 하는' 아도르노는 한결같게 남자로 남을 수 있었다. 예나 지금이나 가부장지배에 어떤 변화가 발생했다는 소식을 우리가 듣지 못하는 사정이 그의 성공비결일 것이다.

따로인 듯 같이, 화합하는 듯 제각기

노년의 아도르노와 그레텔을 찍은 이 사진은 인격적 독립성을 유지하면서
시민적 결혼관계를 맺는 일의 어려움을 증언한다. 중간에 제3자가 있음을 두 사람 모두
의식하는 듯하다. 제3자는 여자일 수도 남자일 수도 혹은 가상의 중재자일 수도 있다.

아도르노 '더' 깊이읽기 ① – 『계몽의 변증법』에 대한 변론

프랑크푸르트학파의 기념비

독일 비판철학의 전통을 계승한 프랑크푸르트학파 비판이론의 이념적 강령을 집약했다고 평가되는 책『계몽의 변증법』은 쓰이는 과정의 절박함, 그리고 수용 과정의 논란을 통해 현대 문명사의 고전적인 흐름을 대변한다. 이 책을 둘러싼 역사적·이념적·인격적 짜임관계(Konstellation)는 읽는 이에게 개인적인 독서가 보편으로의 비상일 수 있는 기회를 제공한다. 어느 위치에서 시작하든, 각자는 모두 같은 별자리에 도달한다. '이념'의 정신적 작용력을 체험하는 독서가 될 것이다.

"거의 풀 수 없는 과제이겠지만, 중요한 것은 타인의 권력에 의해서든 자신의 무력감에 의해서든 자신을 어리석게 만들지 않는 것이다"(『미니마 모랄리아』, 83쪽)

대안 없는 사회비판서

이 책에 대해서 제기된 이의들 중 가장 강력한 쟁점은 이른바 대안 없는 사회비판의 실효성 여부다. 실제로 저자들은 이 책에서 어떠한 구체적인 대안도 제시하지 않는다. 따라서 실천으로 연결되지 않는 책이 어떻게 사회비판서가 될 수 있느냐는 이의제기는 일견 타당한 측면이 있다. 아도르노의 수제자인 하버마스도 "시작할 한 지점은 남겨두어야 하는 것 아닌가" 하면서 이른바 '총체적 부정'의 '작용 없음'을 지적하였다.[1] 21세기 독자는 이 '현실적 무능' 앞에서 이론(Theorie)과 실천(Praxis)의 관계를 재사유하지 않을 수 없게 된다.

마르크스주의 이래로 '이론이 제시하는 전망에 따라 현실을 바꾸는 행위'라는 의미에서의 실천(Praxis)이 비판문법의 실효성을 측정하는 기준이었다. 하지만 우리는 오늘날 현실이 더 이상 이론의 검증대상일 수 없음을 안다. 이론들은 항상 '오류'를 범한다. 인간의 불행은 시간이 지나 현실에 뿌려진 오류의 씨앗이 싹을 틔워 철회할 수도, 외면할 수도 없게 되었을 때가 되어야 비로소 이론의 불충분함을 알아챈다는 데 있다. 실천을 운위하기 전에 이론을 검증하고 또 검증할 필요가 있다. 현실을 이론의 검증대상으로 전락시키지 말아야 한다는 요청이 오늘날의 도덕적 '정언명령'이다.

『계몽의 변증법』은 '프락시스로서의 실천'을 염두에 두지 않는다. 따라서 우리도 실천전망을 확보해야 한다는 압박에서 벗어나 '내재비판'의 논리에 집중할 수 있다. 이 책은 문명의 패착, 즉 풍요와 행복을 약속하면서 시작한 '인쇄기와 대포와 나침반의 계몽'[2]이 원자탄을 사용하는 전쟁으로 귀결되는 과정을 '분석'한다. 약속의 기만을 '변증법'으로 명명한 까닭은 분석의 결과에서 해결책을 도출할 수 없기 때문이다. 불행과 고통을 확인할 뿐이다.

'분석'이란 분석하는 주관이 분석대상인 객관과 자신을 철저하게 분리한 상태에서 수행되는 인간의 인식활동이다. 이와 같은 세계해명 방식을 도입하기로는 칸트의 『순수이성비판』이 처음이다. 제1비판서에서 인식주관은 객관세계 외부에 위치한다. 지구에 존재하는 자연사물이 어떤 '구성 가능성의 조건' 아래 놓여 있는지를 밝히는 자아는 일단 지구의 중력법칙에서 그리고 시간성에서 벗어난 상태에 있는 것으로 상정된다. 하지만 밖에서 들여다보는 객관세계는 인식주관의 존재기반이기도 하다. 인식하는 사람은 분석하는 주관과 분석당하는 객관으로 분열된다.

인간학적 분열은 근대 과학주의가 초래한 역사철학적 귀결이며, 칸트 제1비

---

1 Jürgen Haberman, *Der philosophiache Diskurs der Moderne*(Frankfurt am Main: Suhrkamp, 1983), p.130 이하 참조.

2 Max Horkheimer&Theodor W. Adorno, *Dialektik der Aufklärung*(Frankfurt am Mian: Fischer, 1967), p.9 참조.

판서의 문명사적 성과이기도 하다. '성과'인 까닭은 분열의 대가가 무척 달기 때문이다. 인류는 생산력의 비약적 발전을 누리면서 문명의 승리를 구가하고 있다. 분석대상으로부터 자신을 철저하게 분리하는 긴장만 유지한다면, 인간은 사안(Sache)의 내부논리에 접근하는 권한을 거머쥔다. 분석은 전지전능하다. 과학문명은 우주탐험과 유전자조작의 단계를 넘어 계속 진행 중이다. 그 끝을 헤아릴 수 없고, 어느 방향으로 가는지도 알 수 없다. 그래도 인간은, 일단 분석능력을 갖춘 이상, 현재의 진행을 중단시킬 의사가 없다. 그러므로 분열은 계속되고 고통은 더욱 증폭될 것이다.

1781년 칸트가 『순수이성비판』을 발표했을 때, 분석적 합리성은 '인식론' 차원에 머물 수 있었다. 인간에게 그런 능력이 심겨 있음을 발견하고 체계적으로 해명하는 일이 근대철학자의 과제로 부상하던 시기였다. 1940년대 아도르노와 호르크하이머는 『계몽의 변증법』을 망명자의 신분으로 전장에서 들려오는 파괴의 소식을 들으면서 썼다. 따라서 인식론이 현실에 적용된 결과를 그 인식론에 덧입히지 않을 수 없었다. 구성의 조건을 인식하고 현실에 적용하여 대상을 구성하는 인식능력은 고통이 구성되는 조건을 현실에 심어놓는다는 계몽의 역사철학적 귀결과 정직하게 대면했다.

인식은 고통과 분리될 수 없음이 진리였다. 늘 그렇듯이 진리는 항상 부담스럽다. 이 책의 위대함은 고통의 무게에 눌려 분석을 중단하지 않고, 분석을 통해 고통에서 해방되기를 바라지 않는 태도를 텍스트화했다는 데 있다. 그래서 이 책은 텍스트를 통한 '비판적 태도'의 현재화를 성사시킨다. 태도를 가다듬는 데서 할 일을 찾으므로 책은 분석적 합리성의 현실적 무능을 웅변하는 데서 멈춘다. 인식하는 한, 우리는 고통에서 벗어날 수 없다. 해결책은 인식이 아닌 다른 방식으로 찾아야 한다.

형식주의

위 1항과 본질적으로는 같은 내용이지만 다른 방식의 문제제기도 있다. 이 책이 형식주의로 기울어 분석대상의 차이를 간과했다는 지적이다. 나치즘, 스탈린주의, 문화산업을 발생 지역의 역사적 배경과 현재의 작동방식 등 현실적이고 구체적인 차이를 무시한 채 '관리된 사회'라는 틀로 묶어 동일시함으로써 극복전망마저 제거했다는 요지의 이의가 제기되었다. '총체적 부정의 작용 없음'이 이 책의 본질이라는 공격도 있었다.

직접적인 '비난'이라고 할 만한 이러한 이의제기는 좌파전망을 신조로 삼는 집단에서 특히 강력했다. 완전히 상반되는 전망을 가지고 서로 갈등하고 있는 두 체제(자본주의와 사회주의)의 현실적 조건을 각각의 특수성에 근거해 사유할 수 없도록 가로막는 '총체적 부정'은 자본주의가 노정하는 모순을 직시하지 못하게 만든다는 것이 비난의 핵심이다. 이들의 전망에 따르면 자본주의는 극복해야 할 대상이지만, 현실사회주의가 빠져든 패착의 메커니즘은 과정상의 오류다. 스탈린주의와 나치즘을 동일한 메커니즘으로 분석하는 이 책은 하지만 자유주의 진영에서도 요령부득이었다. 시장의 자유를 '관리된 사회'의 작동 메커니즘에 포함시키기 때문이다.

이 책이 견지하는 관점은 자본주의와 사회주의 모두 생산력주의를 신봉하고, 생산력 증대를 위해 과학주의에 기대고 있으므로 근본적으로 작동 메커니즘이 같은 체제라는 것이다. 시장의 자유를 계몽의 이념으로서의 자유에 포함시키지 않는 이 책이 형식주의에 빠졌다면, 이는 체계를 절대시하기보다는 체계와 인간이 관계 맺는 방식에 주목한 탓이다. 이 책은 자본주의든 사회주의든, 사회체계를 그와 같은 20세기의 양태로 만든 것이 과학기술(테크놀로지)이었다는 역사적 사실에 주목한다. 테크놀로지의 승리- 신화로 전복된 계몽의 현재다.

과장과 수사(Rhetorik)

"그러나 과장만이 진리다."(DA, p.126)

제기되는 이의들 중 필자에게도 설득력 있게 들리는 요인은 책의 서술방식이다. 아도르노의 저술들을 가지고 한참 씨름을 한 후 그린 '허황된' 서술방식이 내용과 불가분의 관계를 맺고 있음을 납득한 이후에도 불만은 사라지지 않았다. 단계적 서술방식을 취했더라면 가독성이 배가될 터인데, – 이런 아쉬운 마음이 한편에 계속 남는 것이다. 불만 끝에 나도 한번 따라 해볼 마음을 먹었던 적이 있다. 과장과 수사가 진리로 가는 방편이라고 하지 않았던가. 졸저『아도르노와 자본주의적 우울』에서의 '흉내'는 내용과 형식의 분리 불가능성을 새삼 확인하는 계기가 되었을 뿐이다. 수사를 임의적으로 차용한다고 해서 되는 일이 아닌 것이다.

이런 견지에서 아도르노 전기를 쓴 돔(Müller-Doohm)의 이야기가 설득력 있게 들린다.

"그에게서는 변증법이 비판의 방법으로, 규정된 부정으로, 뮌히하우젠(Münchhausen)의 일화(자기 상투를 붙잡고 진흙탕에서 빠져나오기)로 된다. 여기에서 더 나아가 이 책은 아도르노가 자필로 적어넣은 부분이 있어서가 아니라 혼동할 수 없는 글쓰기 방식, 변증법적 전복의 움직임, 대립항적으로 배치된 문장구성 때문에 그의 철학의 '상표'로 되는 것이다.『계몽의 변증법』에 들어 있는 알레고리적 지시에 청원하는 듯한 언어적 제스처, 의도적으로 선택한 과장 들은 전제가 무궁무진한 주장들을 포함하고 있는 비의적 표현들인 것이다. 실제로 이런 완고한 레토릭, 제스처를 취하는 언어사용에서 표현되는 사유 이미지들로 이루어진 텍스트의 파고드는 언어적 힘은 철학적 개념들을 문학적 혹은 미학적으로 되도록 하고 그럼에도 논변적 논리의 규칙들을 고려하는 시도다."(Doohm, p.438)

이런 수사적 계기를 아도르노는『부정변증법』에서 공공연하게 옹호하였다.

"철학에서 수사는 언어가 아니면 사유될 수 없는 것을 대변한다."(ND, p.65)
"변증법은, 말뜻을 따져보면 사유기관으로서의 언어인데, 수사적 계기를 비판적으로 구출하려는 시도에 해당할 것이다. 사안(Sache)과 표현(Ausdruck)을 서로 간극이 없어질 때까지 가까이 몰아넣는 노력이다."(ND, p.66)

아도르노 '더' 깊이읽기 ② - 영어와 독일어

미국화된 아도르노 사상

아도르노 저술들의 한국어 번역에 참여한 경험이 있는 필자로서 자신의 번역 작업에 대한 자기비판 작업에 게으를 수 없음을 시인한다. 한국어와 독일어는 언어분류표상에서 서로 친족관계에 있는 언어들이 아니라는 사정도 비판의 화살을 옆으로 돌릴 이유는 되지 못한다. 번역의 핵심은 언어가 아니라 사유라는 점을 누구보다 잘 알고 있는 필자로서는 번역의 한계가 곧 텍스트 이해의 한계임을 인정하기 때문에 번역에 대한 비판은 연구의 소홀함으로 들린다. 아도르노 연구자들 모두 이 사항을 인정하고 있으며 번역작업이 하나의 사유체계를 다른 사유체계로 옮기는 작업인 만큼 연구에 매진할 자세를 가지고 있다.

다만 한 가지 관점에서는 변명 겸 방패막이를 안 할 수 없는데, 독일어본 번역과 영어본 번역을 비교하면서 영어본 번역의 '매끄러움'에 경도되는 경향만큼은 지양되어야 한다는 것이다. 번역이 언어의 문제가 아니라 사유의 문제임을 절감하는 필자로서는 독일철학이 형이상학적 잉여 때문에 거추장스러운 한편, 그 형이상학적 잉여가 바로 아도르노와 같은 사상가를 배출하게 한 힘이었음을 거듭 강조하고자 한다. 영미 철학전통은 형이상학적 잉여를 인정하지 않는다. 따라서 우리말로 번역했을 때 훨씬 명쾌할 수 있다. 아도르노 사상에서 형이상학적 잉여를 걷어낸 '영어본'이 접근하기 한결 수월할 수 있음을 인정한다. 그리고 이 영어본으로 아도르노 사상을 연구하겠다는 연구자들을 말릴 생각은 없다. 하지만 영미철학과 독일철학의 차이점이 분명함을 잊지 않으면서 그로부터 새로운 전망을 모색하는 작업을 시작했으면 좋겠다.

최근 들어 더욱 우려되는 현상은 미국화된 아도르노 관련 텍스트를 수입해서 아도르노 사상으로 이해하는 경향이다. 미국은 자유주의의 나라다. 아도르노가 미국에서 외로운 망명자로 살면서 고군분투한 사항 중 하나가 독일관념론의 자유주의화에 저항하는 일이었다. 미국인들은 자신들의 사상적 전통에 아도르노를 자유주의화하여 수용할 수 있다. 그 판본을 자유주의 전통이 없는 한국에 수입하는 것은 잘못된 일이다. 이 문제는 미국화된 고전철학과 철학적 미학에도 해당된다.

독일철학과 독일어

독일철학과 독일어의 관련성은 아도르노가 나치 집권 후 위기상황에서도 망명을 달가워하지 않고 유럽 어느 한구석에 숨어 지내기를 바랐다는 점, 그리고 종전 후 바로 귀국했다는 사실의 배후를 이룬다. 돔 역시 이 점을 강조한다.

> "아도르노의 결심은 단순히 주관적인 욕구에서만 나온 것이 아니었다. 고향에 대한 향수야 부인할 수 없는 동기에 포함됨이 분명하지만, 그 밖의 어떤 객관적인 요인이 귀향 결심을 주도하였다. 그것은 언어였다. 아도르노는 문필가 활동에서 독일어에 의존하고 있었다. 이 점은 그가 여러 번 밝힌 사항이다. 독일어가 '철학과 특수한 친화성을 가지고 있기' 때문이며, 현상들이 단순하게 그렇게 있는 상태, 현상들의 실증성 그리고 소여성에서 다 고갈되지 않는 그 무엇을 현상들에서 표현하는 데 알맞기 때문이다."(Doohm, p.494)

독일어를 영어로 옮겼을 때 발생하는 '파국적 현상'은 번역작업에 관여해본 사람에게는 익숙하다. 아도르노 역시 『미니마 모랄리아』에서 이 파국적 현상을 이야기로 들려준다.

> "하이제의 시를 가사로 한 브람스의 「소녀의 노래」라는 곡이 있는데 그곳에는 다음과 같은 구절이 들어 있다. "오 마음의 고통이여, 영원한 그대여, 함께

있음만이 축복일지라.” 이 구절은 널리 보급된 영어판에는 다음과 같이 씌어 있다. “오, 고통이여, 영원함이여! 그러나 둘이 하나가 되는 것은 황홀할지니.’”(『미니마 모랄리아』, 71쪽)

아도르노에 관한 ‘정치적’ 전기를 쓴 예거(Lorenz Jäger) 역시 이 문제에 관한 언급을 잊지 않았다.

“전체는 비진라라는 테제를 거론하는 사람은 헤겔철학의 지평에서 움직이는 것이다. 거짓인 전체라는 비판이론의 학설은 헤겔의 ‘진리는 그러나 전체이다’라는 문장을 뒤집은 것이다. 헤겔을 가지고 헤겔을 거스르는 사유를 하는 사람은 헤겔의 언어로 사유해야 한다. 아도르노는 ‘독일어의 형이상학적 잉여’에 관해 말한 바 있다. 그러면서 동시에 독일어의 그런 특성이 ‘독일어에 근접해 있는 형이상학 내지는 형이상학이라는 것 자체의 진리를 보장하리라는’ 헛된 생각을 갖지 말라고 확실하게 경고했지만 모국어에 대한 지적·정서적 의존이 독일로의 귀국을 결정함에서 상당한 비중을 차지했던 요인이었음을 명백히 밝힌다. 합중국에서는 고전독일철학에 접속하는 일이 그렇게 간단한 문제가 아닐 수 있었는바, 장기적으로 보면 불가피하게 앵글로색슨 철학의 분석적 혹은 실용주의적 전통에 적응하게 될 것이기 때문이었다. 그러면 고전독일철학은 소실될 수밖에 없다. 아도르노에게는 너무도 분명하게 보이는 사실이 있었다. 명백하고 정확하게 보이는 몇몇 개념조차 심지어 정신, 계기, 체험과 같은 개념들마저도 거기에서 독일어에 얽여 함께 떠도는 것을 폭력적으로 제거하지 않고는 다른 언어로 옮겨놓는 일이 불가능하다는 사실이다.”(Jäger, p.230~231)

아도르노 '더' 깊이읽기 ③ - 주체와 대중

비판이론과 대중

20세기에 모습을 드러낸 대중사회의 '대중'은 비판(Kritik) 패러다임에 매우 낯선 개념이다. 그리고 전혀 적합하지 않은 개념이다. '비판'이란 근본적으로 인식 주체가 자신을 구성하고 있는 조건들을 파악하고, 그 조건들에 대해 어떤 입장을 취할 것인지 판단하는 행위에 해당할 것이기 때문이다. 여기에는 현재 자신의 존재를 가능하게 해주는 조건들이 자신의 인간적인 면모를 드러내고, 생존을 가능하게 해주기에 매우 부족하다는 인식이 근본적으로 들어 있다.

그리고 주체철학 패러다임에만 한정된 인식이라고 할 수도 없다. 마르크스주의 역시, 개별주체를 사회노동을 매개로 한 프롤레타리아와 부르주아의 '집단'으로 옮겨놓았을 뿐, 그 집단적 정체성의 근거는 존재를 구성하는 '조건'의 동일함에 두고 있기 때문이다. 프롤레타리아는 자신을 프롤레타리아로 구성하게 하는 사회적 조건이 자본주의 생산관계에 핵심적인 요인이며, 따라서 자신들이 그 구성조건을 변화시킴으로써 자신의 존재를 변화시킬 수 있다는 전망을 가질 수 있었다. 하지만 대중은 집단의 정체성을 그와 같은 생산관계에서 찾지 않는다. 따라서 자신들의 비판 혹은 행위를 통해 자신을 구성하는 조건을 변화시킨다는 전망을 가질 수 없다.

만일 '대중'이라는 개념으로 모인 집단의 정체성을 굳이 찾는다면, 아마도 '소비활동'을 통해서일 것이다. 소득원은 제각기여도, 소비활동으로 맺어진 연결망에서 그들은 일정한 행동반경을 구축하며, 사회적 영향력을 행사하는 것이다. 자본주의 사회인 까닭에 소비를 통해 사회구성 방식에 일정한 영향력을 행사할 여지가 있다고 볼 수도 있다. 그동안 '문화 패러다임'이 우리 사회에서 계급적 전망에 기반을 둔 사회운동의 대안으로 열렬한 지지를 받게 된 까닭이 여기에 있을 것이다.

하지만 문화가 현대사회에서 비판 패러다임의 과제와 역할을 속개해나갈 수 있을지는 분명하지 않다. 이는 깊이 연구해야 할 과제다. 현대사회에서 대중이 프롤레타리아가 아닌 저소득층으로서의 정체성을 가지고 있는 한, 문화이든 소비든 대중을 구성하는 조건에 대한 직접적인 개입이 가능한 비판을 수행할 수는 없다고 보아야 할 것이기 때문이다. 만일 문화 패러다임을 통해 어떤 사회적인 변화를 불러올 가능성이 구체화된다면, 이는 비판문법이 아닌 다른 문법으로 설명해야 한다.

아도르노 '더' 깊이읽기 ④ - 스승과 제자

스승

아도르노의 '문명비판' 패러다임은 전 지구적 차원을 지닌 것이었다. 68세대와의 갈등도 궁극적으로는 여기에 있었다고 할 수 있다. 아도르노는 『부정변증법 강의』에서 68세대의 소시민성을 강력하게 비판한다. 그리고 그들이 그처럼 '문화혁명'으로 나아갈 수 있었던 바탕이 나토체제로 상대적 안정기에 접어든 유럽의 자본주의였고, 무엇보다 군수산업을 통해 벌어들이는 잉여를 통해서였음을 명확하게 지적하였다. 전쟁복구의 풍요를 누린 첫 세대로서 '현재, 여기에서 행복할 권리'를 외쳤던 68문화운동이 '잘못된' 실천임을 깨우치려 한 아도르노는 바로 그 학생들과 갈등을 겪다가 사망하였고, 재계몽을 통한 비판문법은 더 이상 진전되지 못하였다.

제자

하버마스 역시 68세대와 갈등을 겪었지만, 68운동이 결과적으로는 유럽중심주의로 귀착되었다는 견지에서는 이 세대와 이해관심을 공유했다고 할 수 있다. 하버마스는 사회적으로 직접적인 실천에 대해서만 문화운동세대들과 견해를 달리하였다. 그의 이론은 군사적으로는 나토체제하에서, 그리고 사회경제적으로는 복지국가모델을 토대로 구성되는 서독사회를 어떻게 꾸려갈 것인가에 대한 고민으로 점철되어 있다. 그 사회구성체에 속하지 않은 필자와 같은 사람이 보면, 하버마스의 의사소통행위이론은 의사소통행위의 결과에 승복할 수 없는 사람, 즉 그러한 의사소통의 조건을 공유하고 있지 않은 사람들은 단호하게 배제한다.

'언어의 목적은 소통'이라는 테제를 하버마스는 모든 이론의 출발점으로 삼는다. 따라서 인간의 언어행위가 사회경제적 조건에 깊이 결부되어 있는 한, 목적 공유 가능성의 경계를 명확히 설정한 후 실현할 수 있는 테제다. 하버마스 스스로도 "최소한 두 사람의 말하고 행동할 줄 아는 유능한 행위자들의 상호작용구조"에서 자신의 행위이론이 출발함을 밝히고 있다. 물론 행위자들은 매우 합리적인 목표를 설정하고 비폭력적인 언어행위를 통해 합의에 이를 수 있다. 그렇기 때문에 하버마스는 모두가 노력을 하면, 그런 목적을 공유할 수 있는 조건을 갖출 수 있다는 전제를 내세울 수 있었을 것이다. 생각해볼 수 있는 전제다.

하지만 이런 선의를 받아들인다고 해도, 노력하는 동안 행위주체들 사이에 발생하는 '시간적 편차'는 합리적 해결의 조건을 무력화한다. 하버마스의 합리성개념에는 시간이 흐르지 않는다는 결정적인 한계가 있다. 이는 이미 상당히 동질적인 자질들을 갖추고 있는 사람들만을 의사소통 공동체에 상정하고 있기 때문이라고 판단할 수밖에 없다. 인간의 삶에 '규범'을 세워 가능한 한 무질서와 파괴를 막아보겠다는 하버마스의 선의는 복지국가체제의 의도에 매우 부합하는 것이다.

서독 복지국가체제는 현실적으로 하바마스의 선의가 실현될 수 있는 기반을 제공했고, 복지국가는 하바마스의 이론으로 자신을 정당화할 수 있었다. 하버마스는 복지국가모델을 제시한 독일 연방공화국의 이론가였다. 이 모델이 서독중심적인 전망에 갇혀 있음이 확연하게 드러나는 순간에는 복지국가가 스스로 자신을 반성해야 한다는 요청을 내걸기도 하였다. 반성적 복지국가라는 개념도 나왔다. 하지만 동구권의 몰락은 그 '반성'이 이루어질 수 있는 시간적 정지상태를 여지없이 무너뜨렸다. 하바마스의 이론은 합리성에서 시간을 배제한 탓에, 50여 년간 지속되어온 시간의 지체, 즉 동서냉전체제가 더 이상 유지될 수 없게 되자 무력화되었다.

재사유의 시작

바로 이 '시간'의 문제가 아도르노와 하버마스의 결정적인 차이점이다. 아도르노는 『계몽의 변증법』에서 이성비판을 수행하면서, 이성의 미루기작전이 바로 재계몽의 요점이요 대상임을 분명히 하였다. 즉 인식을 구성하면서 어쩔 수 없이 배제해야 하는 것들이 현실에서 '차이'로 존재하는데, 이를 '합리적인' 자본주의 사회가 늘 '없는 것'으로 밀어내기 때문에 그 '사회적 비존재들'은 자본주의적 시간에서 체계 밖에 축적되어나가다가 '한계'라는 폭력적 방식으로 체계를 향해 '없음'의 존재함을 실현할 수밖에 없다는 것이다. 자본주의 체계 내부의 존재자들에게는 예기치 않은 우연으로 운명이 바뀌는 무질서로 경험될 수 있다. 하지만 이 우연은 사실상 있는 것을 없는 것으로 만드는 현대문명의 시간적 흐름의 성격에서 비롯되는 것이다.

이런 아도르노의 논리에 따르면, 현재 전 세계가 겪고 있는 신자유주의의 혼란은 하버마스와 같은 '미루기작전'을 폈던 사회이론과 그를 따랐던 복지국가모델에 책임이 있는 것으로 된다. 이 논점은 흥미롭지만 무리를 할 수 있는 부분이다. 매우 진지한 천착이 요청되는 연구과제다.

아도르노 '더' 깊이읽기 ⑤ - 벤야민에게 보낸 편지

비젠그룬트–아도르노가 벤야민에게[3]

런던 1936년 3월 18일

벤야민 씨,

제가 오늘 귀하께 귀하의 그 특출한 작업에 대한 몇몇 지적사항을 전달하는 일을 하려고 합니다만, 이는 궁극적으로 일종의 비판 혹은 적절한 대답을 제공하려는 의도에서 진행되는 것입니다. 현재 제가 지고 있는 작업부담이 끔찍할 정도로 과한지라 -방대한 논리학 책이 있고, 베르크 책에 기고해야 할 제몫이 있는데 두 개의 분석만 완성했을 뿐입니다. 그리고 여기에 재즈 연구까지―제 의도대로 될지는 장담할 수 없습니다. 완성된 생산물이 있는데, 그것을 두고 서신으로 의사소통을 한다는 것이 얼마나 역부족인지는 저 자신이 진지하게 의식하고 있는 터에, ―더구나 제가 귀하와 머리를 맞대고 한참 이야기하고 싶지 않은 문장은 하나도 없다고 봐야 할 정도인지라 더 그렇습니다. 충분히 논의할 기회가 조속히 생기리라는 희망에 매달리면서도 귀하께 부족한 대로나마 여하튼 대답을 드리는 기회가 오기를 마냥 기다리고만 있고 싶지 않아 펜을 듭니다.

그래서 이야기를 핵심적인 내용에 한정하도록 하겠습니다. 귀하가 처음부터 가지고 계셨던 의도들―신화와 역사의 관계를 변증법적으로 구축하는 것―그 의도를 유물변증법의 사유층위에서 관철하는 것으로 볼 수 있는 부분이 이 논

---

3 Theodor W. Adorno, *Walter Benjamin, Briefwechsel*, 1928~40, Suhrkamp, Frankfurt am Main, 1994, pp.168~179

문에서 이루어지고 있다는 사실을 완전히 인정합니다. 그리고 진심으로 깊은 관심이 갑니다. 신화의 변증법적 자기지양이 여기서는 예술의 탈주술화로 증명되는 식이지요. 귀하께서는 '예술의 소멸'이라는 주제가 몇 년 전부터 저의 미적 시도들의 배경을 이루고 있음을 알고 계십니다. 그리고 제가 무엇보다도 음악적으로 테크놀로지의 우위에 방점을 찍어가면서 강조하였던 바가 바로 이런 의미에서 그래서 귀하의 제2차 테크닉에 해당하는 의미에서 이해될 수 있는 것임을 아실 것입니다. 우리 둘이 이 지점에서 명백하게 어떤 공통의 토대에 서 있는 것인데, 저로서는 그리 놀라운 일이 아닙니다. 바로크 책(『독일 비애극의 원천』-옮긴이)이 알레고리를 상징(새로운 용어로 하면 '아우라적인')으로부터 분리하고 『일방통행로』가 예술작품을 마술적 기록들로부터 분리하는 등 귀하께서 일련의 작업을 진행시킨 후라 저는 더 이상 놀라지 않습니다. 그것은—제가 우리 두 사람이라 묶어 말한다고 해서 불손하게 들리지 않기를 바랍니다—우리 둘에게 아주 대단한 확신을 주는 것입니다. 귀하께서는 아직 알려지지 않았겠지만 제가 2년 전 쇤베르크 기념책자가 출간될 때 실었던 논문에서 테크놀로지와 변증법 그리고 테크닉에 대한 변화된 관계를 새롭게 공식화한 적이 있었는데, 귀하의 표현들과 정말이지 완벽하게 상통하는 것들입니다.

이 상통하는 바는 그런데 또한 제게는 차이의 규준도 제시합니다. 이 차이를 제가 확정하지 않을 수 없는 까닭은 아주 선명하게 드러나는 우리의 '공동노선'에 기여하기 위해서일 뿐입니다. 그 밖의 다른 목적은 없습니다. 어쩌면 내재적 비판이라는 우리의 오랜 방법론을 가지고 이 문제를 우선 추적하게 될 것입니다. 귀하께서는 가장 최근에 제가 읽은 저술에까지 계속되는 대단한 연속성을 지닌 일련의 저술들에서 형상물(Gebilde)로서의 예술작품의 개념을 신학의 상징으로부터 그리고 마찬가지로 마술적 터부(Tabu)로 부터도 구분해내셨습니다. 그런데 여기에서 제게 우려를 겸한 생각을 자극하는 문제가 노출되고 있음을 저는 간과할 수가 없습니다. 귀하께서는 마술적 아우라의 개념을 '자율예술'에 아무런 유보조항 없이 적용시키고 그리고 이 자율예술작품을 매끈하게 반혁명적 기능에 부속시키십니다. 제가 보기에 이야말로 일종의 브레히트적 모티브의 매우 승화된 잔재가 아닐 수 없습니다. 제가 부르주아 예술에 내재된 마술적 요인을 완전하게 의식하고 있음을 귀하께 새삼 확인시켜드릴 필요는 없을 것입니다. (그리고 미적 자율성이라는 개념이 속하는 관념론이라는 부르주아 철학을 완벽한 의미에서 신화적인 것으로 낱낱이 드러내는 시도를 제가 거듭해왔다는 사실은 더 말할 나위가 없겠습니다.) 하지만 제게는 자율예술작품의 중심 그 자체가 신화적 측면에 속하는 것이 아니라—이런 상투적인 표현을 쓰는 저를 용서하십시요—그 자체로 변증법적인 것으로 보입니다. 작품의 중심 그 자체에 마술적인 것이 자유라는 표식을 달고 뒤엉켜 들어가 있는 것입니다. 제가 제대로 기억을 한다면, 귀하께서도 언젠가 한번 말라르메의 경우에서 그 비슷한 이야기를 하신 적이 있습니다. 제가 이제나 저제나 귀하께서 이번 논문에 대한 대응물로 말라르메에 대한 논문 한편을 쓰셨으면 좋겠다고 원한다는 말씀을 드리고 싶은데요, 제 소견으로는 귀하께서 해주셔야 할 가장 중요한 기고문이 될 것이라고 생각합니다. 전체 작업에 대한 저의 감정을 이런 방식이 아니고는 더 명확하게 표현할 도리가 없습니다. 귀하의 논문 역시 변증법적 측면을 지니지만 그런데 자율예술작품 자체에서는 그렇지 않습니다. 그리고 귀하의 논문은 근본적인 체험, 제게는 나름의 음악적 체험에서 매일 명백하게 드러나는 체험에서 다음과 같은 사실을 간과하십니다. 자율예술의 기술적 법칙들을 따라가다보면 발생하는 극도의 수미일관성이 그 예술을 변화시키고 예술을 터부와 물신화 대신 자유의 수준에, 의식적으로 산출해낼 수 있는 것의 수준에 이르게 해 발전하는 것에 근접하게 한다는 사실 말입니다. 저로서는 시작품들을 영감에 의해서가 아니라 단어들로 만들어진 것으로 규정하는 말라르메의 문장만큼 유물론적 프로그램을 담고 있는 문장을 알지 못하겠습니다. 그리고 발레리와 보르샤르트 같은 (노동자들을 두고 할 말이 못되는 문장이 있음에도 충분히 유물론적으로 받아들일 수 있는 작업을 한 보르샤르트입니다) 가장 대단했던 반응현상들이 그 가장 깊은 세포에서 이런 폭약을 구비해놓고 있는 것입니다. 귀하께서 만일 통속영화를 일명 '수준 있는' 영화에 대항하여 구제하시고자 한다면, 저만큼 의견이 일치하는 사람을 찾기가 어려우실 것입니다. 하지만 예술을 위한 예술 역시 마찬가지로 구제될 필요가 있을 것입니다. 이에 반대하는 통일전선은 제가 알기로는 브레히트에서부터 청소년운동

(Jugendbewegung)[4]에 이를 터인데, 이런 통일전선은 오히려 예술을 위한 예술을 구제하도록 누군가를 독려하는 일로 될 수도 있습니다. 귀하께서는 예술의 요소들로 유희(Spiel)와 가상(Schein)에 관해 말씀하십니다. 하지만 왜 유희가 변증법적이어야 하는지 알려주는 부분을 저는 어디에서도 찾을 수 없습니다. 하지만 가상은 그렇지 않았습니다.—오틸리에에게서는 가상을 구제하신 귀하께서는 미뇽과 헬레나에게서는 그렇게 너그럽지 않으셨지요. 그리고 당연히 이 지점에서 토론은 아주 성급하게 정치적인 차원으로 넘어갑니다. 그런데 귀하께서 기술화와 소외를 변증법적인 관계로 맺어놓으시기 때문인데요(이 점은 물론 지당하십니다), 객관화된 주관성의 세계는 하지만 마찬가지로 그렇게 변증법적으로 되지 않습니다. 그렇다면 이는 정치적으로 프롤레타리아트(극장방문 주체로서)에게 무매개적으로 레닌의 명제에 따르면 변증법적 주체로서 지식인의 이론을 통하지 않고는 어떠한 성취도 이룰 수 없는 그런 성취를 하리라 가정하는 것입니다. 이 변증법적 주체로서의 지식인들로 말하자면 귀하에 의해 지옥으로 떨어진 예술작품 영역의 담당자들이지요. 제 이야기를 정확하게 이해해주십시오. 제가 예술작품의 자율성을 치외법권적 이상향이나 되듯 보호해두려는 것이 아닙니다. 그리고 귀하와 마찬가지로 아우라적인 것이 예술작품에서 사라지는 중이라고 믿고 있습니다. 기술적 복제가능성 때문만은 아니고요, 잠정적으로 이렇게 말합시다. 그 나름의 '자율적인' 형식법칙을 다 채웠기 때문인 측면도 있다고 말입니다. (콜리시와 제가 몇 년 전부터 계획하고 있는 음악적 재생산 이론은 바로 이 문제를 주제로 다룹니다.) 그런데 자율성, 다시 말해 예술작품의 사물형식은 예술작품에 있는 마술적인 것(das Magische)과 동일한 것이 아닙니다. 영화관의 사물화가 완전히 사라졌다고 결코 볼 수 없듯이 위대한 예술작품의 사물화도 마찬가지로 사라지지 않았습니다. 영화관의 사물화를 자아(Ego)라는 견지에서 부정하는 것이 부르주아적이고 반동적인 것이라면 예술작품의 사물화를 직접적인 사용가치를 내세워 폐기하는 것은 아나키즘의 경계선에 이르는 일이 될 것입니다. 결국 극은 서로 통하는 법이지요. 귀하의 경우도 마찬가지라고 하겠습니다. 하지만 단지 가장 하부의 변증법과 가장 상부의 변증법이 등가의 것이라는 점에서만 봐도 이 최상

---

4 20세기 초 독일의 문화쇄신운동

부의 것만이 무너지는 것이 아닙니다. 둘 다 모두 자본주의의 상흔을 떠안고 가는 것이지요. 둘 다 변화의 요인들을 포함하고 있는 것입니다. (그래서 결단코 쉔베르크와 아메리카 필름 사이의 중간쯤에 무엇인가가 있을 것이라 여겨서는 안됩니다.) 둘 다 온전한 자유의 서로 찢겨나간 반쪽이며, 그렇다고 해서 서로 갖다 붙일 수는 없는 양극입니다. 하나가 다른 하나를 희생시킨다면, 낭만적인 일이겠지요. 개성의 보존 그리고 그 모든 마법 등과 같은 부르주아적 낭만이든 아니면 역사적 진행과정에서 프롤레타리아트의 막강함에 보내는 무작정의 신뢰와 같은 무정부적 낭만이든 말입니다. 이 프롤레타리아트는 그런데 그 자체가 부르주아적으로 산출된 것입니다. 귀하의 논문이 전반적으로 이 두 번째 낭만주의에 경도되어 있다고 비난을 좀 해야 하겠습니다. 귀하는 예술을 그 터부의 구석빼기에서 꺼내놓으셨습니다. ―그런데 그렇게 해서 터져버린 둑으로 밀려들어오는 야만을 귀하는 경계하셨습니다. (저 말고 귀하와 더불어 이런 야만을 끔찍해할 사람이 또 누가 있겠습니까?) 그리고 우려했던 것을 일종의 반대쪽으로 방향을 튼 터부로 들어올리는 작업에 힘을 보탰습니다. 영화관 방문자의 웃음은―여기에 대해서는 이미 제가 막스와 이야기를 나눈 바 있고 그가 분명히 귀하게 전했을 것입니다―결코 선하거나 혁명적인 것으로 볼 수 없습니다. 오히려 가장 나쁜 의미에서의 부르주아적 새디즘으로 가득 차 있습니다. 스포츠에 관해 이야기를 나누는 신문배달 소년들이 스포츠에 관한 식견을 얼마나 가지고 있을지, 저는 아주 의심스럽습니다. 그리고 정신분산이론은 가히 충격적인 유혹을 줍니다만, 제게는 전혀 납득이 가지 않습니다. 어쩌면 역시 아주 단순한 근거에서일 것입니다. 공산주의 사회에서는 정신분산이 필요할 만큼 그렇게 사람들을 피곤하게 만들지 않고 더 이상 멍청하게 만들지 않는 방식으로 노동이 조직될 것이라는 단순한 근거입니다. 다른 한편으로 자본주의적 실천과 같은 특정 개념, 예를 들자면 검사하는(Test) 개념 자체가 제게는 거의 존재론적으로 흘러간다고 보이며 터부시하는 기능을 한다고 여겨집니다. 또 반면에 만일 어떤 아우라적인 특성이 있다면 가장 최고로 그리고 물론 그래서 아주 우려할 만한 정도로 부합하는 장르가 바로 영화입니다. 또 하나 사소한 점을 끄집어내자면, 채플린 영화를 보고 난 후의 사리판단으로 반동적인 사람이 전위가 된다는 가정, 이것은 제게는 마찬가지로 완벽한 낭만화입니다. 왜냐하면 전 크라카우어의 추종자들을 『모던 타임즈』가 나온 이후인 지금으로서도 진보적 전위로 간주할 수 없으며(왜 그런가는 재즈 논문에서 완전히 명백하게 밝혀질 것입니다) 그 영화의 적절한 요인들에서 그들이 무엇이라도 좀 제대로 깨달았다고 믿지 않기 때문입니다. 무엇이 문제인가를 알기 위해 이 영화에서는 관객들이 웃는 소리를 들어야만 하게 되어 있습니다. 핸들을 가격하는 장면은 제게 큰 기쁨을 주었습니다. 하지만 그 대신에 미키 마우스를 보자면, 그러면 사안은 이미 본질적으로 복잡해지며 정말 진지하게 이런 의문이 제기되는 것입니다. 모든 사람을 하나하나씩 재생산하는 것이 실제로 귀하께서 그 재생산에 요구사항으로 제기하시는 그 선험적 인식(das Apriori)을 제공하는가, 아니면 그것이 오히려 저 '순진한' 리얼리즘에 바로 속하는 것은 아닌가. 이 리얼리즘의 부르주아적 성격에 대해서는 파리에서 우리가 근본적으로 일치를 본 적이 있었습니다. 결국은 현대예술이, 귀하께서 아우라적인 것이라고 이름 붙이면서 기술적인 것에 대립시키는 그 현대예술이 블라밍크(Vlaminck)나 릴케(Rilke)의 경우처럼 내재적으로 의문투성이인 질을 가지고 있음을 우연으로 보아서는 안 된다는 이야기입니다. 릴케라면 이야기가 좀 쉬워지겠지만, 대신 카프카나 쇤베르크 같은 이름이 등장하면, 문제의 구도는 완전히 다르게 설정되는 것입니다. 쇤베르크의 음악은 확실히 아우라적이지 않습니다.

제가 주장하려는 바가 무엇인가 하면, 그것은 변증법에는 그 이상(Mehr)이 들어 있다는 점입니다. 한편으로 '자율'예술작품을 변증법화하는 것인데요, 그 자체의 테크놀로지를 통해 이 자율예술작품이 계획된 것으로 초월하도록 하는 것입니다. 다른 한편으로는 한층 더 강한 변증법화인데요, 실용예술을 그것의 부정성에서 변증법화하는 것입니다. 이 문제에 관해서는 귀하께서도 확실히 오인하시지는 않으셨습니다. 하지만 그래도 상대적으로 추상적인 범주인 '영화자본'과 같은 범주들로 특징 지으면서 그 자체로서, 즉 내재적 비합리성으로서 끝까지 추적하지는 않으셨습니다. 저는 2년 전 노이바벨스베르크에 있는 화가들의 작업장들에서 하루를 보낸 적이 있었습니다. 그곳에서 제게 강렬한 인상으로 다가온 것은 몽타주라든가 그리고 귀하께서 진보적인 것이라고 부각하는 것들이 아주 미흡하게 관철되고 있다는 점이었습니다. 오히려 온통 여기저기서 그냥 베끼는 식으로 현실을 어수룩하게 이리저리 짜맞추어놓고는 다시 '실사하듯 사진을 찍어 내고' 있었습니다. 귀하께서는 자율예술의 기술적 측면을 가볍게 보십니다. 그리고 종속예술의 기술적 측면은 과대평가하십니다. 이 부분이 어쩌면 제 반론의 핵심이라고 거칠게 말씀드릴 수 있을 것입니다. 귀하께서 서로 반대방향으로 분리해놓으신 양 극단 사이의 변증법으로만 어떻게 실현을 볼 수 있을지 모릅니다. 제가 생각하는 바는 브레히트의 모티브를 완전히 배제하는 것입니다. 이미 매우 광범위하게 변형될 조짐이 드러나기 시작하는 브레히트의 모티브를 제거하지 않으면 안 됩니다. 무엇보다도 어떤 방식으로든 형태화된 작용연관의 직접성에 대한 호소를 제외해야 합니다. 그리고 실제적 프롤레타리아들의 실제적인 의식에 대한 호소도 그렇습니다. 이 프롤레타리아들로 말하자면 부르주아들에 비해서 혁명에 대한 관심 이외에는 그 어떤 면에서도 우월하지 않으며 게다가 훼손된 부르주아적 특성의 온갖 흔적을 덧쓰고 있는 사람들입니다. 이런 사실이 우리의 역할이 무엇인지 우리에게 충분히 명백하게 지시해줍니다. ─ 전 그 역할을 '정신적인 일을 하는 사람들의' 행동주의적 관점이라는 의미에서 생각하지 않습니다. 이 문제에 관한 한 저는 확실한 입장입니다. 아울러 또 그 역할을 우리가 새로운 -말하자면 '검사하는'─ 것에 몰두함으로써 과거의 터부시하는 관성에서 벗어날 수 있다는 의미로 해석할 수도 없겠지요. 혁명의 목표는 두려움의 철폐입니다. 그러므로 우리는 혁명에 대해 아무런 두려움도 가질 필요가 없으며, 또 우리의 두려움을 본질화하지도 말아야 합니다. 자체의 곤궁에서 프롤레타리아트 계급의 미덕을 만들어낸다는 언제나 거듭되는 유혹이 있습니다만, 그런 유혹에 빠지지 말고 인식하면서 그리고 인식금지 없이 프롤레타리아트에게 연대감을 유지한다고 해서, 그것이 부르주아적 관념론인 것은 아닙니다. 프롤레타리아트 계급 자체가 마찬가지의 곤궁에 시달리고 있으며 우리에게 프롤레타리아트계급이 필요한 만큼 프롤레타리아트 계급 역시 우리를 제대로 인식할 필요가 있습니다. 그래야 혁명이 일어날 수 있습니다. 프롤레타리아트 계급과 지식인의 관계를 어떻게 설정하느냐에 앞으로 계속될 미학토론의 정식표현들이 본질적으로 좌우될 것입니다. 저는 그렇게 확신합니다. 이런 토론을 시작할 아주 거대한 첫 삽을 귀하께서 떠주신 것입니다.

이렇게 허겁지겁 남긴 메모들의 허접함을 양해해주시기 바랍니다. 정말이지 모든 것이 구체적인 세부로 들어가서만 점검될 수 있는 것일진대, 단지 시간이 충분하지 않기 때문에 범주들을 크게 나누어서 대충 살피고 말았습니다. 그렇게 칼로 자르듯 하지 말아야 함을 귀하에게서 배웠음에도 말입니다. 귀하게 제가 어느 지점을 문제 삼는지 최소한 구체적으로 알려드리기 위해 그때그때 연필자국을 원고에 남겼습니다. 그 흔적들이 대체로 아주 즉흥적인 것이긴 하지만 의도를 읽어내도록 해주기는 할 것입니다. 이런 식으로 진행한 것에 대해 용서를 빌며 아울러 제 편지가 너무나 개략적인 내용들만 담게 된 데 대해서도 마찬가지로 용서를 빕니다.

일요일에 독일로 출발합니다. 독일에서 제 재즈논문을 마무리 지을 수 있을 것입니다. 유감스럽게도 런던에서는 그 작업을 진척할 여력이 없었습니다. 그러면 제가 그 논문을 별다른 추신을 덧붙이지 않고 귀하게 보내겠습니다. 한 가지 청을 드려야 하겠는데, 그 논문을 읽으신 후(인쇄한 쪽수가 25쪽을 넘지는 않을 것입니다) 즉시로 막스에게 송부해주십사는 부탁입니다. 제가 시간을 낼 수 있을지 알지 못하기 때문이기도 하고 또 무엇보다도 논문의 성격상 독일에서 보내기에 위험하지는 않은지 어떤지 잘 알 수가 없기 때문입니다. Excentrics(과도한 일탈) 개념이 논문의 중심을 이룹니다. 여기에 대해서는 막스가 귀하게 분명 이야기했으리라 사료됩니다. 그 논문이 귀하의 논문과 함께 동시 출간된다면 정말 기쁠 것입니다. 제 논문의 주제는 아주 소박하지만, 그 논문은 결정적인 지점에서 귀하의 논문과 서로 수렴합니다. 물론 오늘 제가 부정적으로 표현한 것 중 몇몇은 긍정적으로 표현하도록 노력해볼 필요가 있기도 할 것입니다. 바로 재즈에 대한 완전한 유죄판결로 되기 때문입니다. 재즈의 '진보적' 요인들(몽타주의 가상, 집단노동, 생산에 대한 재생산의 우위)이 진실을 따져보면 완전히 반동적인 것의 민낯을 드러낸다고 지적하고 있습니다. 재즈를 정말로 제대로 해부해서 판독하고 그것의 사회적 기능을 추적하는 작업을 해냈다고 믿고는 있습니다. 막스가 대단히 깊은 관심을 보인 것은 사실입니다. 귀하께서도 그럴 것이리라 저는 생각하고 있습니다. 우리 사이에 놓인 이론적인 차이에 관해서 제가 느끼는 감정을 말씀드리자면, 그 차이가 우리 둘 사이에서 그냥 이리저리 희롱하는 것이 아니라 오히려 제게 과제로 다가오는 무엇입니다. 브레히트라는 태양이 다시 한 번 저 이국의 강물로 가라앉을 때까지 귀하의 팔을 꽉 부여잡고 놓지 말아야 하는 과제를 받은 느낌입니다. 그저 이런 뜻으로만 귀하께서도 저의 이의제기를 이해하여주시기를 바라마지 않습니다.

혁명을 통해 프롤레타리아트 계급이 '대중'으로 통합되지 않는다는 문장은 '국가와 혁명'을 읽은 이래로 제가 접한 정치이론 중에서 몇 안 되는 심오하고 강력한 것이었습니다. 이 말씀을 귀하께 드리지 않고는 이 편지를 마무리할 수가 없었습니다.

오랜 우정을 간직한 친구
테디 비젠그룬트

아도르노에 대한 증언록

자이페: 그런데 사실 말입니다. 아도르노가 현존하는 사회질서에 급진적으로 저항했고, 철두철미하게 비타협적인 비판가였음에는 분명했지만 그의 급진성은 전적으로 이론적인 차원에 머무는 것 아니었던가요? 이론과 실천 사이의 불합치가 있었던 것은 아닌가 하는 점입니다.

마르쿠제: 제 생각은 이렇습니다. 현존하는 사회질서에 대한 경각심이 그의 두뇌와 신체발부에 공히 긴장을 조성했습니다. 그런 점에서 그의 삶과 사유는 하나였습니다. 그는 일생 동안 현존하는 사회질서의 경악스러움이 정말로 가시화되고 전달 가능하게 되는 형식들을 추구하였습니다. 그는 현존하는 사회가 의식을 질식시키고 조작하는 데 성공하는 상황, 사람들의 욕구들마저도 조작해서 전달의 전통적 형식들이 더 이상 가능하지 않게 드러나고, 특히 비판적 사유의 실천으로 전환이 가능하지 않음이 명백한 상황이라고 판단했습니다. 이 변화된 상황에 대한 그의 대답은 퇴각, ―이렇게 말할 수 있겠습니다―순수한 사유로의 한시적 퇴각이었습니다. 그리고 순수한 사유라고 했을 때, 저는 여기에서 비타협적 사유라는 의미에서 그 단어를 씁니다. 하지만 단지 변화가 필요하다는 의식을 서서히 그리고 강한 확산력이 가능하도록 다시 발전시키고 그래서 필요한 변화를 준비하는 그런 퇴각이었습니다.

자이페: 하지만 그는 여하튼 얼마 전까지도 모든 실천에 대해서 아주 결정적으로 선을 그었습니다. 그러면서 전혀 다른 논거를 제시하지 않았던가요? 말하자면 비판이론의 과제가 사회적 결함을 인식하고 지적하는 데 있지 그 인식을 현실에 적용하는 것은 아니라고, 즉 실천적 결과를 도출하는 데 있지 않다고 하지 않았

던가요?

마르쿠제: 그의 해명을 나는 늘 이렇게 이해하고 있습니다. 현 상황에서는 직접적인 실천으로의 전환이 비판이론의 과제가 아니라는 내용으로요. 이 말의 뜻은 이렇습니다. 만일 이론과 실천을 분리할 수 있다면 그런 현상은 필히 아도르노의 저술이 아니라 ― 이렇게 말할 수 있겠는데요 ― 현실에 책임을 돌려야 할 일로써 아도르노가 그런 현실에 반응을 한 것이고, 그런 방식으로 현실에 대해 반성했다는 이야기입니다.

자이페: 그렇다면 현실이 실천을 용납하지 않는다는 뜻인가요?

마르쿠제: 나라면 그렇게 말하지는 않겠습니다. 여기에 나와 그의 차이가 있습니다. 하지만 이 차이를 뚜렷하게 하기 위해서는 먼저 짚고 넘어가야 할 지점이 있습니다. 여기에서 말하는 현실의 책임이라는 것이 도대체 어떤 문제인가 하는 부분이지요. 마르크스주의 이론이 의지했던 변화의 전통적 실천을 불가능하게 만드는 것처럼 보이는 퇴행의 형식들을 후기자본주의가 발전시켰다는 사실을 생각해보아야 할 것입니다. 그중에서도 발전된 자본주의 국가들에서 광범위한 주민층, 특히 노동계급이 현존하는 자본주의 체계에 포섭되었다는 사실에 주목해야 할 것입니다. 그런데 이 사실이야말로 역사적 주체, 혁명의 사회적 주체가 명백하게 더 이상 존재하지 않음을 말해주는 것이 아닐 수 없습니다. 최소한 더 이상 활동하지 않거나 아니면 아직 활동하지 않고 있다는 말이 되지요. 이 지점에서 그는 정통파 마르크스주의자였습니다. 착취당하는 계급에서의 대중기반 없이 혁명은 생각할 수 없는 일입니다. 그리고 현재 상황에서, 즉 발전된 자본주의 국가들에서 이 대중기반이 더 이상 보이지 않기 때문에 말하자면 그는 이론의 실천 전환을 미룬 것입니다. 그는 언제나 매개 가능성들을 추구했습니다. 그러한 전환 가능성을 포기하거나 배반하지 않고 최소한 이론의 실천 변환을 준비할 수 있는 매개들을 말입니다.(Theodor W. Adorno Zum Gedächtnis, 47~51쪽)

헤르베르트 마르쿠제(Herbert Marcuse)
미카엘라 자이페(Michaela Seiffe)와의 대담
헤센방송국 1969년 8월 24일

……그리고 또 모든 것이 장례식 격식에 따라 예만 갖추는 데 그쳐서는 안 될 것입니다. 스스로 파토스를 각성의 도구로 사용할 줄 알았던 분에 대해 그렇게만 말하지는 말아야 할 것입니다. ……테오도르 W. 아도르노에게서는 인간에 의해 창조되고, 하지만 또 이 세상에서 인간에 의해 극복 가능한 낯설음을 확신을 가지고 섭렵하는 일이 아무런 제한 없이 진행되었습니다. 하지만 다양한 층위에서 펼쳐지고 언제나 새로운 물음들을 통해 새로 획득되고 또 새로이 상실되었으며, 거의 압도할 지경인 의혹과 확실성의 혼합으로 상승하고 유지되는, 한마디로 헤겔적인 의미에서의 지양이 실행된 것입니다. 테오도르 W. 아도르노가 단순한 것을 사랑하지 않았다는 것은 그에게 강점이자 동시에 약점으로 작용했습니다. 그래서 그는 폭력에 휩쓸려드는 데 면역이 있었습니다. 하지만 자신을 보호하지 않은 채로 더 공정한 것에 노출시켰습니다. ……아도르노의 비판자들은 항상 안목이 짧았습니다. 그들이 생각하는 것은 거의 다 아도르노가 이미 먼저 생각해 둔 사안들이었습니다. 그는 경험적인 사회조사를 수행하면서 동시에 비난도 하였는데, 그렇다고 그를 반박할 수가 없었습니다. 왜냐하면 그가 경험적 사회조사를 그것의 제대로 된 위상에서 수행하였기 때문입니다. 그러나 그의 영향의 핵심이 그 자체로 들어 있는 곳은 인물과 저술을 분리할 수 없게 된 곳일 것입니다. 아도르노는 비판자들보다 한 발 앞서 있기 마련이었습니다. 왜냐하면 그가 어떤 범상하지 않은 공개적인 지점에서 해결되지 않은 모순을 떠맡을 태세를 갖추고 있기 때문에 그렇게 되었던 것이겠지요. 『부정변증법』에서 칸트의 이율배반을 행위의 원칙으로 재발견하듯이 말입니다. ……아마도 오늘 여기에서 한계 없는 이론적 실천과 그래도 역시 실천적인, 이른바 인간적인 실천 사이의 작지만 중요한 차이를 두고 결론을 내보자는 토론을 진행하는 것은 적당하지 않을 것입니다. 저는 좀 더 인간적인 면모에 주의를 돌리겠습니다. 예전에도 그랬고 지금도 그렇지만, 저는 비판이론이라고 일컬어지는 이론의 확실성들에 대한 비판자입니다. 하지만 니더발트의 사냥터(실증주의 논쟁의 마지막 단계에 토론회가 있었던 곳 – 필자)에서 있던 그 저녁에 테오도르 W. 아도르노의 업적에 대한 존경심이 솟아오름과 더불어 인물에 대한 내적 호감도 생겼습니다. ……아도르노는 니체를 상기시킨다기보다는 (수많은 추도사가 그를 니체와 연결하려고 합니다) 하이네(Heinrich

Heine)를 연상시킵니다. 철저하게 독일적 정신을 지녔던 독일인이지요. —너무나도 깨어 있었고, 상상력이 비할 바 없이 풍부했으며, 상당히 아이러니하고 지나치게 섬세하며 언어구사에서 완벽한 경지이고 이 나라를 감당하기에는 너무도 긍정적이지 않았습니다. 혹은 이 나라가 그에 의해 감당되기엔 너무 맞지 않았다고 해야 할까요. 그럼에도 그런 나라를 떠날 주제도 못 되었습니다. ……지금 그리고 앞으로 아도르노의 이름을 언급하지 않는 독일 사회학자는 거의 없을 것이라고 말할 수 있습니다. 우리는 테오도르 W. 아도르노를 잃었습니다. 하지만 우리에게는 그의 저작이 있습니다. 그러므로 그를 포기하지 않아도 됩니다. 친구들, 그리고 무엇보다도 존경하는 부인께서는 그를 잃고 말았습니다만.(Adorno in Frankfurt, 369~370쪽)

랄프 다렌도르프(Ralf Dahrendorf)[5]
1969년 8월 13일 장례식 추도사

---

5 아도르노는 1963년 독일 사회학회 회장으로 선출되었고, 1968년 16차 전 독일 사회학자 대회에서 다렌도르프가 회장으로 선출된다. 다렌도르프는 사회학회 회장 자격으로 선임회장의 사망을 추도하는 연설을 하였다. 아도르노의 회장직 퇴임사는 「후기 자본주의인가 산업사회인가?」라는 논문으로 발표되었다. 본문 제2장 참조.

지은이 이순예 李順禮

독일 빌레펠트 대학교에서 독일 철학적 미학의 발전과정을 연구하고 박사학위를 취득했다. 현재 건국대학교에서 강의하고 있다. 그동안 『아도르노와 자본주의적 우울』 『예술, 서구를 만들다』 『예술과 비판, 근원의 빛』(한길 신인문 총서)을 썼고, 『여성론』 『발터 벤야민』을 번역했다. 아도르노 강의록 시리즈 한국어 번역출간을 기획하고 『부정변증법 강의』를 번역했다.

한국사회는 산업화라는 서구 계몽의 가장 강력한 요청을 기꺼이 받아들였다. 하지만 정작 민주시민사회를 구성하는 과정에서 퇴행의 조짐을 보이게 된 까닭은 개발독재가 주민들을 총동원하면서 내세웠던 구호 '잘살아 보세'의 내면화에 있다고 생각한다. 독일 역시 산업화와 민주화가 서로 엇박자를 이루며 파시즘이라는 야만을 문명사회에 불러들인 경험이 있다. 독일 인문학을 연구하면서 민주시민사회 구성이라는 서구 계몽의 기획이 생산력 증대와 개인의 자유 신장이라는 두 계기 사이의 긴장으로 점철되어 있음을 확인하였다. 산업화는 민주화의 충분조건이 아니며, 오히려 특정한 조건에서는 반민주적 결과를 불러올 수도 있다. 파시즘 기간의 박해를 이론적 천착의 방패막이로 삼은 프랑크푸르트학파를 연구하고 있다.